N. T. Wright

Hebräerbrief für heute

Zusätzlich als E-PDF erhältlich:

N.T. Wright, Hebräerbrief für heute: – Studienführer –
ISBN 978-3-7655-7325-5

Der „Studienführer“ macht „Hebräer für heute“ zum idealen Material für Kleingruppen oder zum persönlichen Bibelstudium. Fragen zu jedem Bibelabschnitt helfen, sich die biblischen Texte zu erarbeiten und sie für unsere Welt heute lebendig werden zu lassen.

Titel der englischen Originalausgabe
Hebrews for Everyone,

Originalausgabe: Society for Promoting Christian Knowledge
36 Causton Street
London SW1P 4ST
www.spckpublishing.co.uk
Großbritannien

Aus dem Englischen von Damaris Reichelt
Lektorat: Simone Müller

2. Auflage 2024

Umschlaggestaltung: DTP Brunnen
Satz: DTP Brunnen
Herstellung: CPI GmbH, Leck
ISBN 978-3-7655-0626-0

www.brunnen-verlag.de

Für
Robert und Leah
Freunde, Nachbarn, Wegbegleiter

Inhalt

Inhalt

Vorwort zur deutschen Ausgabe

Mit der deutschen Ausgabe der Kommentarreihe von N.T. Wright zum gesamten Neuen Testament verbinden sich einige Hoffnungen.

Die erste Hoffnung ist eine schlichte, aber nicht unwichtige: dass Wrights Übersetzung und Auslegung vielen Menschen helfen möge, das Neue Testament besser zu verstehen. Der Kommentar bietet dazu geschichtliche Erläuterungen und Impulse für das Leben hier und heute – kurzweilig erzählt sowie mit Bildern und Geschichten aufgelockert.

Die zweite Hoffnung lautet, dass sich durch die Lektüre die Sicht dafür weiten möge, was das Neue Testament zu sagen hat. N.T. Wright ist ein Mann für die großen Linien und Zusammenhänge der gesamten Bibel. Also werden auch die alttestamentlichen Bezüge des Neuen Testaments gebührend beachtet. Wrights Kommentar zu lesen heißt, sich herausfordern zu lassen, die Bibel als gewaltiges, atemberaubendes Drama zu lesen. Dieses Drama umspannt die Geschichte Gottes mit der Welt von der Schöpfung bis zur Neuschöpfung des Kosmos. Jesus ist darin der Dreh- und Angelpunkt.

Die dritte und größte Hoffnung lautet, dass diese Kommentarreihe dazu dienen möge, dass viele Menschen die Stimme Gottes im Neuen Testament hören. Die Bibel kompetent zu lesen und zu verstehen ist das eine. Sich von dem Drama anstecken zu lassen und selber eine Rolle darin zu spielen, ist das andere. Erst wenn beides geschieht, wird der Gott, der hier präsentiert wird, wirklich ernst genommen.

Das Neue Testament präsentiert diesen Gott schließlich nicht als nette Idee oder Wunschvorstellung, die vielleicht tröstlich, aber nur eine schöne Illusion ist. Dieser Gott wird als die letzte umfassende Wirklichkeit und Jesus von Nazareth als reale geschichtliche Person und lebendiger Herr der Welt präsentiert. Darin steckt Sprengstoff, den es wieder neu zu entdecken und im Geist der Liebe auszuleben gilt.

Rainer Behrens, Herausgeber

Einleitung

Als jemand zum allerersten Mal den Menschen öffentlich von Jesus erzählte, machte er eines ganz klar: Diese **Botschaft** ist für alle Menschen, und sie ist aktuell, sie ist jeweils für heute.

Das war ein großer Tag – manchmal wird er der Geburtstag der Kirche genannt. Der stürmische Wind des Geistes Gottes hatte die Nachfolger Jesu durchgepustet und sie mit einer neuen Freude erfüllt, mit einem Gefühl für Gottes Gegenwart und Kraft. Petrus, ihr Anführer, hatte nur ein paar Wochen vorher wie ein kleines Kind geweint, weil er gelogen, geflucht und geleugnet hatte, Jesus überhaupt zu kennen. Nun war er selbst überrascht, dass er vor einer riesigen Menschenmenge stand und den Leuten erklärte, dass etwas geschehen war, das die Welt für immer verändert hatte. Was Gott für ihn, Petrus, getan hatte, begann er nun für die ganze Welt zu tun: Neues Leben, Vergebung, neue Hoffnung und Kraft blühten auf wie eine Frühlingsblume nach einem langen Winter. Ein neues Zeitalter hatte begonnen. Der lebendige Gott war nun dabei, neue Dinge in der Welt zu tun – und er fing damals an Ort und Stelle mit den einzelnen Menschen an, die Petrus zuhörten. „Diese Verheißung ist für euch“, sagte er, „und für eure Kinder und für alle, die weit weg sind“ (**Apostel**geschichte 2,39). Die Botschaft ist nicht nur für die Person neben Ihnen. Die Botschaft ist für alle.

Innerhalb einer erstaunlich kurzen Zeit bewahrheitete sich dies in einem derartigen Ausmaß, dass sich die junge Bewegung in einem Großteil der damals bekannten Welt verbreitet hatte. Die Verheißung, dass die Botschaft für alle war, wurde unter anderem durch die Schriften der frühchristlichen Anführer vorangetrieben. Diese kurzen Werke – zumeist Briefe und Storys über Jesus – wurden weit verbreitet und begierig gelesen. Sie waren niemals für eine religiöse oder intellektuelle Elite gedacht. Von Anfang an richteten sie sich an alle Menschen. Das gilt für heute genauso wie damals. Natürlich ist es wichtig, dass sich einige Leute sorgfältig mit der historischen Evidenz befassen, mit der Bedeutung der ursprünglichen Wörter (die frühen Christen schrieben auf Griechisch) und mit der exakten und zielgerichteten Stoßkraft dessen, was die Autoren über Gott, Jesus, die Welt und sich selbst sagten. Diese Kommentarreihe basiert ganz klar auf Arbeit dieser Art. Doch der Punkt, um den es letztlich geht, ist der: dass die Botschaft alle Menschen erreicht, besonders Menschen, die normalerweise kein Buch mit Fußnoten und griechischen Wörtern lesen würden. Für diese Menschen sind diese Bücher geschrieben worden. Deshalb gibt es am Ende jedes Bandes eine Liste mit Begriffen, mit den Schlüsselwörtern, ohne die man nicht auskommt. Die Bedeutung dieser Begriffe wird in einfachen Worten erklärt. Immer, wenn ein Wort fett gedruckt erscheint, können Sie in der Liste am Ende nachschlagen und sich erinnern, was der Begriff bedeutet. Heute stehen uns natürlich zahlreiche Übersetzungen des Neuen Testaments zur Verfügung. Die Übersetzung, die ich hier liefere, ist auf dieselbe Leser-schaft zugeschnitten: Leser, die den stärker formalen, manchmal gar schwerfälligen Ton von manchen Standardübersetzungen nicht unbedingt leicht verstehen. Ich habe natürlich versucht, mich so nah wie mir möglich an den Urtext zu halten. Doch meine Hauptabsicht war es, sicherzustellen, dass die Wörter nicht nur zu einigen Menschen sprechen können, sondern zu allen Menschen.

Der Hebräerbrief ist eine der anregendsten und herausforderndsten Schriften im Neuen Testament. Er wird oft als etwas schwierig empfunden, weil er Vorstellungen verwendet, die uns fremd sind. Doch es ist mit ihm ähnlich wie bei der Begegnung mit einem neuen Freund: Wenn wir ihn näher kennenlernen, stellen wir fest, dass er sehr interessant und erfreulich ist. Außerdem enthält der Hebräerbrief eine kraftvolle Botschaft, die für die heutige und zukünftige Kirche genauso bedeutsam ist wie für die damalige Kirche. Hier ist er also: der Hebräerbrief für heute!

Tom Wright

Hebräer 1,1-5: Gottes einzigartiger Sohn

1 Auf viele Arten und Weisen hat Gott in den alten Zeiten durch die
Propheten zu unseren Vorfahren gesprochen. 2 Am Ende dieser Tage
aber sprach er zu uns im Sohn.
Er hat seinen Sohn zum Erben aller Dinge bestimmt;
darüber hinaus hat er durch ihn die Welten geschaffen.
3 Er ist das leuchtende Abbild von Gottes Herrlichkeit,
der treffende Ausdruck seines tiefsten Wesens;
durch sein machtvolles Wort erhält er alle Dinge.
Er erwirkte die Reinigung von den Sünden
und setzte sich zur rechten Seite der höchsten Majestät.
4 Schaut, wie viel größer er ist als die Engel:
Der Name, der ihm verliehen wurde, ist so viel herrlicher als ihre
Namen.
5 Zu welchem Engel hat Gott jemals gesagt: „Du bist mein Sohn,
heute wurde ich dein Vater“? Oder weiter: „Ich werde sein Vater sein,
und er wird mein Sohn sein“?

Heute Morgen bekam ich eine E-Mail von einem alten Freund, der in einem anderen Teil der Welt wohnt. Er hatte gehört, dass meine Tochter bald heiratet. Er gratulierte mir und brachte mich auf den neusten Stand, was seine eigene Tochter betraf. Sie war mittlerweile ein Teenager, trug sieben Ohrringe, hatte lila Haare und auch Ringe in ihren Lippen und im Bauchnabel. Er erzählte mir alle diese Dinge, als wollte er mein Mitleid für sein Schicksal erregen. Doch unterschwellig hörte ich einen ganz anderen Ton heraus: Stolz und Freude. Ich erinnere mich noch sehr gut an die Zeit, als mein Freund selbst ein Teenager war: ein typischer Rebell mit langen Haaren, der laute Musik hörte, immer eine Zigarette im Mund hatte … auf seine Tochter traf also offenbar das Sprichwort zu: Der Apfel fällt nicht weit vom Stamm.

Wenn mein Freund seine Tochter anschaute, konnte er sein wahres Selbst erkennen. Sein Charakter – oder zumindest ein Aspekt seines Charakters – strahlte aus ihr heraus.

Das ist ein lockerflockiges und nicht sehr bedeutendes Beispiel für den großartigen und erhabenen Punkt, den uns der Hebräerbrief mit dieser einleitenden Beschreibung Gottes und seines Sohnes vor Augen stellt. Der Sohn ist „das leuchtende Abbild von Gottes Herrlichkeit", er ist „der treffende Ausdruck seines tiefsten Wesens". Für ihn gilt nicht nur: Der Apfel fällt nicht weit vom Stamm – als ob es mehrere Menschen geben könnte, die Gottes inneres Wesen perfekt widerspiegeln könnten. Für ihn gilt in einzigartiger Weise, dass er Gottes Sohn ist. Wer ihn anschaut, schaut quasi das Spiegelbild Gottes an. Gottes Charakter ist in seinem Sohn exakt reproduziert, und das tritt offen sichtbar zutage.

Das Wort, das hier mit „treffender Ausdruck" übersetzt wird, ist das griechische Wort Charakter, von dem unser Begriff abstammt. Sowohl im Griechischen als auch im Deutschen ist dieses Wort jedoch ein sehr interessanter Begriff.

Der Vorstellung von einem „Charakter" liegt in der antiken Welt das Eingravieren zugrunde oder das Einprägen von Mustern in weiches oder heißes Metall, die dann dauerhaft Teil des Metallstücks sind. Obwohl es in der Antike noch keine Druckpressen gab, wie Johannes Gutenberg sie im 15. Jahrhundert erfand, gab es doch frühe Vorläufer, die insbesondere zur Herstellung von Münzen benutzt wurden. Der Kaiser beauftragte einen Graveur, der das königliche Porträt und die passenden Worte oder Abkürzungen auf einen Stempel oder eine Prägeplatte brachte, die aus hartem Metall gefertigt wurden. Der Graveur benutzte den Stempel, um eine Münze zu prägen, sodass die Münze der exakte Abdruck oder eben Ausdruck dessen war, was auf dem Stempel war.

Das griechische Wort Charakter wurde damals weithin benutzt, um genau das zu bezeichnen: den getreuen Abdruck, den der Stempel auf der Münze hinterließ. Von dieser Bedeutung her entwickelte sich zum einen die Bedeutung „Buchstabe", da mit dieser Methode eben auch Buchstaben geprägt wurden (daher der englische Begriff character für „Buchstabe"). Zum anderen entwickelte sich der Begriff Charakter im weiteren Sinne in Bezug auf eine Person oder Sache: Er bezeichnet eine bestimmte Art von Person, einen „Typen", wenn man so will (auch ein interessantes Wort – man denke z. B. an Typen bei der Drucksetzung). Und genau das sagt unser Autor über Jesus. Bei Jesus ist es so, als wäre der exakte Abdruck des Wesens und der Herrlichkeit des Vaters in das weiche Metall des menschlichen Wesens des Sohnes genau eingeprägt worden. Nun ist diese Prägung für alle Welt sichtbar.

Wir sollten noch ein wenig bei dem Bild vom Kaiser und seinem Graveur verweilen und über die beiden einleitenden Verse dieses bemerkenswerten Briefes nachdenken. Nehmen wir einmal an, der Kaiser wollte schon seit Langem seinen Untertanen mitteilen, wer er war, er wollte ihnen also eine gute Vorstellung von seinem Charakter vermitteln. Und nehmen wir einmal an, der Metallstempel oder die Prägeplatte sei noch nicht erfunden worden. Der Kaiser könnte höchstens Gemälde oder Skizzen an die Leute versenden. Diese könnten den Menschen einen gewissen Eindruck vermitteln, doch sie würden nicht das Gesamtbild darstellen. Doch dann gäbe es irgendwann die richtige Methode: hartes Metall auf weichem Metall, eine exakte Reproduktion des Originals. Genau, sagt der Autor des Hebräerbriefs: Gott sandte lange Zeit vorläufige Skizzen von sich zu seinem Volk, doch nun hat er uns das exakte Porträt gegeben.

Mit dieser Vorstellung, die im Stil einer erhabenen und ziemlich formellen Briefeinleitung geschrieben ist, lädt uns der Autor ein, im großen Bogen die biblische Geschichte zu überblicken und zu erkennen, dass sie in Jesus ihren Höhepunkt erreicht. (Im Unterschied zu den Paulusbriefen sagt uns dieser Brief nicht, von wem er stammt oder an wen er sich richtet. Das ist in gewisser Hinsicht frustrierend, doch es sollte uns nicht die Freude an seinen phänomenalen und reichhaltigen Gedanken verderben). Man schaue zurück auf die großen Propheten: Abraham, Mose, Samuel, Elia und dann natürlich auf die Schriftpropheten Jesaja, Jeremia und all die anderen. Unser Autor hätte auch David in die Liste aufnehmen können, was wir an der Art und Weise erkennen, wie er die Psalmen zitiert.

Dieser einleitende Satz ist jedoch nicht bloß eine rhetorische Verzierung. Er sagt uns ganz klar, wie die Argumentation des gesamten Briefes verlaufen wird. Wir werden immer wieder mit einer Passage aus dem Alten Testament beginnen, und der Autor wird uns zeigen, wie das Alte Testament auf etwas vorausweist, das zu alttestamentlichen Zeiten noch ausstand. Und immer wieder entpuppt sich das, was noch ausstand, als eine Person: Jesus – wie im vorliegenden Abschnitt: Jesus als Gottes einzigartiger Sohn, derjenige, der umfassend und abschließend mit den Sünden fertiggeworden ist, derjenige, der jetzt zur Rechten Gottes regiert, derjenige, dem sich die Engel untertänig beugen.

Der nächste Abschnitt wird diesen letzten Punkt weiter ausführen. Bevor wir jedoch weitergehen, sollten wir uns bewusst machen, dass die Texte, die unser Autor in Vers 5 zitiert, zu den alttestamentlichen Texten gehören, welche die ersten Christen am häufigsten benutzten, wenn sie darum rangen, das auszudrücken, was über Jesus gesagt werden musste. Psalm 2,7 und 2. Samuel 7,14 sprachen beide über den **Messias**, den letzten und endgültigen **Sohn Davids**, als Gottes eigenem, ganz besonderen Sohn. Wie bei allen frühen Christen beginnt der Autor dieses Briefes seine Überlegungen mit der Überzeugung, dass Jesus der Messias war und ist, Israels wahrer König. Alles andere folgt aus dieser Überzeugung.

Obwohl wir also nicht wissen, wer der Autor dieses Briefes war, wissen wir etwas viel Wichtigeres über ihn. Von Anfang an hat er seinen Blick auf Jesus gerichtet; am Ende des Briefes, wo er alles zusammenfasst, bittet er uns eindringlich, ebenfalls unseren Blick auf Jesus zu richten (12,2; 13,8). Sind Sie bereit, diese Herausforderung anzunehmen?

Hebräer 1,6-14:
Der Messias steht weit über den Engeln

6 *Und weiter, als Gott seinen erstgeborenen Sohn in die Welt brachte, sagte er:*
„Alle Engel Gottes sollen ihn anbeten."
7 *Im Blick auf die Engel wird Folgendes gesagt:*
„Gott schuf seine Engel als Geister und seine Diener als Feuerflammen."
8 *Im Hinblick auf den Sohn dagegen heißt es:*
„Dein Thron, o Gott, besteht für immer und ewig.
Das Zepter der Gerechtigkeit ist das Zepter deines Königreichs.
9 *Du liebst Gerechtigkeit und hasst Gesetzlosigkeit,*
deshalb hat Gott, dein Gott, dich mit Freudenöl gesalbt
als dem, der deine Gefährten weit überragt."
Und weiter:
10 *„Ganz am Anfang, o Herr, hast du den Grund der Erde gelegt;*
die Himmel sind das Werk deiner Hände.
11 *Sie werden vergehen, doch du bleibst bestehen.*
Wie Kleider werden sie altern
12 *und wie einen alten Mantel wirst du sie zusammenrollen;*
wie Kleider wird man sie wechseln.
Du aber bleibst derselbe, deine Jahre haben kein Ende."
13 *Zu welchem Engel aber hat Gott jemals gesagt:*
„Nimm Platz an meiner rechten Seite,
bis ich deine Feinde zu einem Schemel für deine Füße mache"?
14 *Müssen wir also nicht festhalten, dass sie alle dienende Geister sind, die denen zur Hilfe gesandt werden, welche die Errettung erben werden?*

Es war wieder einmal Weihnachtszeit und wir hatten nicht nur ziemlich viel Zeit mit dem Einkaufen von Geschenken verbracht, sondern auch mit dem Einpacken. Schließlich besteht ein Großteil der Freude an Weihnachten in den schön eingepackten Geschenken inklusive der Bänder und Schleifen, die alle davon künden, wie schön erst das Geschenk sein wird.

Aber an diesem bestimmten Weihnachtsfest war eines unserer Kinder von dem Geschenkpapier und der darunter verborgenen Schachtel derart angetan, dass sie das eigentliche Geschenk fast vergaß. Obwohl sie sich über das Geschenk anscheinend schon freute, fanden wir sie später hinter einem Sessel versteckt, wo sie mit … der Schachtel spielte. Sie benutzte sie als kleines Puppenhaus für einige ihrer kleineren Spielsachen. Das funktionierte wirklich gut und die Schachtel war immerhin sehr schön. Sie hatte das Geschenkpapier ausgebreitet, sodass das Ganze wie ein Bühnenbild wirkte, wie ein Hintergrund für das Spiel, das sie spielte. Die Tatsache, dass ich mich nicht mehr daran erinnern kann, was in der Schachtel eigentlich drin war – also an das eigentliche Geschenk –, sagt schon alles.

Der Hebräerbrief ist sehr darauf bedacht, dass die Menschen, an die er sich richtet, nicht denselben Fehler machen. Die Adressaten sind Judenchristen, wie es die ersten Christen ganz zu Anfang alle waren. Doch dieser Brief scheint nicht in der frühesten Phase geschrieben worden zu sein, sondern vielleicht zwischen 50 und 70 n. Chr., vielleicht sogar etwas später. Zu jener Zeit hatten sich einige Judenchristen bereits völlig daran gewöhnt, Teil einer Familie zu sein, zu der auch **Heiden** gehörten. Sie hatten akzeptiert, dass Gottes Absichten nach langen Jahren der Vorbereitung nun vollständig enthüllt worden waren. Das Geschenkpapier war vom Geschenk entfernt worden – und das Geschenk war Jesus selbst, Gottes eigener, einzigartiger Sohn, der gesandt worden war, um alles zu erfüllen, wovon das **Gesetz** und die Propheten gesprochen hatten. Sie konnten sich nun von den früheren Phasen in Gottes Plan lösen und mit Freude die neuen ausleben, die nun angebrochen waren.

Doch für viele andere Judenchristen war die Sache nicht so einfach. Viele ihrer Familienmitglieder, ihrer Freunde und Nachbarn hatten nicht akzeptiert, dass Jesus der **Messias** war, und diese Leute sahen die Judenchristen als gefährlich irregeleitete Menschen an, die allem untreu waren, was Gott in früheren Zeiten gesagt hatte. Man setzte sie auf verschiedenste Weise unter Druck, um sie zu bewegen, dahin zurückzukehren, wo sie vorher waren. Sie sollten diese neu gegründete Bewegung mit ihren seltsamen Behauptungen verlassen und wieder eine Haltung annehmen, in der sie unter Gottes Gesetz leben würden, dem Gesetz, das durch Mose gegeben worden war. Das Gesetz war so etwas Großartiges; warum sollte man sich irgendetwas anderes wünschen? Immerhin war es nicht nur von Gott gegeben worden, obwohl schon das wichtig genug gewesen wäre. Es kam auch in herrlichem Geschenkpapier: Es war Mose durch Engel gegeben worden (so erklärte es jedenfalls die jüdische Tradition ...).

Das ist der Grund, warum die langwierige Argumentation des Hebräerbriefes – eine Argumentation, die zeigen soll, dass man nicht zu einer früheren Phase in Gottes Plan zurückgehen kann, sondern dass man stattdessen vorwärts gehen muss, dass man mit Eifer von der neuen Phase, in der man sich befindet, auf die noch ausstehende Phase zugehen muss – warum also diese langwierige Argumentation mit einer Demonstration aus den jüdischen Schriften beginnt, die zeigt, dass Gott den Messias immer als jemanden gedacht hatte, der den Engeln überlegen ist und der daher (wie wir in den nächsten beiden Kapiteln entdecken werden) dem Gesetz überlegen ist, das die Engel gebracht hatten. Das Gesetz war nicht für alle Zeiten festgeschrieben, wie es sich viele Juden damals vorstellten und manche bis heute denken; es war Teil des vorbereitenden Wirkens Gottes, Teil des herrlichen und wunderschönen Geschenkpapiers, in dem das eigentliche Geschenk, Gottes Selbsthingabe in der Person seines Sohnes, eingepackt war. Das ist der Punkt, an dem der Brief vor dem Fehler warnt, mit dem Geschenkpapier zu spielen, anstatt mit dem Geschenk selbst.

Der Hebräerbrief will insbesondere drei Dinge über die Art und Weise sagen, auf die der Messias den Engeln überlegen ist. Jeder dieser Punkte nimmt ausführlichere Aussagen zu diesen Themen im späteren Verlauf des Briefes vorweg. Nach dem Auftakt in Vers 6, wo der Autor Psalm 97,7 zitiert, um zu zeigen, dass Gott die Engel als Anbeter des Sohnes gedacht hatte, zitiert er drei weitere Passagen über den Messias, um ihn den Engeln gegenüberzustellen, die laut Psalm 104,4 (zitiert in Vers 7) Diener Gottes sind und keine lebendigen Verkörperungen Gottes.

Zuerst, in den Versen 8 und 9, zitiert der Brief Psalm 45,7-8. Das ist eine atemberaubende Textstelle, weil sie den König so anredet (der gesamte Psalm handelt vom König), als ob er „Gott" genannt werden kann. Der Psalm spricht vom König auf diese gottähnliche Weise als demjenigen, der eine souveräne Herrschaft ausübt. Viele andere Passagen hatten gesagt, dass durch diese Herrschaft Aufrichtigkeit, Gerechtigkeit und die Herrschaft des wahren **Gesetzes** in der Welt wirksam werden würden. Eines der großen Themen im Blick auf Gottes Zukunftsabsichten besteht darin, dass Gott sich nach echter Gerechtigkeit sehnt. Uns, die wir uns durch unsere Zeitungen und das Fernsehen nur zu bewusst sind, dass Ungerechtigkeit und Bosheit überall florieren, würde ein vertieftes Nachdenken über diese Verheißung gut zu Gesicht stehen. In der Tat sieht es so aus: Gottes Ziel, die Sünden seines Volkes zu vergeben, ein Ziel, über das dieser Brief so viel zu sagen hat, ist Teil eines größeren Zieles, nämlich eine Welt zu erschaffen, in der das Böse endlich keinen Platz mehr haben wird. Und der Punkt in dem Psalm, wie er hier zitiert wird, lautet: All dies wird nicht durch Engel geschehen (die nur Assistenten in diesem Prozess sind), sondern durch den wahren gesalbten König, den Messias.

Die zweite Textstelle kommt aus Psalm 102,26-28 und greift das „für immer und ewig" aus dem vorausgehenden Zitat auf. Es wird eine Zeit kommen, sagt der Psalm, wenn die gegenwärtige Welt, Erde und **Himmel** gleichermaßen, wie eine Buchrolle zusammengerollt wird und ein neuer Himmel und eine neue Erde ihren Platz einnehmen werden. Der Hebräerbrief kommt am Ende des 12. Kapitels auf dieses Thema zurück und ein Großteil des Briefes muss von hier bis dorthin in diesem Rahmen verstanden werden. Gottes vorbereitende Ziele durch das Gesetz und die Propheten haben im Messias ihren Höhepunkt erreicht; und der Messias selbst wird derjenige sein, der Gottes Plan der Erlösung und Gerechtigkeit bis in das letztendliche „neue Zeitalter“ durchsetzen wird, das **„kommende Zeitalter“**, die Zeit des neuen Himmels und der neuen Erde. Er ist derselbe gestern, heute und in Ewigkeit (13,8); die Engel haben den Weg bereitet, aber er ist derjenige, dessen Leben und erlösende Herrschaft in alle Ewigkeit bleiben wird (siehe insbesondere Hebräer 7).

Die dritte, kürzere Textstelle stammt aus Psalm 110, einem der Texte, die in der frühen Christenheit verbreitet benutzt wurden, um die Bedeutung der Messianität Jesu zu interpretieren. Auch der Hebräerbrief wird mehrfach auf Psalm 110 zurückkommen. Der Psalm spricht von der Inthronisierung von Gottes wahrem König zur rechten Hand Gottes und von der souveränen Herrschaft, die er ausüben wird, bis alles, was seinem Ziel der Gerechtigkeit und Erlösung entgegenwirkt, besiegt sein wird. Noch einmal: Nichts dergleichen wird jemals über Engel gesagt; der Hebräerbrief schlussfolgert, dass Engel nur Diener sind, die innerhalb der Ziele Gottes eine bestimmte Aufgabe zu erledigen haben. Sobald man erkennt, wer der Sohn wirklich ist und welche Rolle er von Anfang an in Gottes Plan spielen sollte, wird man nicht wieder zu irgendetwas oder irgendjemand anderem zurückkehren wollen.

Vermutlich werden nicht viele heutige Leser in der Versuchung stehen, das Christentum zugunsten irgendeiner Form des Judentums aufzugeben – doch es ist wichtig, dass wir verstehen, warum in den frühesten Tagen des Christentums ein derartiger Druck bestand. Heute scheinen viele Menschen, darunter viele Kirchenmitglieder, allerdings mit dem unzufrieden zu sein, was sie haben, und sie sind erpicht darauf, ihre geistlichen Horizonte (wie sie diese verstehen) auf Engel, Heilige und andere interessante Ablenkungen auszuweiten. Dieser Brief sollte als Warnung und Ermutigung dienen. Fang nicht an, mit dem Geschenkpapier anstelle des eigentlichen Geschenks zu spielen. Richte deine Aufmerksamkeit klar auf Jesus, wie er wirklich ist; auf die Rolle, die er in Gottes Plan spielte und immer noch spielt; und auf das Leben der Anbetung und des Dienens, zu dem er, und nur er, jeden einzelnen von uns beruft.

Hebräer 2,1-4: Achtet Gottes Erlösung nicht gering!

[1] Wir müssen deshalb umso aufmerksamer auf das achten, was
wir gehört haben, damit wir nicht davon wegtreiben. [2] Schaut,
wenn schon das Wort, welches von Engeln überbracht worden ist,
zuverlässig ist und auch jedes Mal, wenn es gebrochen wurde oder
jemand ihm ungehorsam war, die entsprechenden Strafen nach
sich zog, [3] wie wollen wir dann davonkommen, wenn wir ein solch
großartiges Rettungsangebot in den Wind schlagen? Es nahm seinen
Anfang, als der Herr selbst es verkündet hat. Die, die ihn gehört
haben, bestätigten uns dieses Wort. [4] Auch Gott selbst beglaubigte es,
gemeinsam mit ihnen, durch Zeichen, Wunder und viele verschiedene
machtvolle Taten, und durch den Heiligen Geist, den er nach seinem
Willen austeilt.

In einer bekannten Geschichte hängt ein frommer Christ an einem Felsvorsprung auf halbem Wege über dem Abgrund eines Kliffs. Hundert Meter unter ihm wütet das Meer um zerklüftete Felsen. Über ihm eine senkrechte, nicht zu erklimmende Felswand.

Er betet inbrünstig zu Gott um Rettung. Plötzlich taucht ein riesiger Adler auf und lädt ihn ein, auf seinen Rücken zu steigen. Er lehnt ab. Etwas später kommt ein Hubschrauber vorbei, aber er signalisiert ihm, er möge weiterfliegen. Dann dreht ein Kleinflugzeug eine Runde über ihm und bietet an, eine Strickleiter herabzulassen. Auch das lehnt er ab. Er betet weiter: „Herr, warum rettest du mich nicht?“ Daraufhin antwortet Gott: „Ich habe dir einen Vogel, einen

Hubschrauber und eine Leiter geschickt; warum hast du sie nicht genutzt?“

Das ist natürlich eine lächerliche Geschichte, aber sie vermittelt mehrere Punkte. Gott beantwortet wirklich Gebete, aber nicht immer so, wie wir es erwarten. Gott handelt oft durch scheinbar „natürliche“ oder zufällige Ereignisse. Wenn wir darauf warten, dass uns ein Blitz aus heiterem Himmel leitet, heilt oder rettet, könnten uns die vermeintlich „gewöhnlichen“ Mittel entgehen, die Gott gebrauchen möchte – eine Landkarte, um uns zu leiten; einen Arzt, um uns zu heilen; einen Hubschrauber, um uns zu retten. Der vorliegende Abschnitt will sagen: Wir sehen ziemlich dumm aus, wenn wir gerade die Dinge ignorieren, die Gott für uns tut, weil sie nicht dem entsprechen, was wir erwartet oder vielleicht gewollt hatten.

Der Brief bietet in der Tat eine Abfolge von Dingen, die einen Augenblick lang der erwähnten Geschichte nicht unähnlich sind. Gott hat bereits durch Engel das **Gesetz** geschickt; schaut euch an, was passiert, wenn das ignoriert wird. Was wird nun passieren, wenn die Empfänger sich weigern, auf etwas noch Wichtigeres und Mächtigeres zu hören? Es könnte sein, dass Gott daraus schließen muss, dass sie nicht wirklich gerettet werden wollen, dass sie nicht aus der Sünde und Ungerechtigkeit erlöst werden wollen, die um sie herum wüten wie ein zorniges Meer und die uns nicht nur von außen einzuschließen drohen. Wir entdecken zu unserem Schrecken, dass Sünde und Ungerechtigkeit auch in uns stecken. Das ist der Grund, warum der Hebräerbrief in diesem Abschnitt und später noch öfters nicht nur darauf besteht, dass Christen an dem festhalten müssen, was sie haben, dass sie das also nicht aufgeben sollen, sondern auch darauf, dass sie dem mehr Aufmerksamkeit schenken müssen, dass sie tiefer in die Wahrheit und das **Leben** eindringen müssen, die ihnen zukommen, weil sie zum **Messias** gehören.

Das Bild, das der Hebräerbrief im ersten Vers verwendet, könnte tatsächlich ein Anklang an die Vorstellung vom gefährlichen Meer sein: „damit wir nicht von dem wegtreiben“, was wir gehört haben.

Stellen Sie sich vor, Sie sind in einem kleinen Motorboot in einiger Entfernung vom Ufer und müssen Ihren Weg an der Küste entlang in den richtigen Hafen finden. Sie müssen den Motor am Laufen halten und das Ruder fest im Griff haben. Wenn Sie das nicht tun, gibt es keine Garantie, dass Sie in die richtige Richtung treiben; höchstwahrscheinlich werden Sie jedoch in die falsche Richtung treiben, vielleicht an ein felsiges Ufer stoßen oder wieder auf den wilden Ozean hinausgetrieben werden und dann irgendwann kein Land mehr sehen. Dies ist eine Warnung, die viele Christen brauchen, vielleicht besonders diejenigen, die in einer christlichen Familie oder in einer aktiven kirchlichen Gemeinschaft aufgewachsen sind. Wir können nur zu leicht der Annahme verfallen, wir könnten etwas Druck aus der ganzen Sache nehmen und anderen Leuten das Beten, das Denken und die ernsthaften Dinge überlassen; wir könnten einfach dabei sein, uns nicht zu sehr anstrengen, mit dem Strom schwimmen. Das Problem besteht darin, dass wir unmerklich immer weiter abdriften könnten, wenn unser Motor nicht läuft und wir nicht unsere eigene Hand am Ruder haben.

Oder vielleicht noch schlimmer: Wir könnten für andere ein „Klotz am Bein“ werden. Ich kannte mal einen kleinen Jungen, der mit seiner Mutter einkaufen war. Er schob seine kleine Schwester im Kinderwagen umher. Als er müde wurde und sich langweilte, hielt er sich selbst am Kinderwagen fest, doch statt selbst zu laufen ließ er sich hängen, sodass seine Mutter ihn letztlich verärgert mitschleifen und noch zusätzlich den Kinderwagen schieben und die Einkaufstaschen tragen musste. In der Kirche gibt es oft Menschen, die dieselbe Wirkung auf eine Gemeinde oder Gemeinschaft haben; oft merken die anderen erst nach einer gewissen Zeit, was da eigentlich vor sich geht. Jeder von uns muss sich von Zeit zu Zeit fragen, ob wir der abdriftende Typus sind oder ob wir vorwärtsgehen, Tag für Tag und Jahr um Jahr, und dabei der **Botschaft** größere Aufmerksamkeit schenken und nicht annehmen, wir wüssten bereits alles und könnten von nun an einfach mitlaufen.

Hebräer 2,1-4: Achtet Gottes Erlösung nicht gering!

Der Hauptgegensatz, den dieser Abschnitt aufbaut, besteht offensichtlich zwischen dem Gesetz des Mose, das durch Engel vermittelt wurde und Warnungen sowie Strafen für die enthielt, die ihm ungehorsam wurden, und der Botschaft von Jesus. Moderne westliche Christen haben diesen Gegensatz oft im Sinne des Gesetzes als einer bedrohlichen Sache und des **Evangeliums** von Jesus als einer besänftigenden, tröstlichen, heilenden Sache verstanden. Darin liegt ein großes Stück Wahrheit, doch wenn wir die andere Seite der Sache vergessen, verwandeln wir das Evangelium in eine einfach nur gemütliche Decke. Im Gegensatz dazu ist das Evangelium aber tatsächlich eine erfrischende, herausfordernde, das Leben verändernde Sache. Wenn der König, der Präsident, der Imperator, der Premierminister oder wer auch immer in Ihrem Land wichtig ist, Ihnen eine Botschaft durch einen besonderen Botschafter überbringt, dann würden Sie dem wohl Aufmerksamkeit schenken, oder nicht? Doch wenn er persönlich auftauchen würde, um Sie zu treffen, dann würden Sie ihm wohl kaum bloß Aufmerksamkeit schenken; Sie würden sich vorkommen, als ob Ihre Welt gerade auf den Kopf gestellt werden würde. Nun, das Gesetz war eine Botschaft von dem einen wahren Gott, überbracht durch besondere Botschafter (die Engel). Doch in der Botschaft des Evangeliums ist der König persönlich zu uns gekommen, um direkt zu uns zu sprechen. Was wird passieren, wenn wir sagen, wir sind zu beschäftigt, wir haben keine Lust, ihn zu treffen und mit ihm zu reden, wir lesen gerade ein nettes Buch und können uns davon nicht losreißen?

Für den Fall, dass irgendjemand das infrage stellen sollte, liefert der Autor dann klare Belege dafür, dass das Kommen Jesu und die Botschaft, die sie von ihm erhalten haben, tatsächlich ein Besuch des Königs in Person war. Jesus selbst hatte die **gute Nachricht** vom **Reich Gottes** verkündet; diejenigen, die ihn gehört hatten, hatten bestätigt, dass dem tatsächlich so war. (Die Art und Weise, wie der Hebräerbrief dies ausdrückt, weist deutlich darauf hin, dass der Autor selbst kein **Jünger** Jesu zu der Zeit war, als Jesus auf Erden lebte und wirkte.) Genauso wichtig war dann, dass Gott selbst Zeugnis dafür ablegte: Als die Botschaft gepredigt wurde, geschahen bestimmte Dinge – Zeichen, Wunder, Machttaten, vermutlich oft Heilungen, aber vielleicht auch andere Dinge, plötzliche Bekehrungen, die Verwandlung von Familien, Synagogengemeinschaften, Dörfern.

Wenn Menschen der Botschaft Glauben schenkten, entdeckten sie insbesondere eine seltsame neue Energie in ihrem Inneren – eine warme, beunruhigende, persönliche Gegenwart, die sie in die Lage versetzte, neue Dinge zu tun; die ihnen neue Ideen in den Kopf setzte; die sie motivierte und ihnen die Kraft gab, von innen heraus ganz andere Menschen zu werden. Die ersten Christen wussten, wie sie diese persönliche Gegenwart in ihrem Inneren nennen sollten: Es war Gottes **Heiliger Geist**, in dem sich uns Gottes eigene Gegenwart schenkt, sein eigenes Ich, und zwar nicht nur in Jesus, wie wichtig das auch war und ist, sondern Gott, der in uns selbst wohnt. Der Hebräerbrief verweist nicht oft auf den Heiligen Geist als denjenigen, der in Menschen wohnt. Doch dieser Abschnitt und noch ein oder zwei weitere zeigen, dass der Autor selbstverständlich davon ausging, dass dem so ist.

Welche Belege gibt es in Ihrem eigenen Leben und im Leben Ihrer Gemeinde, dass die Botschaft des Evangeliums wahr und kraftvoll ist? Wenn Sie diese Frage nur mit Mühe beantworten können: Könnte das daran liegen, dass Sie oder Ihre Gemeinde begonnen haben abzudriften und die königliche Botschaft zu ignorieren, der Sie größere Aufmerksamkeit schenken sollten?

Hebräer 2,5-9:
Jesus als der wahre Mensch

5 Ihr müsst wissen, dass Gott die kommende Welt (und darüber reden
wir) nicht unter die Kontrolle von Engeln gestellt hat. 6 Jemand hat es
an einer Stelle so ausgedrückt:
„Was sind die Menschen, dass du dich an sie erinnern solltest?
Was ist der Menschensohn, dass du an ihn denken solltest?
7 Du hast ihn nur wenig niedriger als die Engel gemacht,
mit Herrlichkeit und Ehre hast du ihn gekrönt
8 und hast alles unter seine Füße gelegt.“
Wenn es heißt, dass alles unter seine Füße gelegt wurde, dann ist
nichts davon ausgenommen. Aus der gegenwärtigen Lage der Dinge
können wir nicht ersehen, dass alles ihm unterworfen ist. 9 Wir sehen
aber jetzt schon den Einen, der für eine kurze Zeit niedriger als die
Engel gemacht worden ist – damit ist Jesus gemeint. Er ist mit Herr-
lichkeit und Ehre gekrönt, weil er den Tod erlitten hat, damit er durch
Gottes Gnade den Tod stellvertretend für alle schmeckt.

Eine der dramatischsten Geschichten im Alten Testament handelt von der königlichen Erbfolge. König David war sehr alt und jeder wusste, dass er nicht mehr lange leben würde. Er hatte ziemlich viele Söhne und Töchter. Einer seiner Söhne, Adonija, tat sich mit der Armeespitze und einem der Hauptpriester zusammen und ließ sich zum König ausrufen, ohne dass David davon wusste. David hatte jedoch seiner Frau Batseba versprochen, dass ihr Sohn Salomo König werden sollte. Als David hörte, was passiert war, ließ er stattdessen Salomo vom **Priester** Zadok und vom Propheten Nathanael zum König salben (nachzulesen in 1. Könige 1–2). Alles hing von der Frage ab: Wen wollte der König als Nachfolger, der im kommenden Königreich herrschen sollte?

Das ist die Frage, vor welcher der Hebräerbrief hier steht – außer dass es hier nicht um ein **Reich** geht, das von einem neuen König regiert werden muss, nachdem der alte König gestorben ist, sondern dass es um die neue Welt geht, die noch entstehen muss, und um den Weg, auf dem Gott seine kommende Welt zu regieren beabsichtigt. Wie es Vers 5 sagt: Die „kommende Welt" ist der Hauptgegenstand sowohl dieses Abschnittes als auch des gesamten Briefes. Daher ist die „Hoffnung" in diesem Brief durchgängig ein so kraftvolles Thema. Und die Stoßrichtung eines Großteils der Argumentation lautet: Im **Messias** Jesus ist diese Hoffnung bereits in die gegenwärtige Welt eingedrungen, und sie bringt verlässliche Zeichen der neuen Welt mit sich, die letztendlich ins Leben gerufen wird.

Der vorliegende Abschnitt durchläuft drei Stadien, um diesen Punkt herauszuarbeiten. Das erste Stadium, das an das Thema der vorausgehenden beiden Abschnitte anknüpft, lautet: Gott hatte immer schon die Absicht, seinen einzigartigen Sohn über die Engel zu erhöhen, selbst über jene Engel, durch die das jüdische **Gesetz** gegeben worden war. Diesmal spricht er allerdings von der Überlegenheit des Sohnes im Blick auf die *zukünftige Rolle*, die für den Sohn reserviert ist. Gott will, dass die ursprüngliche Ordnung der Schöpfung in der kommenden Welt endlich verwirklicht wird: Die Welt soll weise und kreativ von Menschen regiert werden, die selbst in vertrauensvollem Gehorsam gegenüber Gott leben. In 1. Mose 1–2 wird Adam und Eva die Verantwortung für den Garten und die Tiere übertragen. Diese Rolle, wenn sie auch durch den „Sündenfall" von 1. Mose 3 auf alle mögliche Art und Weise korrumpiert ist, wird in Psalm 8 bestätigt, und aus diesem Psalm zitiert der Hebräerbrief hier. Was ist der Mensch?, fragt der Psalm. Warum behandelt Gott den Menschen auf so besondere Weise, wenn der Mensch doch im Vergleich zur restlichen Schöpfung so klein und unbedeutend ist? Die Antwort ist geheimnisvoll und kraftvoll: Der Mensch scheint im Moment niedriger zu sein als die Engel, er ist ein Wesen geringerer Ordnung, doch Gott beabsichtigt dass der Mensch der wahre Herrscher der Welt werden soll. Das ist die Bedeutung der Worte „mit Herrlichkeit und Ehre hast du ihn gekrönt".

Der Abschnitt nimmt jedoch eine weitere Wendung. Das Wort für

„Mensch“ in Vers 6 steht im Singular: „ein Mensch“. Der Begriff „**Menschensohn**“ in der nächsten Zeile konnte für einen jüdischen Leser einfach nur „ein typisches menschliches Wesen“ bedeuten, aber für jemanden, der entweder das Buch Daniel oder die Lehre Jesu kannte, auch „Messias“ bedeuten – womit hervorgehoben wurde, dass der Messias nun als der wahre, typische, authentische und repräsentative Mensch verstanden werden sollte. Das ist das, was dem Hebräerbrief vorschwebt, was wir der Art und Weise entnehmen können, auf welche die letzte Zeile des Zitats (dass Gott alles unter seine Füße legen wird) die Textstelle aus Psalm 110 aufgreift, die in Hebräer 1,13 zitiert wird („setz dich zu meiner Rechten, bis ich deine Feinde zum Schemel deiner Füße mache“). Ähnlich wie Paulus in 1. Korinther 15,20-28 bringt auch der Hebräerbrief diese Texte über den Messias und über den wahren Menschen zusammen, um sowohl über die zukünftige Rolle von Jesus in Gottes neuer Schöpfung zu sprechen als auch über seine gegenwärtige Position, in der er bereits als Herr erhöht ist. Der Punkt, den der Hebräerbrief hinzufügt und den Paulus für seine Argumentation nicht braucht, lautet: Psalm 8 zufolge bedeutet dies, dass der Messias den Engeln überlegen ist. Dieser wichtige Teil der Argumentation ist damit vollständig.

Das zweite Stadium dieses Abschnitts besteht im Nachdenken über die Frage, auf die wir langsam aufmerksam werden: Wie hat Jesus bereits den Status erlangt, den Gott für die Menschheit im Allgemeinen vorgesehen hat? Wir stoßen hier auf einen Punkt, der typisch für die Art und Weise ist, auf die der Hebräerbrief das Alte Testament versteht. Der Psalm spricht von der Menschheit im Allgemeinen – ihr ist die Autorität über die Welt gegeben, „alles ist ihm (= dem Menschen als solchem, also der Menschheit) untertan“. Dies ist jedoch ganz klar noch nicht geschehen, sagt der Hebräerbrief. Der Mensch regiert noch nicht die Welt, er hat noch nicht dafür gesorgt, dass Gottes Ordnung und Gerechtigkeit ihren Stempel der ganzen Schöpfung aufdrücken. Alles ist immer noch halb im Zustand des Chaos. Wie kann dieser Psalm dann aber ernst genommen werden?

Die Antwort lautet, dass es geschehen ist – im Fall von Jesus. Er ist der Repräsentant der Menschheit. Seine Erhöhung als Herr nach seinem irdischen Wirken, seinem Leiden und Tod (Dinge, in denen er in der Tat „niedriger als Engel" war), hat ihm die Rolle gegeben, die von Anfang an für die Menschheit vorgesehen war. Er ist dem Rest von uns vorausgegangen in Gottes Zukunft, in die Zukunft, in der Ordnung und Gerechtigkeit – rettende Ordnung, heilende Gerechtigkeit – in die Welt kommen werden. Die Erhöhung Jesu und die Tatsache, dass wir, die wir ihm nachfolgen, diese Erhöhung feiern und in ihrem Lichte leben können, ist eines der Hauptthemen des ganzen Briefes.

Doch wie kann etwas, das Jesus ganz allein widerfahren ist, für den Rest von uns relevant sein? Diese Frage bringt uns zum dritten Stadium des Abschnitts, das in Kürze weiterentwickelt werden wird. Jesus ist der Repräsentant seiner Leute. In einer parlamentarischen Demokratie wählen die Wahlberechtigten in einem Wahlbezirk jemanden, der sie in den entsprechenden wichtigen Gremien des Staates repräsentiert. Sie können nicht alle selbst dort anwesend sein (auf die Weise, auf die alle Bürger der kleinen antiken Stadt Athen, dem Geburtsort der Demokratie, präsent sein, Reden halten und wählen konnten). Also finden sie angemessene Wege, jemanden zu wählen, der ihre Interessen vertritt, der ihre Hoffnungen und Ängste, ihre Bedürfnisse und Erwartungen in seiner oder ihrer eigenen Person repräsentiert. Weil also der Repräsentant am Ort der Macht ist und die Wähler nicht, handelt der Repräsentant auch als Stellvertreter und tut für sie, was sie aus verschiedenen Gründen nicht selbst tun können.

Etwas Ähnliches geht im Neuen Testament immer wieder vor sich, wenn die Autoren von Jesus sowohl als Israels Messias als auch als dem wahren Herrn der Welt sprechen. Jesus repräsentiert Israel als Israels Messias. Und da Israel in den Absichten Gottes dazu gedacht war, das Volk zu sein, das die ganze Welt repräsentieren sollte, repräsentiert Jesus also auch jene viel größere Gemeinschaft. Im Ergebnis kann er für die ganze Menschheit einstehen und das für sie tun, was sie selbst nicht tun konnte. Der Hebräerbrief bringt das hier ganz kurz auf den Punkt: Indem er den Tod erlitt, wurde Jesus aus Gottes Gnade befähigt, „den Tod für alle Menschen zu schmecken". Ein Großteil des Briefes wird sich nun der Erläuterung widmen, wie dies zustande kommt und was es bedeutet. Doch in diesem Moment sollten wir schlicht die für die gesamte Christenheit zentrale Tatsache feiern, dass Gott in Jesus bereits zu unseren Gunsten mit dem Tod fertiggeworden ist, und dass Jesus die Welt bereits als ihr rechtmäßiger Herr regiert.

Hebräer 2,10-18: Der Messias und seine Brüder und Schwestern

10 Und das geschieht so: Alles existiert für Gott und wegen ihm. Des-
halb ist es auch angemessen, dass der Wegbereiter ihrer Rettung, der
viele Kinder zur Herrlichkeit bringt, durch das Leiden vollkommen
gemacht wird. 11 Er, der andere heilig macht, und alle, die durch ihn
heilig gemacht werden, gehören nämlich zur selben Familie.

Darum schämt er sich nicht, sie seine Brüder und Schwestern zu
nennen, 12 wenn er sagt:

„Ich werde meinen Brüdern und Schwestern deinen Namen bekanntmachen;

mitten in der Versammlung will ich dein Lob anstimmen."

13 Und weiter:

„Ich will mein Vertrauen auf ihn setzen."

Weiter sagt er:

„Schaut, hier bin ich, zusammen mit allen Kindern, die Gott mir gegeben hat."

14 Weil diese Kinder Fleisch und Blut gemeinsam haben, hat auch er
in gleicher Weise daran Anteil genommen, damit er durch den Tod den-
jenigen vernichten kann, der die Macht des Todes besitzt, das ist der
Teufel, 15 und alle Menschen befreien kann, die ihr Leben lang Sklaven
gewesen sind, weil sie Angst vor dem Sterben hatten. 16 Hierbei sorgt

er sich offensichtlich nicht um Engel, sondern um Abrahams Familie.
[17] Deshalb musste er in jeder Weise gleich werden wie sie, seine Brüder und Schwestern. Nur so konnte er ein barmherziger und vertrauenswürdiger Hohepriester in Gottes Gegenwart werden und die Sühne für die Sünden der Menschen erwirken.
[18] Schaut, er selbst hat gelitten, als er auf die Probe gestellt wurde. Deshalb kann er allen helfen, die jetzt auf die gleiche Art auf die Probe gestellt werden wie er selbst.

Vor einigen Jahren lief ein Film mit dem Titel *Aus der Mitte entspringt ein Fluss*. Der Film erzählt die Geschichte von zwei Brüdern, die in der wunderbaren Landschaft von Montana aufwachsen. Der ältere war still, lernbegierig und er arbeitete hart. Er bekam einen Job und wurde in der Gemeinschaft respektiert. Sein jüngerer Bruder, ein Rabauke und Spaßvogel, geriet oft in Schwierigkeiten und versuchte, die Grenzen des akzeptablen Verhaltens zu verschieben. Er trieb sich schließlich mit Leuten herum, die ihn immer tiefer in Schwierigkeiten brachten, und er wurde letztlich in einem Handgemenge umgebracht. Sein älterer Bruder konnte ihm nicht helfen. Sie hatten sich zu weit voneinander entfernt.

Es war eine bewegende und tragische Geschichte, doch das tragischste Element war das folgende: Der ältere Sohn sah, was mit seinem jüngeren Bruder passierte, doch es gab nichts, was er hätte tun können. Er konnte ihn nicht erreichen. Er konnte nicht an den Punkt gehen, an dem sein Bruder war, und ihn retten.

Der Punkt, um den es im vorliegenden Abschnitt geht, besteht darin, dass Jesus, der ältere Bruder einer viel größeren Familie, dorthin kommen konnte und auch dorthin kam, wo seine Geschwister waren, die sich im Land der Sünde und des Todes wälzten. Er identifizierte sich mit ihnen, teilte ihr Schicksal und rettete sie dadurch von ihrem Schicksal. Von allen Passagen in den frühchristlichen Schriften spricht die hier vorliegende am umfassendsten über Jesus als den älteren Bruder, den Erstgeborenen einer großen Familie (auch Paulus erwähnt diesen Aspekt, z. B. in Römer 8,29, aber er geht nicht so ausführlich darauf ein). Dieser Aspekt ermutigt uns, Jesus nicht als eine Art älteren Bruder zu sehen, dem wir grollen, weil er immer alles richtig macht und erfolgreich ist, während wir immer alles falsch machen und versagen, sondern als die Art von älterem Bruder, der uns nicht herablassend behandelt, sondern zu uns kommt, uns findet, wo wir sind, und zwar aus reiner Liebe und Herzensgüte, und der uns in unserer Misere hilft.

Dieser Skizze fügt der Autor des Hebräerbriefes noch drei weitere Elemente hinzu, die dem Bild eine besondere Farbe verleihen. Erstens: Er sieht Jesus als den Pionier an: Jesus ist „der Wegbereiter“ (V. 10). Man stelle sich einen Entdecker vor, der sich seinen Weg tief in den Dschungel bahnt. Niemand ist bisher diesen Weg gegangen. Es gibt keine Pfade, keine Spuren, keine Zeichen, dass es möglich ist, diesen Weg zu gehen. Trotzdem geht er vorwärts, erzwingt sich seinen Weg durch unmögliches Gelände, bis er das Ziel erreicht. Sobald er das getan hat, können ihm andere auf dem Weg folgen.

Entdecker tun solche Dinge aus verschiedenen Gründen. So manche wollen berühmt oder reich werden oder sind einfach nur neugierig. Jesus tat es aus Liebe. Der Dschungel war die ganze Welt des Leidens, des Schmerzes, der Sünde und des Todes. Niemand war jemals durch all dies hindurchgegangen und auf der anderen Seite wieder herausgekommen. Als Jesus das tat, eröffnete er den Weg in Gottes neue Welt, wie unser Entdecker, der durch den Dschungel hindurchkommt ins sonnendurchflutete Hochland jenseits des Dschungels. Indem er den Dschungel hinter sich lässt und das für alle die tut, die ihm folgen, überwindet er die Welt der Sünde und Verschmutzung, die sonst der gefallenen Menschheit anhaften bleibt. Die biblische Ausdrucksweise für diesen Zusammenhang findet sich in Vers 11: Er macht die Menschen „heilig“, das heißt, er sondert sie ab von Sünde und Schmutz, sodass sie bereit sind, in die Gegenwart des heiligen Gottes zu kommen.

Das zweite Element besteht darin, dass Jesus all dies durch seinen Tod bewerkstelligt hat. In Vers 12 wird aus Psalm 22,23 zitiert: „Ich werde meinen Brüdern und Schwestern deinen Namen bekanntmachen.“ Man könnte meinen, das sei nur ein Zitat, um den Punkt zu untermauern, dass Jesus seinen Geschwistern die Erkenntnis des Herrn eröffnet. Doch man sollte einmal die ersten zweiundzwanzig Verse des 22. Psalms lesen. Dann wird man dort sehen, dass sie mit schrecklichen Einzelheiten das Leiden und den Tod desjenigen beschreiben, der Gott vertraut und dennoch erlebt, dass Gott ihn verlassen zu haben scheint. „Mein Gott, mein Gott, warum hast du mich verlassen?“, fragt der Psalmist. Dann beschreibt er seine Qual und Folter. Doch schließlich wendet sich das Blatt, angezeigt durch den Vers, der hier in Hebräer 2,12 zitiert wird. Das Ergebnis des Leidens: Die Erlösung ist vollbracht, **Gottes Reich** kommt und eine unüberschaubare Menschenmenge wird Gott preisen. Jesu eigene Berufung bestand zum Teil aus seinem tiefen Verständnis verschiedener alttestamentlicher Passagen, die er auf sich selbst bezog. Der Hebräerbrief bezieht sich auf dieselben Passagen, um die Bedeutung des Todes Jesu zu erklären.

Indem der Brief das tut, greift er auch ein anderes entscheidendes und zentrales biblisches Thema auf: den **Exodus** aus Ägypten. Israel war vom Pharao versklavt worden und Gott ging hin und rettete sie. In Vers 15 erklärt dieser Brief, dass Jesus jetzt die Sklaven befreit hat – jene, die von der Angst vor dem Tod versklavt waren. Es ist interessant, dass wir mit all unserer Technologie und Zivilisation diese Angst nicht besser bewältigen als unsere Vorfahren. Die größten Philosophen der letzten Jahrhunderte haben diese Frage aus allen möglichen Richtungen beleuchtet, aber der Tod bleibt das große Rätsel, die dunkle Verleugnung der Güte und Schönheit, die wir in unserem Leben und in der Welt kennen. Diese Tatsache macht viele Menschen zu Sklaven ihrer Angst, eine Angst, die dem Hebräerbrief zufolge vom **Teufel** kommt, der immer Gottes guten Zielen in der Schöpfung widerstrebt und immer versucht, diese gute Welt zu zerstören und die Geburt der noch besseren Welt zu verhindern, die kommen wird. Doch Gott hatte Abraham verheißen, dass er eine große weltweite Familie haben würde (Vers 16); und um diese Familie ist Jesus besorgt, er rettet sie aus ihrer Versklavung und geht als Pionier den Weg voran in Gottes zukünftige Welt.

Das führt uns zum dritten Element, das wiederum ein weiteres Hauptthema des Briefes einführt. Im Leiden und Sterben für sein Volk ist Jesus zum wahren **Hohepriester** geworden, der Sühne für ihre Sünden erwirkt. Wir werden später mehr dazu zu sagen haben, aber wir machen uns schon mal die Annahme bewusst, von der der Hebräerbrief hier ausgeht: Ein wahrer Hohepriester sollte dem Alten Testament zufolge jemand sein, der einerseits in der Lage ist, als Gottes Repräsentant für sein Volk zu handeln und dabei Gottes Gnade und Zuverlässigkeit zu verkörpern (Vers 17), und der anderseits vollkommen mit denen mitfühlen kann, denen er dient (Vers 18). Er ist kein distanzierter älterer Bruder, der nicht in der Lage ist, die Kluft zu überbrücken und seine Geschwister zu retten. Er hatte Anteil an Fleisch und Blut und sogar am Tod (Vers 14). Es gibt nichts, was wir heute, morgen oder übermorgen erleben können, mit dem Jesus nicht mitfühlen könnte, bei dem er uns nicht helfen, aus dem er uns nicht retten und durch das hindurch er uns nicht einen Weg in Gottes neue Welt bahnen könnte.

Hebräer 3,1-6: Jesus und Mose

1 Schaut, meine Brüder und Schwestern: Ihr seid Gottes heilige Leute,
und ihr habt denselben Ruf vom Himmel gehört. Richtet eure Gedan-
ken also sorgfältig auf Jesus, den Apostel und Hohenpriester des Be-
kenntnisses unseres Glaubens. 2 Er war demjenigen treu, der ihn be-
rufen hat, wie auch Mose im ganzen Haus Gottes treu war. 3 Aber er
verdient viel größere Anerkennung als Mose, so wie auch der Erbauer
eines Hauses größere Anerkennung bekommt als das Haus selbst. 4 Je-
des Haus wurde ja von jemandem gebaut. Gott aber ist es, der alles
erbaut hat. 5 „Mose war ein treuer Diener in seinem ganzen Haus."
Auf diese Weise bezeugte er Dinge, die noch nicht ausgesprochen wa-
ren. 6 Der Messias aber steht dem Haus Gottes als der Sohn vor. Was

ist nun dieses Haus? Wir sind es – diejenigen von uns, die an der uns geschenkten Freude und Zuversicht unserer Hoffnung festhalten.

In dem Teil Englands, in dem ich aufwuchs, kann man zwei Fußballvereine unterstützen: Newcastle und Sunderland. Die Loyalität zu einem dieser beiden Clubs war und ist bis heute eine leidenschaftliche Angelegenheit: Wehe, wenn man mit einem schwarz-weißen Schal (Newcastle) mitten in einer Gruppe von rot-weißen Fans (Sunderland) auftaucht. Ich wohnte näher an Newcastle und unterstützte sie damals und tue es noch heute.

Doch als ich erwachsen wurde und aus der Gegend wegzog, fand ich heraus: Meine Loyalität zu einer ganzen Region im Gegenüber zum Rest des Landes bedeutete, dass ich mir wünschte, dass beide Mannschaften gut spielten. Wenn Sunderland gegen Manchester, Chelsea oder Aston Villa spielte, wollte ich, dass Sunderland gewinnt. Nur wenn ich gezwungen war, zwischen Sunderland und Newcastle zu wählen – also wenn sie z. B. gegeneinander spielten –, entschied ich mich für Newcastle, und zwar nicht, weil ich sehen wollte, dass Sunderland schlecht spielt, sondern weil ich Newcastle noch stärker unterstützte als Sunderland.

Dies hilft mir, die Art der Argumentation zu verstehen, die der Hebräerbrief nun zu Jesus und Mose anbietet. Die ersten Christen sahen sich zwei gleichwertigen und gegensätzlichen Arten von Druck ausgesetzt. Auf der einen Seite sagte das traditionelle Judentum ziemlich klar, dass Gott Mose das **Gesetz** gegeben hatte und dass dieses Gesetz absolut und für Gottes Volk für alle Zeiten bindend war. Es war unveränderbar, starr, kompromisslos. Wenn man diesen Ansatz vertrat, war das Beste, was man über Jesus sagen konnte, dass er einige neue Einsichten zur Einhaltung des Gesetzes beisteuerte; aber Mose blieb in diesem Ansatz der Seniorpartner und das Gesetz bestimmte weiterhin die Gestalt des Volkes Gottes. Und das würde bedeuten, dass Gottes neues Zeitalter immer noch nicht angebrochen war.

Auf der anderen Seite waren viele der ersten Christen so von dem

Gedanken begeistert, dass das neue Zeitalter tatsächlich angekommen war, dass sie erpicht darauf waren, so schnell sie konnten in die entgegengesetzte Richtung zu gehen. Sie gehörten zu Jesus; daher gab es überhaupt nichts Gutes über Mose zu sagen; aus dem Gesetz konnte nichts Gutes kommen; es gab nichts Gutes über Israel aus der Zeit vor **Christus** zu sagen … und daher standen manche ersten Christen in der Gefahr, den Ast abzusägen, auf dem sie saßen. Sie waren, wenn man so will, so scharf darauf, Newcastle zu unterstützen, dass sie sich gefreut hätten, wenn Sunderland von der Landkarte verschwunden wäre.

Wie Paulus ist der Autor des Hebräerbriefes entschlossen, allem Druck zu widerstehen, in diese Richtung zu gehen. Ebenso klar ist er auch der Ansicht, dass Jesus in der Tat Gottes neues Zeitalter „zur Welt gebracht" hat, sodass das Gesetz, die Engel, die es vermittelten, und Mose, der es dem Volk brachte, nicht mehr das letzte Wort haben können. (An diesem Punkt funktioniert der Vergleich mit den Fußballvereinen natürlich nicht mehr.) Mose ist wichtig, sagt der Hebräerbrief, aber Jesus ist wichtiger; Mose war ein treuer Diener Gottes, doch Jesus ist Gottes Sohn. Man macht Mose nicht kleiner, wenn man Jesus eine ihm überlegene Position zugesteht; man gibt Mose seinen rechtmäßigen Platz, der ein Ehrenplatz ist, auch wenn es sich nicht um die höchste Ehre handelt.

Nun erkennen wir, wohin die Argumentation des Briefes bisher geführt hat. Dies ist der erste große Punkt, den der Autor seine Leser begreifen lassen möchte: Gott hatte durch die langen Jahre der Geschichte Israels hindurch einen Plan verfolgt, in dem Mose und dem **Exodus** grundlegende Schlüsselrollen und -momente zukamen. Diese Absicht hatte nun tatsächlich in Jesus ihr Ziel gefunden. Das bedeutet, dass diejenigen, die gegenwärtig zu Jesus gehören, tatsächlich „Gottes heilige Leute" sind (Vers 1 – ein Titel, der bisher für die Juden reserviert war, die das Gesetz des Mose streng einhielten, oder für die Engel selbst.) Sie haben wirklich „den Ruf vom **Himmel** gehört", also den Ruf Gottes.

Das ist nicht einfach ein Ruf, der einlädt, „in den Himmel zu kommen". Wie wir gegen Ende des Briefes sehen werden, hat der Autor eine ganz neue Schöpfung im Blick; das sagen auch die anderen neutestamentlichen Autoren. Es handelt sich vielmehr um einen Ruf aus dem Himmel, um einen Ruf, der durch den auferstandenen und aufgefahrenen Jesus zu uns kommt, nicht durch die Engel, die das Gesetz gaben. (Siehe auch 12,18-24.) Jesus ist, wie es Vers 1 ausdrückt, der „**Apostel**", also der „von Gott Gesandte", und wie wir bereits sahen: Er ist der „**Hohepriester**", der Gott vor den Menschen repräsentiert und die Menschen vor Gott. Und die ganze christliche Bewegung, mit Jesus als ihrem Apostel und Hohepriester, kann in einer Wendung zusammengefasst werden, die für den Hebräerbrief typisch ist und sich hier am Ende von Vers 1 findet: „unser Bekenntnis des **Glaubens**". Wir müssen einen Moment hier innehalten, weil diese Aussage immer wieder auftaucht und wir gut daran tun, sie richtig zu verstehen.

Das Wort „Bekenntnis" bedeutet heute normalerweise: „jemandem erzählen, dass man etwas getan hat, was man nicht hätte tun sollen." Es bedeutet: „etwas zugeben". „Ja, ich bin zu schnell gefahren." „Ja, ich habe die Tasse beim Abwaschen zerbrochen." „Ja, ich habe die Tür zugeknallt, als ich den Raum verlassen habe." Doch die ersten Christen gaben dem Wort eine breitere Bedeutung: „Den Menschen erzählen, was an deiner Glaubensüberzeugung wirklich wahr ist". Das bedeutet nicht, etwas zuzugeben, was man falsch gemacht hat, sondern zuzugeben, dass man an die christliche **Botschaft** glaubt und zur christlichen Bewegung gehört: „Ja, ich glaube, dass Jesus der Messias ist und dass Gott ihn von den Toten auferweckt hat." „Ja, ich glaube, dass alle Absichten und Verheißungen Gottes in Jesus wahr geworden sind." „Ja, ich gehöre zu der Familie, die Jesus als seine Brüder und Schwestern ansieht."

Das „Bekenntnis" in diesem Sinne kann Menschen in Schwierigkeiten bringen, weil im ersten Jahrhundert und in vielen Teilen der Welt bis heute so ein Glaube und so eine Zugehörigkeit von der Obrigkeit als Bedrohung ihrer Macht oder ihres Systems wahrgenommen werden. Doch es hat schon immer zum Christsein dazugehört „zuzugeben", dass man Teil der erweiterten Familie Jesu ist, ob das auf Beifall stieß oder auf Widerstand.

Der Hauptgegensatz zwischen Mose und Jesus wird also mithilfe des Bildes vom Diener und vom Sohn aufgebaut (Verse 5-6). Doch der Hebräerbrief spricht auch vom „Haus", von Gottes Haus, in dem Mose als Diener arbeitete, das Jesus jedoch als Sohn besitzt – als **Sohn Gottes**, der das Haus baut. Doch worauf bezieht sich dieses „Haus"?

Die meisten Juden des ersten Jahrhunderts hätten sofort an den **Tempel** gedacht. Doch der Hebräerbrief, wiederum wie Paulus und auch wie andere radikale jüdische Gruppen jener Zeit, versteht unter dem wahren „Haus" kein Gebäude aus Steinen und Mörtel, sondern eine Gemeinschaft von Menschen.

Die Menschen, die dieses Haus bilden, werden in Vers 6 als eine mutige, zuversichtliche Familie beschrieben. Hier gibt es keinen Platz für das ziemlich schöngefärbte Bekenntnis, das man manchmal in der westlichen Welt hört („Einigen von uns ist danach, Jesus zu folgen"; das impliziert, dass wir uns auch irren können und dass es für viele andere völlig okay ist, andere Wege zu gehen). Entweder glauben Sie, dass Gottes neue Welt in Jesus „zur Welt gekommen" ist, dass sie nun da ist und auf uns wartet, als feste und definitive Hoffnung – was dann bedeutet, dass Sie auf dieser Grundlage mutig leben und handeln sowie im Blick auf diesen Glauben mit Gewissheit zuversichtliche Behauptungen aufstellen können. Oder Sie haben nicht wirklich verstanden, worum es beim Christentum eigentlich geht. Damit soll keiner Arroganz das Wort geredet werden, die das **Evangelium** als Entschuldigung für einen Stolz benutzt, der unsere eigenen Unsicherheiten kaschiert. Es geht vielmehr um ein fröhliches Feiern in dem Wissen, dass das Evangelium und die Hoffnung, die es bringt, nichts mit unseren eigenen Leistungen zu tun hat, sondern dass es dabei um Gottes Liebe und Gnade geht.

Hebräer 3,7-13: Heute ist die Zeit zum Hören!

7 Hört also darauf, was der Heilige Geist sagt:
„Heute, wenn ihr seine Stimme hört,
8 verhärtet nicht eure Herzen wie in der großen Verbitterung,
wie in den Tagen in der Wüste, als sie auf die Probe gestellt wurden,
9 als eure Väter mich auf die Probe gestellt und herausgefordert haben,
als sie meine Werke sahen 10 vierzig Jahre lang.
Deshalb war ich zornig über diese Generation
und sagte ihnen: ‚In ihren Herzen streunen sie dauernd herum,
meine Wege kennen sie nicht.‘ 11 Wie ich geschworen habe
in meinem Zorn: ‚Niemals werden sie in meine Ruhe eingehen.‘“
12 Achtet sorgfältig darauf, meine liebe Familie, dass keiner von
euch ein böses und ungläubiges Herz hat, das euch dazu verführt,
euch vom lebendigen Gott zurückzuziehen. 13 Ermutigt einander aber
jeden Tag, solange der Tag „heute“ genannt wird, damit keiner von
euch durch die Verführungsmacht der Sünde verhärtet wird.

Einige Leute in der Gruppe hatten noch nie Schnee gesehen. Insbesondere ein Mann, der sein Leben lang in Kenia gewohnt hatte, bis er zur Universität nach England gekommen war, hatte nur in Büchern etwas über Schnee gelesen und Bilder davon gesehen. Er hatte versucht sich vorzustellen, wie der Schnee wohl sei. Doch die Wirklichkeit sah ziemlich anders aus und er war begeistert. Als wir die steile Seite des Berges an jenem Tag im Januar hinauf wanderten und kletterten, hatten er und die anderen großen Spaß daran, große Fußabdrücke im tiefer werdenden Schnee zu hinterlassen, sich mit Schneebällen zu bewerfen und ihre Zungen auszustrecken, um zu probieren, wie der weiche und verführerische, um uns herumwirbelnde Schnee schmeckte. Wir konnten nicht sehr weit sehen, doch das störte uns nicht. Es war ein Abenteuer.

Nach ein paar Stunden Aufstieg wechselte jedoch die Stimmung schlagartig. Das Neue hatte seinen Reiz verloren. Die Temperatur, die zu Beginn kurz unter dem Gefrierpunkt gelegen hatte, war stark gesunken und wir hatten mindestens fünfzehn Grad minus. Mit zunehmender Höhe hatte auch der Wind zugenommen und schlug uns nun ins Gesicht und in alles andere, was nicht geschützt war (ein oder zwei Leute hatten keine Handschuhe mitgebracht und versuchten ihre Ärmel über die Hände zu ziehen). Mein Freund aus Kenia entdeckt etwas anderes, von dem er bisher nur gelesen hatte: Die Poren von Schwarzen und Weißen sind unterschiedlich groß und er fror schneller und stärker als wir. Die anderen gaben ihm zusätzliche warme Kleidungsstücke. Während unser Energielevel sank, ließ auch der Enthusiasmus merklich nach. Es wurde gemurrt und Unzufriedenheit geäußert. An einem Punkt schlug jemand vor, wir sollten aufgeben und umkehren. Jemand anderes meinte (wohl ein versteckter Vorwurf gegen mich), dass wir bei diesem Wetter überhaupt nicht hätten losgehen sollen. Wir hätten am besten beim gemütlichen Feuer bleiben und ein gutes Buch lesen sollen.

Glücklicherweise kamen wir in dem Moment auf dem Gipfel an. Dort stießen wir auf die Reste eines alten Schafstalls. Er bot genügend Schutz für uns alle, sodass wir aus dem Wind und dem Schneegestöber herauskamen. Obwohl es wegen unserer eiskalten Finger nicht einfach war, konnten wir das Essen und Trinken auspacken, das wir uns mitgenommen hatten. Schon bald fühlte sich jeder etwas wohler; es ist erstaunlich, wie sehr die Stimmung mit dem Essen zusammenhängt. Wir rüsteten unseren Kenianer mit weiterer Wollkleidung aus und beendeten die Wanderung in guter Verfassung. Hinterher stimmten alle überein, dass es ein vergnüglicher Tag gewesen sei.

Dieser Kreislauf – enthusiastischer Beginn, Murren, wenn es schwierig wird, Bereitstellung von ausreichend Essen, um weitergehen zu können – beschreibt mehr oder weniger die Wanderschaft der Kinder Israels durch die Wüste, nachdem sie aus Ägypten entkommen waren. Wir finden an diesem Punkt im Hebräerbrief etwas von derselben narrativen Reihenfolge: Wir haben gerade über Mose und die Gabe des **Gesetzes** nachgedacht, und nun denken wir über die Wüstenwanderung nach, über die 40 Jahre, die sie alle in der Wüste verbrachten, bevor ihnen schließlich der Eintritt in das Land gewährt wurde, das ihnen verheißen worden war. Während dieser Zeit gingen sie nach den Worten von Psalm 95 durch „die große Verbitterung“, die Zeit der Prüfung, in der das Volk auf die Probe gestellt wurde, ob es Gott darin vertraute, es zu versorgen, oder ob es ihm nicht vertraute. Das Volk wiederum stellte Gott auf die Probe, indem es Zeichen seiner Gegenwart und Fürsorge forderte.

Der Hebräerbrief möchte, dass seine Leser sich mit dieser Generation vergleichen: auf dem Weg durch die Wüste in Gottes verheißene Zukunft. Dabei dürfen sie nicht dieselben Fehler wie die Israeliten machen. Doch es geht nicht nur darum, sich an jene ermüdende Reise zu erinnern und sich diesmal anders zu verhalten. Es geht eher darum, dass jene Reise ein vorläufiges Stadium in einer größeren Geschichte war und dass sich die frühen Christen in einem neuen Stadium derselben größeren Geschichte befanden. Um dies herauszustellen, zitiert der Autor Psalm 95,7-11. Ab hier bis zur Mitte des nächsten Kapitels (4,10) kommt er immer wieder auf diesen Psalm zurück. Also tun wir gut daran, uns mit ihm vertraut zu machen.

Der Psalm ist ein großer Aufruf zur Anbetung und zum Lob. Er beginnt mit einer lebendigen Einladung zu singen und ihm zuzujubeln. Er feiert die Tatsache, dass **JHWH** ein großer Gott ist, der König aller möglichen Gottheiten. Er ist der Fels unserer Erlösung, der Schöpfer des **Himmels** und der Erde. Er ist der Hirte und wir sind die Schafe. Unsere Reaktion darauf sollte darin bestehen, niederzufallen und ihn anzubeten. Doch mit Vers 7 wechselt die Stimmung. Der Psalmist, der viele Jahrhunderte nach dem **Exodus** schreibt, warnt davor, dass ein neuer Tag anbricht, an dem es eine entscheidende Rolle spielt, ob die Leute, die diesen Ruf zur Anbetung hören, ihm gehorchen oder nicht. Gott hatte das Volk in der Wüste gewarnt: Wenn sie murrten und rebellierten und ihn auf die Probe stellten, würde man ihnen den Eintritt in seine „Ruhe“ verwehren – mit anderen Worten: Sie würden nicht ihren Wohnsitz im verheißenen Land finden. Genauso steht auch ihr nun vor einer Entscheidung, sagt der Psalmist: Entweder ihr betet denselben Gott an und dient ihm, oder ihr riskiert, nicht zu der „Ruhe" zu kommen, die euch verheißen ist.

Die Herausforderung wird durch das Wort „heute" noch dringlicher. Dieses Wort ist der Punkt in dem Psalm, an dem das Zitat beginnt. Es ist auch der Punkt, auf den der Hebräerbrief sowohl in diesem Abschnitt als auch später noch mehrfach zurückkommt. Gemeinsam mit den anderen frühen Christen glaubte der Autor leidenschaftlich, dass Gott ein für alle Male in Jesus, dem **Messias**, gehandelt hatte und dass als Resultat der neue Tag angebrochen war, auf den Israel gewartet hatte. Sie hatten lange genug in einem Modus gelebt, den man den „Modus des Morgen" nennen könnte. Jetzt war man im „Modus des Heute", in dem Moment, in dem plötzlich alles geschah. Wenn sie sich nur daran erinnern würden, dann würden sie auf der richtigen Spur bleiben.

In den kommenden Abschnitten wird Psalm 95 noch weiter erkundet. Doch beachten Sie besonders die Anwendung, die der Hebräerbrief schon hier in den Versen 12 und 13 gibt. Der Autor ist sich nur zu bewusst, dass es in jeder christlichen Gemeinschaft, auch schon in der ersten Generation, einige gab, die in der Gefahr standen, um der Gemeinschaft willen einfach mit den anderen mitzulaufen, ohne richtig mit dem Herzen dabei zu sein. Sie verhielten sich wie Freunde, die auf eine verschneite Bergwanderung mitkamen, weil sie dann bei den Freunden waren, doch sie hatten nicht richtig darüber nachgedacht, welche Kleidung sie brauchen würden und welches Essen sie mitnehmen sollten. Als es dann schwierig wurde, verließ sie der Mut, denn sie hatten von Anfang an nicht richtig an die Sache geglaubt. Schon zwei oder drei solcher Leute auf einer Bergwanderung, ganz zu schweigen von einer christlichen Gemeinschaft, können über alles andere wirklich einen Schatten werfen. Niemand will einen murrenden Kameraden mitschleppen, wenn sich alle von ganzem Herzen der zu erledigenden Aufgabe widmen sollten.

Das ist nicht nur eine Frage von Leuten, die von Anfang an nicht richtig dabei waren. Es kann auch andere geben, die einen echten Anfang gemacht hatten, doch nun regelmäßig ermutigt werden müssen (Vers 13). Es gibt so etwas wie die „Verführungskraft der Sünde“ und sie ist sehr mächtig. Es beginnt damit, dass Sie sich erlauben, etwas Kleines zu tun, von dem Sie wissen, dass Sie es nicht tun sollten, doch von dem Sie denken, dass es keine große Rolle spielt. Wenn es zur Gewohnheit wird, hören Sie auf, die Sache überhaupt als falsch einzustufen. Wenn die Frage aufgeworfen wird, stehen Sie mit Rationalisierungen bereit: Das macht doch jeder; so ist die Welt nun mal; man darf nicht zu gesetzlich sein; es bringt doch nichts, eine Spaßbremse zu sein. Damit wird eine Startrampe für den nächsten Zug gebaut: Da ist noch etwas anderes, was Sie noch vor Kurzem als mit Sicherheit falsch gemieden hätten, doch es ist dem recht ähnlich, woran Sie sich mittlerweile gewöhnt haben, also vielleicht ... Und nicht lange danach finden Sie auch Rationalisierungen für dieses Verhalten. Und sobald der Verstand getäuscht worden ist, wird die Gewohnheit ungeprüft ihren Lauf nehmen.

Das Hauptproblem, mit dem sich der Hebräerbrief beschäftigt, und damit auch der Hauptbetrug, ist die Frage, ob wir Jesus weiterhin nachfolgen oder nicht, oder ob wir damit zufrieden sind, abzudriften und zu erleben, dass unser anfänglicher **Glaube** in eine Erinnerung abebbt und dass unsere Hoffnung verpufft wie die Energie der Wanderer im Schnee. „Vielleicht hätten wir überhaupt nicht mitkommen sollen; vielleicht hat dieser Berg überhaupt keinen Gipfel ...“

Hebräer 3,14-19: Festhalten!

[14] Schaut, wir haben Anteil am Leben des Messias, aber nur dann, wenn wir entschlossen bis ans Ende an unserer ursprünglichen Zuversicht festhalten. [15] Das ist gemeint, wenn es heißt: „Heute, wenn ihr

seine Stimme hört, macht eure Herzen nicht hart wie damals in der
großen Verbitterung.“
16 Wer hat denn diese Worte ursprünglich gehört und ist nachher
bitter geworden? Waren es nicht alle jene, die unter Mose aus Ägypten
ausgezogen sind? 17 Und über wen war Gott vierzig Jahre lang zornig?
Waren es nicht jene, die gesündigt haben, deren Leiber in der Wüste
gefallen sind? 18 Wem hat Gott geschworen, dass sie niemals in seine
Ruhe eingehen werden? Waren es nicht alle, die nicht geglaubt haben?
19 Wir sehen also, dass ihr Unglaube sie daran gehindert hat hinein-
zukommen.

Niemand will beim Autofahren einschlafen. Trotzdem passiert es erstaunlich vielen Menschen.

Im Vereinigten Königreich und anderen Ländern gibt es Schilder auf den Autobahnen und Fernstraßen, die vor der Gefahr des Fahrens bei Müdigkeit warnen. „Müdigkeit kann töten“, heißt es da. Man sollte meinen, das sei offensichtlich – stellen Sie sich vor, Sie fahren mit hundert Stundenkilometern und schlafen ein! Die Zeitungen in England berichteten vor Kurzem, dass die Gerichte jetzt sehr viel höhere Strafen für Leute planen, die am Steuer eingeschlafen sind und schlimme oder gar tödliche Unfälle verursacht haben.

Ich weiß allerdings, wie es dazu kommt. Zwei oder drei Mal war ich in meinem Leben in der Situation, dass ich nach einem ermüdenden Tag noch spät durch die Nacht fahren musste. Selbst wenn man regelmäßig anhält und eine Menge Kaffee trinkt, kommt irgendwann der Punkt, an dem der ganze Körper Signale an das Gehirn, die Vorstellungskraft, den Willen sendet – immer lautere Signale, die sagen, dass es nicht so schlimm ist, mal die Augen für einen ganz kurzen Moment zu schließen ... vielleicht nur für eine Minute oder zwei ... immerhin läuft ja gerade alles glatt und der Wagen bleibt sicherlich auch ohne mich ein paar Sekunden auf der Spur ...

Natürlich: Wenn Sie diesen Impulsen nachgeben, sind Sie im selben Moment in echter Gefahr – und außerdem jeder andere, der Ihnen auf der Straße nahe kommt. Doch der Punkt, um den es mir hier geht, lautet: Obwohl niemand mit der Absicht ins Auto steigt, auf halber Strecke einzuschlafen, gehören zu den physischen Auswirkungen der Müdigkeit die verführerischen Einflüsterungen, die Ihnen sagen, es wird schon gut gehen, es wird nichts passieren, Sie können ruhig kurz einnicken. Wenn diese Einflüsterungen hörbar werden, brauchen Sie unter anderem einen ganz klaren Verstand. Sie müssen den Zustand erkennen, in dem Sie sich befinden, und dann müssen Sie schnell und entschlossen reagieren.

Zumindest in dem Teil der Kirche, in dem ich arbeite, haben in letzter Zeit nur wenige christliche Lehrer irgendetwas zu der Frage gesagt, wie man erkennt, in welchem geistlichen und moralischen Zustand man ist. Wir haben allerdings viel davon gehört, dass man „seinem eigenen geistlichen Weg" folgen soll, dass man „seine eigene **Glaubens**reise fortsetzen soll", sodass leicht der Eindruck entsteht, dass wir schlicht das tun sollen, was in einem gegebenen Moment das Richtige zu sein scheint, in der Hoffnung, dass es am Ende schon gut ausgeht. Nun, vielleicht geht es gut aus, vielleicht auch nicht. Es gibt Zeiten im christlichen Leben, die entsprechen jenen Momenten plötzlicher Schläfrigkeit im Auto, Zeiten, in denen man aus welchen Gründen auch immer eine überzeugende Einflüsterung im Ohr hat, die einem sagt, dass man nun auch mal ein kleines Nickerchen machen kann, dass es egal ist, wenn man dieser oder jener Versuchung nachgibt, dass man sich keiner Anstrengung unterziehen muss, um zu beten oder die Bibel zu lesen, an die Nachbarn zu denken und sich um sie zu kümmern oder für Gottes Gerechtigkeit in der Welt zu arbeiten. All das scheint so anstrengend zu sein. Es wäre viel einfacher, es ein wenig ruhiger angehen zu lassen …

Wenn Sie merken, dass Sie so denken, dann müssen Sie das geistige und geistliche Gegenstück zum Anhalten des Autos in Angriff nehmen, zum Aussteigen, zum Kaffeetrinken und zur strammen körperlichen Ertüchtigung oder manchmal gar zum richtigen Ausruhen. (Vielleicht müssen Sie eine Auszeit nehmen – vielleicht das Gegenstück zum Übernachten in einem Motel.) Der Punkt unseres vorliegenden Abschnitts, mit dem die Auslegung von Psalm 95 fortgesetzt wird, lautet jedenfalls: Wir brauchen diese geistliche Disziplin unser ganzes Leben lang bis zum Ende. Vers 14 besteht darauf: Wir müssen mit Entschiedenheit an der ursprünglichen Zuversicht bis zum Schluss festhalten. Wenn wir nicht mehr ganz so wach sind, wie wir es waren, als wir losgingen, müssen wir Schritte unternehmen, damit wir wieder in die Anfangslage versetzt werden. Ansonsten werden unsere Herzen geistlich gesprochen hart und verbittert werden (V. 15) – das geistliche Gegenstück zum Einnicken während der Fahrt.

Der Hebräerbrief hämmert uns diesen Punkt mit drei Fragen in den Versen 16, 17 und 18 ein. Wer hörte und wurde verbittert? Nicht die Leute, die sowieso in der Wüste lebten und nichts anderes kannten als ein hartes und schweres Leben und von denen man erwarten konnte, dass sie darüber murrten. Nein, es waren die Kinder Israels, die unter der Führung von Mose aus Ägypten herausgekommen waren und alles gesehen hatten, was Gott am Roten Meer getan hatte, ganz zu schweigen von den gewaltigen Gerichtszeichen über Ägypten vor dem Auszug. Mit anderen Worten: Denken Sie nur nicht: Nur, weil Sie sich mit besten Absichten ans Steuer gesetzt haben, als Sie losgefahren sind, werden Sie unterwegs schon nicht müde werden. Denken Sie ja nicht, das kann Ihnen nicht passieren. Wenn Sie nicht aufpassen, wird es Ihnen passieren.

Und auf wen war Gott zornig? Nicht auf ein anderes Volk, auf **Heiden**, auf Leute außerhalb der Familie, die Gott erwählt und aus Ägypten gerufen hatte, auf ein anderes Volk, das nicht von Abraham, Isaak und Jakob abstammte. Nein: Sein eigenes Volk hatte sich gegen sein Wort gewendet, hatte gehört, was er gesagt hatte, und das Gegenteil getan. Wiederum besteht der Autor darauf: Diese Warnung ist nicht für die Person, die neben Ihnen steht. Sie ist für Sie. Ja, für Sie!

Und letztlich: Weiterhin glauben – das ist es, was zählt! Viele von den Leuten in der Wüste hörten einfach auf zu glauben, dass Gott wirklich bei ihnen war, dass er sie wirklich führte. Immer wieder beschuldigten sie Mose, er würde sie einfach austricksen, damit er sie führen konnte, wohin er wollte. Als sie dem verheißenen Land nahe kamen, noch zu Beginn ihrer Wanderschaft, erzählten die Spione, die ausgesandt worden waren, um sich das Land anzusehen, dass es sich um einen gefährlichen und schwierigen Ort handelte, sodass die Leute nicht mehr an Gott, sondern einer Lüge glaubten. Das ist die allgegenwärtige Gefahr, vor der die Christen im 1. Jahrhundert standen und vor der auch wir stehen. Sobald Sie aufhören, entweder an den Gott zu glauben, der Sie gerufen und gerettet hat und Sie führt, oder an die Zukunft zu glauben, die er Ihnen verheißen hat, stehen Sie in der Gefahr, immer nur in der Wüste im Kreis zu laufen und nirgendwo anzukommen. Und um noch einmal auf unseren schläfrigen Autofahrer zurückzukommen: Wenn Sie diesem Impuls nachgeben, werden Sie nicht nur sich selbst in Gefahr bringen. Auch all die anderen, deren Leben Sie berühren, werden in Gefahr sein.

Hebräer 4,1-10: Zur Sabbatruhe durchdringen

1 Wir machen uns nun ernsthafte Sorgen, dass einige von euch Got-
tes Verheißung, in die Ruhe hineinzukommen, verpassen. Noch steht
diese Verheißung vor uns wie eine offene Tür. 2 Auch uns wurde das
Evangelium verkündet, so wie jene es gehört haben. Ihnen aber hat es
nichts genützt, weil sie nicht im Glauben mit jenen verbunden waren,
die es gehört haben. 3 Uns aber, die wir glauben, steht es zu hineinzu-
gehen, wie geschrieben steht:

„Wie ich in meinem Zorn geschworen habe,
werden sie in meine Ruhe hineinkommen."

– auch wenn Gottes Werke seit der Grundlegung der Welt zum Ab-
schluss gekommen sind. 4 Schließlich heißt es an anderer Stelle über
den siebten Tag:

„Und Gott ruhte am siebten Tag von allen seinen Werken."

5 Und in dem Abschnitt, mit dem wir uns jetzt beschäftigen:
„Niemals werden sie in meine Ruhe hineinkommen!"
6 Weil einige es verpasst haben, in sie hineinzukommen, und weil
jene, die die gute Nachricht früher gehört hatten, wegen ihres Unglau-
bens nicht eingetreten sind, 7 legt er ein weiteres Mal einen Tag fest.
Durch David sagt er „Heute!" – nach einer so langen Zeitspanne! –
mit den Worten, die wir bereits zitiert haben:
„Heute, wenn ihr seine Stimme hört,
verhärtet eure Herzen nicht."
8 Es ist doch klar: Wenn Josua ihnen Ruhe gegeben hätte, dann
würde er nicht über eine andere, spätere „Ruhe" reden. 9 Wir können
also festhalten: Es gibt noch eine zukünftige Sabbat-„Ruhe", die auf
Gottes Leute wartet. 10 Jeder, der diese „Ruhe" betritt, wird von sei-
nen Werken ausruhen, so wie Gott von seinen Werken ausgeruht hat.

Ich hörte einmal eine Geschichte von einem Priester, der sehr gerne auf seinem Pferd ausritt – so gerne, dass er ständig auf einem Ausritt war, wenn er eigentlich in seiner Gemeinde arbeiten sollte. Der Geschichte zufolge nannte er sein Pferd „Sabbatical" („Sabbatjahr"). Wenn die Leute seine Frau fragten, wo ihr Mann sei, konnte sie wahrheitsgemäß sagen, er sei „on Sabbatical".[1]

Dass diese Geschichte erfunden ist, erkennt man unter anderem daran, dass ein Sabbatjahr für Kleriker eine ziemlich neue Erfindung ist; diese Einrichtung wurde erst in Zeiten beliebt, in denen Ausritte auf Pferden nur noch zum exzentrischen Hobby einiger weniger wurden. Die Geschichte erinnert uns jedoch daran, dass es in der biblischen Theologie das Prinzip des „siebten Tages" oder möglicherweise des „siebten Jahres" oder gewisse Variationen dieses Prinzips gibt, das

1 Anm. d. Übers.: Das Wortspiel lässt sich auf Deutsch nicht nachmachen. „Auf einem Pferd sitzen" heißt auf Englisch „to sit on a horse". „In einem Sabbatjahr sein" heißt „to be on Sabbatical". Die Wendung „on Sabbatical" heißt daher sowohl „im Sabbatjahr sein" als auch „auf [dem Pferd] Sabbatical sitzen", wenn denn der Name des Pferdes „Sabbatical" lautet.

von Anfang an in die Schöpfung eingebaut war. Zur Zeit Jesu hatten sich die Stellen des mosaischen **Gesetzes**, die sich mit der Einhaltung des **Sabbats** befassten, zu einem derart eng umrissenen juristischen System entwickelt, dass die Menschen den Sinn und Zweck der Regelungen vergaßen, der darin bestand, den Menschen zu dienen, indem ihnen Ruhe gewährt wurde. Der Sinn und Zweck bestand nicht darin, ihnen weitere Lasten aufzuladen, indem man ihnen z. B. verbot, am Sabbat zu heilen. Jesus musste all dies durchbrechen, wie wir in den **Evangelien** nachlesen können. Nirgendwo wird im Neuen Testament jedoch geleugnet, dass das in 1. Mose 1 niedergelegte Prinzip wichtig bleibt: ein Ruhetag pro Woche, der dem Ruhetag Gottes am Ende der Schöpfung entspricht.

In dem uns hier vorliegenden Abschnitt kommt die Vorstellung von der Ruhe Gottes jedoch anders zum Tragen. Wir haben bereits gesehen, dass der Hebräerbrief Psalm 95 benutzt, um über die „Ruhe" zu sprechen, die den Israeliten verheißen war, sobald sie ihr Ziel erreicht hätten. Der Autor verbindet dies nun mit Gottes eigener „Ruhe" am Ende der Schöpfung. Er behauptet: Da Gott gewarnt hatte, dass sein Volk nicht in „seine Ruhe" eingehen könnte, implizierte das, dass die Verheißung des Landes dazu gedacht war, für sie die Funktion der „Ruhe" zu übernehmen, die Gott nach den sechs Tagen der Schöpfung genossen hatte.

Die gesamte Stoßkraft dieses Abschnitts – und damit die Stoßrichtung dieses ganzen Briefteils – liegt in den Versen 8 und 9. Als das Volk unter der Führung von Josua endlich im Land ankam, gingen sie in die verheißene „Ruhe" ein. Sie konnten endlich aufhören herumzuwandern – nach vierzig Jahren, nicht nach sechs Tagen! – und die neue Zeit der Sesshaftigkeit genießen, mit all den Möglichkeiten, die Kultur, die Landwirtschaft, den Handel und alle möglichen Berufe zu entwickeln. Außerdem konnten sie Häuser bauen und Gemeinschaften bilden. Doch nun denkt einmal darüber nach, sagt der Hebräerbrief. Das alles war bereits geschehen – Josua hatte ihnen bereits diese „Ruhe" gegeben –, und zwar lange bevor David den 95. Psalm schrieb. (Dieser Psalm sagt gar nicht ausdrücklich, dass er von David stammt, doch die meisten Menschen im 1. Jahrhundert waren der Meinung, David hätte den Großteil des Psalters verfasst, und wenn er diesen Psalm nicht geschrieben haben sollte, ist er wohl später verfasst worden, womit der Punkt, um den es geht, nur umso schärfer hervortritt.) Was will David also nun sagen, wenn er von einer weiteren „Ruhe" spricht, so lange nach der Zeit, in der sie bereits zu der „Ruhe" gelangt waren, die ihnen beim Auszug aus Ägypten verheißen worden war?

Der Hebräerbrief gibt die Antwort, die typisch für mehrere Argumentationsgänge in diesem Brief ist: Psalm 95 ergibt nur Sinn, wenn man erkennt, dass er nach vorne weist, dass er auf eine weitere „Ruhe" vorausschaut, die aus der Sicht des Psalmisten noch in der Zukunft lag. Wir stehen also vor einer Reihenfolge von drei unterschiedlichen Punkten der „Ruhe": Gottes eigene Ruhe am siebten Tag der Schöpfung; die „Ruhe", die Josua dem Volk gab, als er sie in das verheißene Land führte; und die zukünftige „Ruhe", die der Psalm verheißen hatte und die dem Hebräerbrief zufolge immer noch eine auf die Zukunft gerichtete Verheißung bleibt.

Wir müssen auch nicht lange suchen, um herauszufinden, was diese zukünftige und endgültige „Ruhe" sein könnte. In den Kapiteln 11 und 12 wird die Vision von der Zukunft Gottes entfaltet: Der Autor listet alle **Glaubens**helden seit alters her auf. Wie in diesem Psalm blickten sie in die Zukunft auf eine neue Art von Land, eine neue Art von Stadt, auf die Stadt und das Land, die in Gottes eigenem Teil der Schöpfung (im „**Himmel**") gegenwärtig sind und die in die volle Wirklichkeit überführt werden, wenn der gegenwärtige Himmel und die gegenwärtige Erde ein letztes Mal „erschüttert" worden sind (12,25-28).

Während wir uns zurücklehnen und dieses Bild bestaunen, registrieren wir zwei kleine, aber wichtige Details in diesem Bild. Zunächst erwähnt der Autor in Vers 8 Josua, den Anführer, der nach Moses Tod die Führung des Volkes übernahm. Das ist fast das einzige Mal im ganzen Neuen Testament, dass er erwähnt wird (die andere Stelle ist **Apostel**geschichte 7,45). Doch der Name „Josua“ ist sowohl auf Griechisch als auch auf Hebräisch derselbe Name wie „Jesus“. Das ist der Grund, warum Vers 8 in einigen älteren Bibelübersetzungen lautet: „Wenn Jesus ihnen Ruhe gegeben hätte …“, was viele Leser verwirrt hat. Doch der Brief ist sich sowohl dieser Parallele zwischen Josua und Jesus als auch des Unterschieds zwischen ihnen sehr bewusst. Josua gab dem Volk die erste „Ruhe“; Jesus von Nazareth, der **Messias**, wird ihnen die endgültige „Ruhe“ geben.

Zweitens: Laut Vers 10 wird die endgültige „Ruhe“ bedeuten, dass die Arbeit aufhört. Hier könnte ein leichter Anklang an etwas vorliegen, was der von Paulus sehr deutlich vertretenen Ansicht nahekommt: Nicht die „Werke“ zählen, sondern der „**Glaube**“. Mit Sicherheit möchte der Autor gegen Ende seiner Auslegung von Psalm 95 den Glauben betonen, also das Vertrauen zu Gott. Der Punkt, um den es geht, könnte darin bestehen, dass die „Ruhe“ immer Gottes Geschenk bleiben wird; sie ist nicht etwas, was wir jemals durch harte Arbeit erlangen können.

Der Autor ist besorgt, dass die Leser in der Gefahr stehen könnten, die endgültige „Ruhe“ zu verpassen (Vers 1). Sie könnten diejenigen nachahmen, die sich in der Wüste weigerten, sich denen anzuschließen, die glaubten (Vers 2). Er betont dasselbe wieder in Vers 3 und 6: Der Glaube ist das, was zählt; ihr solltet also sicherstellen, dass ihr wirklich glaubt! Das wird auch das Hauptthema von Kapitel 11 sein, wo er uns einige Definitionen des Glaubens gibt und – vielleicht noch wichtiger – mehrere klassische Beispiele von Heiligen aus der Vergangenheit, die trotz unglaublicher Widrigkeiten glaubten.

Das ist es, was heute genauso zählt wie damals. Einige Christen leben heute in seit Langem etablierten Kirchen, in denen alles in der Gefahr steht, ein wenig schläfrig zu werden; niemand kann wirklich glauben, dass es noch mal so gut werden wird, wie es einmal war (was meistens eine romantische Fiktion ist). Andere Christen leben in Kirchen, die in einem religiösen oder politischen Umfeld ums Überleben kämpfen, in dem das christliche **Evangelium** als Bedrohung empfunden wird. Dann ist es schwer zu glauben, dass das Evangelium wirklich der Weg ist, auf dem es in Gottes neue Welt geht. Wir alle müssen uns der Herausforderung stellen, Gott zu vertrauen, nicht unseren Gefühlen oder den Dingen, die uns vor Augen stehen. Wir alle müssen uns die Verheißung von Gottes letztendlicher und ewiger „Ruhe“ immer vor Augen halten.

Hebräer 4,11-13: Achtung, Gefahr! Gottes Wort am Werk!

11 Lasst uns also alles daransetzen, in diese „Ruhe“ hineinzukommen,
damit niemand nach demselben Muster von Unglauben stolpert und
zu Fall kommt. 12 Ihr müsst wissen: Gottes Wort ist lebendig! Es ist
kraftvoll und schärfer als jedes zweischneidige Schwert. Es durch-
dringt Seele und Geist, Gelenke und Knochenmark. Es dringt direkt
vor zu den geheimsten Gedanken und Absichten des menschlichen
Herzens. 13 Kein Geschöpf bleibt vor Gott verborgen. Alle sind nackt
und bloß vor den Augen dessen, dem wir Rechenschaft schulden.

Ich hatte das Küchenmesser abgewaschen, hatte es kurz hingelegt und dann wieder in die Hand genommen, um es abzutrocknen. Plötzlich spürte ich etwas wie ein leichtes Kitzeln an einem Finger. Ich schaute hin und sah zu meiner Überraschung und meinem Schrecken, dass aus einem schönen geraden Schnitt an der Fingerkuppe Blut herausspritzte. Mir war entgangen, dass unser neues Küchenmesser eine zweischneidige Klinge hatte, und als ich es in die Hand nahm – sorgfältig, wie ich meinte –, hatte ich für einen kurzen Moment meinen Finger über die Rückseite gleiten lassen, die genauso scharf wie die Hauptschneideseite zu sein schien. Je schärfer eine Klinge ist, umso weniger spürt man natürlich, wenn man sich schneidet. Bei mir war die Klinge völlig problemlos durch die Haut direkt ins Fleisch eingedrungen.

Das ist das Bild, das der Hebräerbrief in Vers 12 verwendet, um die Wirkung des Wortes Gottes auf das **Leben** eines Menschen zu beschreiben. Es ist scharf genug, um direkt einzudringen, fast ohne dass man es merkt. Der Unterschied besteht darin, dass der Autor nicht von einem Tranchiermesser redet, sondern von einem Schwert, einer Waffe, die nicht nur in einen Finger schneidet, sondern ziemlich leicht den ganzen Körper durchdringt, ins Herz, in die Leber, die Nieren oder Lungen eindringt. Man kann diesem Schwert nicht entkommen.

Wie sieht es also mit dem Schutz aus? Gibt es irgendeine Chance, eine Waffenrüstung zu tragen, die verhindert, dass uns die Klinge zu nah kommt? Nein. So etwas gibt es hier nicht. Vers 13 ist sehr deutlich: Wenn es um Gott und sein Wort geht, gibt es kein Versteck. Tatsächlich sieht es so aus, dass wir eines Tages unser inneres und äußeres Leben vor Gott offenlegen müssen. Der Hebräerbrief ist kein sehr entspannendes Buch, oder?

Nein, aber ein sehr notwendiges. Der Autor möchte nicht erleben, dass irgendjemand von denen, an die er schreibt, wörtlich oder auch metaphorisch zu Schaden kommt – und zu denen gehören in Erweiterung der ursprünglichen Leserschaft auch Sie und ich, die wir diesen Text heute lesen. Zu Schaden kommt man durch die stetige Erosion des **Glaubens**, deren Resultat der absolute Unglaube ist, der wiederum darin resultiert, dass man nicht in die „Ruhe“ eingeht. Wenn Sie Entspannung wollen, dann sollten Sie nicht zu viel von dieser Entspannung im gegenwärtigen christlichen Leben erwarten. Doch Sie sollten sich daran erinnern, dass Ihnen am Ende eine echte „Ruhe“ verheißen ist! Der Weg zu dieser „Ruhe“ heißt „Glaube“, „Durchhalten“, „am Bekenntnis des Glaubens festhalten“ und so weiter.

Doch was hat das scharfe, gefährliche zweischneidige Schwert des Wortes Gottes mit all dem zu tun?

Es ist etwas zu einfach, wenn wir heute denken, dass ein neutestamentlicher Autor mit „Gottes Wort“ einfach „die Bibel“ meinte. Zunächst einmal lag damals „die Bibel“ noch nicht einmal komplett vor;

wir wissen nicht, wann dieser Brief ursprünglich verfasst wurde, doch es ist recht wahrscheinlich, dass andere Bücher des Neuen Testaments später noch dazukamen. Wir haben keinen Grund zu der Annahme, dass der Autor des Hebräerbriefes überhaupt von den anderen Büchern wusste, die bereits geschrieben worden waren; und obwohl die Autoren des Neuen Testaments ganz klar beabsichtigten, dass ihre Werke als autoritative Werke der Kirche und in diesem Sinne als „heilige Schrift" angesehen wurden, gibt es bis weit in das zweite Jahrhundert hinein keine Belege für eine definitive *Sammlung* frühchristlicher Werke, die auf diese Weise betrachtet wurden.

Bedeutete „Gottes Wort" einfach das *Alte* Testament, also die jüdische Bibel? In gewissem Sinne schon. Der Punkt der Bemerkung in Vers 12 scheint darin zu bestehen, dass die biblischen Texte, die der Hebräerbrief verwendet hat, besonders Psalm 95 (in den letzten beiden Kapiteln), die unheimliche Fähigkeit haben, direkt zum Herzen der Dinge vorzudringen, oder genauer: direkt zum Herzen von *Menschen.* Wenn Menschen diese Texte lesen oder hören, empfinden sie, dass sie „wie ein geöffnetes Buch" daliegen: Es wird ihnen nicht nur eine neue Wahrheit bewusst gemacht, die von außen kommt, sondern, und vielleicht noch erschreckender: Es wird ihnen bewusst gemacht, was in ihnen selbst vor sich ging, Dinge, die sie sogar vor sich selbst verborgen gehalten hatten.

Doch die Art und Weise, auf die die neutestamentlichen Autoren den Begriff „Wort Gottes" verwenden, legt nahe, dass sie mehr als das Alte Testament meinten, nicht weniger. Sie meinten damit auch die **Botschaft**, die Jesus selbst verkündigt hatte – dass das **Reich Gottes** in und durch Jesu eigenes Wirken „zur Welt kam" – und dann meinten sie damit auch die Botschaft *über* Jesus und über das, was er getan hatte. Das war im Wesentlichen dieselbe Botschaft, doch aus einer neuen Perspektive gesehen. Da allerdings der Punkt dessen, was Jesus getan hatte, gerade darin bestand, dass er die Prophetien des Alten Testaments erfüllt hatte (was schließlich auch das Hauptthema dieses Briefes ist), können wir beide Aspekte ziemlich einfach zusammenführen: „Gottes Wort“ scheint zu bedeuten: „die alten Schriften und die Botschaft darüber, wie sie in Jesus alle wahr wurden“.

Was genau soll Gottes Wort also bewirken? Und wie können wir auf die Herausforderung des Wortes Gottes reagieren?

Nun, es gehört zur Kernaussage der Verse 12 und 13, dass Gottes Wort sein Werk verrichten wird und dass man dem nicht entkommen kann! Doch offensichtlich entkommen viele Menschen dem Wort Gottes jedenfalls eine Zeit lang. Entweder bewegen sie sich außer Hörweite – sie schlagen nicht allzu oft eine Bibel auf und sie hören sich keine Predigten oder auch nur allgemeines Gerede über Jesus an, wenn sie es vermeiden können –, oder sie ignorieren standhaft alles, was sie hören. Aber es scheint Teil der Aussage dieses Abschnitts zu sein, dass man *letztendlich* dem Wort Gottes nicht entkommen kann. Wenn Sie meinen, Sie könnten sich ohne zu glauben so durchmogeln und unbemerkt in die „Ruhe“ hineinschlittern, die Gott seinen Getreuen verheißen hat, dann wird Gottes Wort Sie ausfindig machen, Sie durchdringen und enthüllen, was wirklich vor sich geht – die geheimen Gedanken, Pläne und Absichten, die Sie zum wahren Zentrum Ihres Lebens machen. Jeder muss früher oder später Rechenschaft über sich selbst ablegen. Spätestens zu diesem Zeitpunkt wird alles offenbar werden.

Doch die Stoßrichtung des Abschnitts, der offensichtlich als Warnung gemeint ist, kann auch zu einer großen Ermutigung werden. Wenn dies sowieso früher oder später geschehen wird, dann tun Sie gut daran, sich gleich damit zu beschäftigen. Wenn Sie die Wahl haben, sich entweder sofort vom Arzt untersuchen zu lassen, auch wenn das unangenehm sein könnte, oder zu warten, bis er oder sie eine Autopsie durchführt, nachdem es also zu spät ist, dann ist es weise, sich für Ersteres zu entscheiden. Wenn Sie sich Tag für Tag und Woche für Woche der Botschaft der Bibel öffnen, dem großen Bogen, den sie schlägt, wie auch den kleinen Details, und wenn Sie der zuverlässigen Predigt Jesu und dem, was er erreicht hat, erlauben, in Ihr Bewusstsein zu treten und in Ihre Vorstellungswelt sowie Ihr Herz einzudringen, dann wird das zugegebenermaßen unangenehme Wirken des Wortes Gottes regelmäßig geschehen und Ihnen zeigen, wo Sie wirklich stehen und was tief in Ihrem Inneren abläuft.

Es könnte gut sein, dass Sie in diesem Prozess Hilfe von jemand anderem brauchen. Genau wie der Heilungsdienst der frühen Kirche nicht bedeutete, dass Ärzte überflüssig wurden, so bedeutet die bohrende, eindringliche und durchdringende Analyse des Wortes Gottes nicht, dass es für Psychotherapeuten und ähnliche Berufe nichts mehr zu tun gibt. Umgekehrt machen sie die Aufgabe des Wortes Gottes durchaus nicht überflüssig. Mit der Bibel und mit Jesus, dem geschriebenen und dem lebendigen Wort Gottes, betend und nachdenkend Zeit zu verbringen, heißt, die sanfte und doch kraftvolle Berührung kennenzulernen, die wie eine sehr scharfe Klinge überraschende und vielleicht alarmierende Resultate hervorbringt. Doch im Unterschied zu meiner Begegnung mit dem neuen Küchenmesser gibt es mit Gottes Wort keine Unfälle. Gottes Wort ist lebendig, wie Vers 12 erklärt; und die Absicht des zweischneidigen Schwertes besteht immer darin, zu reinigen und zu heilen.

Hebräer 4,14–5,3: Der mitfühlende Hohepriester

14 Weil wir einen Hohepriester haben, der durch alle Himmel hin-
durchgegangen ist, Jesus, Gottes Sohn, lasst uns am Bekenntnis
unseres Glaubens festhalten. 15 Schließlich haben wir keinen Hohe-
priester, der sich nicht in unsere Schwachheit einfühlen könnte. Nein,
in jeder Beziehung ist er wie wir versucht worden, blieb aber ohne
Sünde. 16 Lasst uns also zuversichtlich zum Thron der Gnade kom-
men, damit wir Barmherzigkeit empfangen und Gnade finden, die uns
dann hilft, wenn wir sie brauchen.

5.1 Ihr müsst wissen, dass jeder Priester aus den Reihen der Men-
schen gewählt wird und dann stellvertretend für sie vor Gott gestellt

wird. So kann er Gaben und Sündopfer darbringen. [2] *Er kann mit den Menschen mitfühlen, die nur wenig wissen oder in verschiedene Richtungen umherirren, weil er ihre Schwachheit mit ihnen teilt.* [3] *Deshalb muss er für seine eigenen Sünden genauso Opfer bringen wie für diejenigen des Volkes.*

Ich habe gerade die Lektüre eines faszinierenden Tagebuchs aus der Kriegszeit abgeschlossen, das von einem anglikanischen Geistlichen geschrieben wurde, der 1940 in deutsche Gefangenschaft geraten war und die nächsten fünf Jahre in verschiedenen Gefangenenlagern verbrachte. Dort diente er jeweils so gut er konnte den Tausenden von Männern, die unterernährt waren, schlechte Unterkünfte hatten und der Verzweiflung nah waren. Ich habe von diesem Buch vieles gelernt; nicht zuletzt hat es mich daran erinnert, dankbar zu sein, dass meiner eigenen Generation zumindest diese Art von Erfahrung erspart geblieben ist, auch wenn uns viele andere Probleme begegnet sind.

Als Anhang fügte der Autor dem Buch ein kurzes Essay hinzu, eine Charakterstudie von einem australischen Soldaten, der eine Zeit lang in demselben Lager war. Tom Moore war für die australische Baracke zuständig. Das bedeutete, dass er der deutschen Lagerleitung gegenüber für den Zustand der Baracke verantwortlich war und dass er die Interessen der Australier vertreten musste. Der Autor John H. King schreibt:

> „Die Leitung erwartet von ihm, ihr Missfallen wahrzunehmen, wenn mit dem Zustand der Baracke oder dem Verhalten der Männer irgendetwas nicht stimmt. Auf der anderen Seite erwarten die Männer von ihm, dass er sich für ihre Rechte und Freiheiten einsetzt, für die echten wie die erträumten. Es ist eine außerordentliche Leistung, diese Aufgabe wirkungsvoll auszuführen und das Vertrauen beider Seiten zu behalten … doch Tom schaffte es.“

Meistens ging er zwischen den Deutschen, den Australiern und den anderen Anführern im Lager hin und her und stellte sicher, dass alle Probleme trotz der entsetzlichen Bedingungen gelöst wurden. Er verschaffte sich dadurch den Respekt von allen.

Dies ist die Art von vermittelnder Rolle, die der Hebräerbrief nun Jesus als dem **Hohepriester** zuschreibt, eine Rolle, die Jesus nach wie vor innehat. Wie im Falle von Jesu **Gleichnissen** sind auch bei diesem Vergleich nicht alle Einzelheiten übertragbar: Ich will natürlich nicht nahelegen, dass Gott, der Vater, wie ein feindseliger Offizier ist oder die Kirche wie eine Armeebaracke im Gefangenenlager. Die Stärke des Vergleichs, zu der wir gleich kommen (und die den Hauptteil des Briefes von hier bis zum Ende von Kapitel 7 eröffnet), besteht darin, dass Jesus die uralte Verheißung Gottes erfüllt hat. Diese Verheißung bestand darin, dass Gott seinem Volk letztendlich einen großartigen Hohepriester senden würde, der fortdauernd und in Perfektion das tun würde, was die normale Priesterschaft symbolisierte, aber nur teilweise und unvollkommen tun konnte.

Die Verheißung selbst und ihre detaillierte Erläuterung folgen in Kürze. Doch einleitend beschreibt der Autor Jesus wie den jungen australischen Offizier als denjenigen, der sowohl klar auf „unsere Seite" des Bildes gehört und dort vollständig zu Hause ist, der aber auch in der Lage ist, uns umfassend und angemessen auf Gottes Seite zu repräsentieren. Er war und bleibt einer von uns, ein echter Mensch, der sich immer noch daran erinnert, wie es war, schwach zu sein, krank zu werden, immer wieder aus jeder Richtung versucht zu werden. (Man sollte nicht den Fehler einiger Christen machen, die sich vorgestellt haben, Jesus sei in der Inkarnation Mensch geworden und hätte nach seinem Tod aufgehört, Mensch zu sein. Zu den zentralen **Glaubens**überzeugungen der frühen Christen, nicht zuletzt in diesem Brief und in den Paulusbriefen, gehört die Auffassung, dass Jesus vollständig und herrlich Mensch bleibt und dass er die Welt als Mensch regiert.) Wenn er uns vor dem Vater repräsentiert, dann schaut er nicht aus großer Höhe auf uns herab und schwadroniert über diese armen

Kreaturen, die im Grunde nicht sehr viel für sich selbst tun können. Er kann wahrhaftig mitfühlen. Er hat an unserer Stelle gestanden. Er weiß genau, wie das ist.

Wo ist er also jetzt, was macht er und wie beeinflusst uns das? Vers 14 sagt, dass er „durch alle Himmel hindurchgegangen" ist. Verschiedene antike jüdische Autoren sprechen von verschiedenen Ebenen des „Himmels"; Paulus spricht in 2. Korinther 12,2 davon, dass er in den „dritten Himmel" entrückt wurde. Als Salomo den Tempel baute, erklärte er, dass „der Himmel und aller Himmel Himmel Gott nicht fassen können" (1. Könige 8,27). Obwohl andere Autoren es anders ausdrücken, entsteht doch der Eindruck, dass es innerhalb des „Himmels" (der Gottes Seite der doppelseitigen Schöpfungsordnung ist, im Gegensatz zur „Erde", dem Kosmos in Raum und Zeit, in dem wir leben) „Schichten" gibt, wobei Gottes eigener „Wohnort" die innerste „Schicht" ist.

Der Punkt ist, dass Jesus, nachdem er gestorben und von den Toten auferweckt worden war, in der Himmelfahrt erhöht worden ist und alle verschiedenen „Schichten der Himmel" durchschritten hat, direkt bis ins Zentrum, zum Thron des Vaters. Mit anderen Worten: Er ging nicht einfach an eine bequeme Ruhestätte in irgendeiner geistlichen Sphäre, wo er bleiben konnte, zufrieden damit, dass er seinen irdischen Auftrag erfüllt hatte. Er ging direkt in den inneren Gerichtssaal seines Vaters. Indem er uns dort repräsentiert, indem er vor dem Vater für uns eintritt, kann er damit fortfahren, das Werk, das er auf Erden *vollendet* hat, nun zu *verwirklichen*. Paulus sagt auch in dieser Hinsicht wieder etwas Ähnliches, diesmal in Römer 8,34.

Wenn wir also zum himmlischen Vater beten, dann rufen wir nicht einfach über eine große Kluft hinüber. Wir versuchen nicht, die Aufmerksamkeit von jemandem zu erregen, der wenig oder gar nicht um uns besorgt ist. Vers 16 drückt es folgendermaßen aus: Wir kommen zum „Gnadenthron" (das bedeutet: (a) wir kommen zum Thron Gottes und (b) wir müssen uns Gott jetzt als den Gott der Gnade vorstellen) und wir dürfen und müssen mutig und zuversichtlich kommen. Das ist keine Arroganz. Wenn wir verstehen, wer Jesus ist, was er getan hat und was er immer noch für uns tut, dann bestünde die eigentliche Arroganz in der Tat darin, sein Angebot abzulehnen, das darin besteht, dass er vor dem Vater für uns eintritt; arrogant wäre also, sich vorzustellen, dass wir ihn umgehen und alles alleine versuchen müssten. Für diejenigen, die durch Jesus zu Gott kommen, stehen „Barmherzigkeit und Gnade" bereit: Barmherzigkeit, die uns von der Sünde und Dummheit befreit, in der wir ansonsten vollständig versinken würden; Gnade, die uns stärkt und uns auf unsere eigenen Füße stellt, damit wir ein Leben als Diener und Zeugen Jesu führen können.

Der Beginn des 5. Kapitels greift die Vorstellung vom Hohepriester auf und entwickelt sie weiter, als Vorbereitung auf die Hauptaussage zum Thema, die im nächsten Abschnitt folgt. Viele Christen in den verschiedenen freikirchlichen Traditionen denken heute nicht oft über das Wesen der Priesterschaft nach, da sie ein anderes Verständnis vom Amt in der christlichen Gemeinde vertreten. In der Tat besteht eine der Stärken dieser Traditionen darin, dass sie (übrigens gemeinsam mit der katholischen und den orthodoxen Kirchen, wenn diese sich auf die besten Elemente ihrer Tradition besinnen) darauf bestehen, dass die alttestamentliche Priesterschaft gerade *nicht* im kirchlichen Amt fortgesetzt wird, sondern dass diese Priesterschaft vielmehr in Jesus selbst ihren Höhepunkt und in gewissem Sinne auch ihren Abschluss fand. Jeder pastorale Dienst leitet sich vom Dienst Jesu ab, doch kein Dienst kann den Dienst Jesu einfach kopieren. Was er tat, geschah „ein für alle Mal" – darauf besteht der Hebräerbrief.

Was verstand der Autor also unter der Priesterschaft und wie beeinflusste ihn dieses Verständnis bei seinem Porträt von Jesus?

Er entfaltet die übliche jüdische Auffassung, die in den alten biblischen Schriften verankert ist: Der **Priester**, insbesondere der Hohepriester, ist als Brücke zwischen dem Volk und Gott gedacht. Auf der einen Seite nimmt er eine liturgische und zeremonielle Rolle ein, indem er Gaben und **Opfer** darbringt. Diese sind nicht dazu gedacht, Gott zu überreden, als ob Menschen Gott zu ihrem Schuldner machen könnten, sondern sie sind dazu gedacht, Gott für die Schöpfung und für den **Bund** zu danken sowie Gottes Sühne für ihre Sünden auszudrücken und zu verkörpern. Auf der anderen Seite nimmt er das ein, was wir eine pastorale Rolle nennen würden: Er kümmert sich um Menschen, ist mitfühlend, stellt sich an ihre Seite und lässt die Vorstellung von einer „Brücke“ zu einer realen Erfahrung werden. Normale Priester sind natürlich selbst Sünder und müssen daher Opfer für ihre eigenen Sünden darbringen, nicht nur für die Sünden anderer Menschen.

Damit wird der doppelte Kontext aufgebaut, den der Autor nun untersuchen wird. Erstens ist Jesus der Höhepunkt dieser Vorstellung von Priesterschaft. Er ist der Priester *par excellence*. Zweitens ist er jedoch jedem bisherigen Priester weit überlegen. Er kann alles tun, was normale Priester tun – auch mit der menschlichen Schwachheit mitfühlen. Doch er gehört zu einer anderen Art von Priesterschaft, einer, auf die wir uns vollständig und für immer verlassen können. Das wird in den nächsten drei Kapiteln das Hauptthema sein und es verdient unser ausführliches Nachdenken. Wagen Sie es wirklich, alles Gewicht Ihres **Glaubens** und Ihrer Hoffnung auf Jesus zu setzen? Vertrauen Sie ihm so sehr?

Hebräer 5,4-10: Der Sohn wird der Priester

4 Niemand macht sich selbst zum Priester; ein Priester muss von Gott
berufen sein, so wie es auch Aaron war. 5 Ebenso hat sich der Messias
nicht selbst erhöht, um Hoherpriester zu werden. Derjenige hat ihn
berufen, der gesagt hat:

„Du bist mein Sohn; heute habe ich dich gezeugt.“

6 An anderer Stelle sagt er:

„Du bist ein Priester für immer, nach der Ordnung Melchisedeks.“

7 Als Jesus auf der Erde lebte, hat er mit lautem Schreien und unter

Tränen Gebete und Flehen demjenigen dargebracht, der ihn vom Tod
erretten konnte. Weil er so hingegeben war, wurde er erhört. 8 *Ob-*
wohl er der Sohn war, lernte er das Wesen des Gehorsams an dem,
was er litt. 9 *Als er vollständig und vollkommen gemacht worden war,*
wurde er allen zur Quelle der ewigen Rettung, die ihm gehorchen,
10 *da Gott ihn als Hoherpriester nach der Ordnung des Melchisedek*
eingesetzt hat.

Ich kenne einen Mann, der die Firma seines Vaters erbte. So etwas hört sich großartig an: Der Sohn kommt frisch von seiner exzellenten Ausbildung, sitzt in einem prachtvollen Büro neben dem Büro seines Vaters und wird demnächst die Firma übernehmen, sie von der Spitze her führen und den Lebensstil genießen, der aus Geschäftsessen, Golfspielen, Reisen ins Ausland und so weiter besteht.

Die Wirklichkeit sah allerdings ganz anders aus. Es fing schon damit an, dass das in einer Zeit wirtschaftlicher Flaute passierte, als noch nicht mal genug Geld für gelegentliche üppige Mittagessen vorhanden war, ganz zu schweigen von Reisen und Ausflügen. Außerdem stellte der Vater sicher, dass der Sohn das Geschäft von der Pike auf lernte. Er hatte in den Werkstätten mit gestandenen Mechanikern zu arbeiten. Er hatte die Lieferanten zu besuchen, um zu sehen, woher die Rohmaterialien kamen, und musste aus eigener Erfahrung lernen, wie schwierig es war, diese Materialien für den richtigen Preis zu bekommen. Er musste als Verkäufer in die argwöhnische Welt hinausgehen, die nicht überzeugt war, dass sie sein Produkt überhaupt haben wollte. Und er musste in der Finanzabteilung mitarbeiten, die Tag für Tag mit der komplizierten Zahlenverarbeitung befasst war – mit den Zahlen, die die Geschichte von Erfolg oder Misserfolg erzählten. Erst als er jeden Aspekt der Arbeitsweise der Firma verstanden hatte, wurde ihm ein eigenes Büro zugeteilt. Doch das war nur der Anfang. Nun musste er lernen, wie man eine Belegschaft in Zeiten wachsender Unruhe in der Industrie führt und managt. Er musste auch lernen, die Firma in der Welt des lokalen und nationalen Lebens und in der

Politik zu repräsentieren. Er musste lernen, was es heißt, der Sohn seines Vaters zu sein. Seine Herkunft hatte ihm dazu den Rahmen bereitgestellt, doch es brauchte auch einen erheblichen Aufwand an Erziehung und Entwicklung.

Dieser Vergleich erklärt gewisse Aspekte einer der seltsamsten Wendungen im gesamten Brief, die hier in Vers 8 auftaucht. Obwohl Jesus Gottes Sohn war, „lernte er das Wesen des Gehorsams an dem, was er litt". Der Autor scheint zu sagen: Man hätte meinen können, dass man als Sohn Gottes einfach nur Anteil an Gottes Herrschaft über die Welt hat und herrlich und in Freuden lebt. Dem war allerdings nicht so. Der Gott, der der Vater von Jesus ist, ist der Gott, der die Welt ursprünglich geschaffen hatte, und er bleibt dieser Schöpfung gegenüber zutiefst verpflichtet, auch wenn sie widerspenstig und verdorben ist. Wenn Jesus sein Sohn sein will, dann muss er lernen, worum es bei dieser Schöpfung geht und was es kosten wird, sie aus der Misere zu retten, in die sie sich geritten hat. Er muss sowohl ihre Tiefen als auch ihre Höhen kennenlernen. Er muss lernen, was es heißt, der gehorsame Sohn des Vaters zu sein; und das bedeutet Leiden, und zwar nicht, weil Gott ein Sadist ist, der einfach sehen will, wie sein Sohn eine schwere Zeit durchmacht, sondern weil die Welt, die Gott erschaffen hat und die er liebt, ein dunkler und böser Ort ist, und der Sohn ihren Kummer und Schmerz erleiden muss, um sie zu retten.

Das meint Vers 9, wenn er sagt, dass Jesus „vollständig und vollkommen gemacht" worden war (im Griechischen ist das ein einziges Wort). Das heißt nicht, dass er vorher „unvollkommen" im Sinne von „sündig" war, sondern dass er das volle Format des Sohnes dadurch erreichen musste, dass er den Schmerz und die Trauer des Vaters über eine in die Irre gelaufene Welt selbst erleben musste. Er wurde wahrhaftig und vollständig das, was er von seiner Herkunft her bereits war.

Diese Forderung an den Sohn, nämlich zu lernen, was Sohnsein in der Praxis wirklich bedeutet, steht sozusagen im Zentrum seiner Qualifikation für die andere Hälfte seines Mandats. Wie viele andere frühchristliche Denker verknüpfte auch der Autor des Hebräerbriefes biblische Passagen, die vom **Messias** als dem Sohn Gottes sprachen, mit einem bestimmten Psalm, Psalm 110, der vom Sohn Gottes auch als einem **Priester** sprach. In Vers 5 unseres vorliegenden Abschnitts zitiert er (wie in Kapitel 1, Vers 5) aus Psalm 2,7, wo Gott zu dem gerade eingesetzten König Israels sagt: „Du bist mein Sohn; heute habe ich dich gezeugt." Doch diesen Vers verbindet er nun mit Psalm 110,4, der eine neue und unerwartete Rolle hinzufügt: Der Messias wird auch ein Priester sein, und zwar ein Priester nach einer anderen Ordnung, von anderem Typus oder Rang, nämlich „nach der Ordnung Melchisedeks".

Dies ist der Punkt, an dem sich viele Leser sagen: „Okay, das wars für mich. Ich werde diese Dinge nie verstehen." Es ist tröstlich zu wissen, dass der Autor in dem Vers, mit dem der nächste Abschnitt beginnt (Vers 11), genau diese Reaktion vorausahnt. Er weiß, dass es schwierig sein wird, doch wenn wir uns an ihn halten, wird er alles Schritt für Schritt erklären. (Er hat auch einige ziemlich scharfe Bemerkungen über das Niveau unseres Verständnisses zu machen und er ermutigt uns, erwachsen zu werden, damit wir die subtileren Punkte verstehen können, die er vermitteln möchte!) Doch im Moment sollten wir auf solidem Boden stehen. Psalm 110, einer der am häufigsten zitierten Psalmen im gesamten Neuen Testament, beginnt mit der Passage, die in Hebräer 1,13 zitiert wird: „**JHWH** sprach zu meinem Herrn: ‚Setze dich an meine rechte Seite, bis ich deine Feinde zum Schemel deiner Füße gemacht habe!'" Das passt zum Gebrauch des 8. Psalms, den wir bereits im 2. Kapitel gesehen haben, wo dem Messias „alles unter seine Füße gelegt wird". Der Hebräerbrief fährt nun mit seiner Untersuchung desselben Psalms fort und schaut sich die Tatsache an, dass Gott Jesus dazu bestimmt hat, ein Priester dieses neuen Typs zu sein.

Der vorliegende Abschnitt betont, dass diese Bestimmung Gottes eigenes Werk war und nicht etwas, das Jesus sich erträumt hätte. Der Autor scheint sich bewusst zu sein, dass die Leute die frühchristliche Bewegung und sogar Jesus dafür kritisiert haben könnten, dass sie anscheinend eine Position an sich gerissen hatten, die auf einzigartige Weise und auf ewig dem Tempel in Jerusalem und dessen Bediensteten zukam (den **Hohenpriestern** sowie den Priestern etc.). Es wird in der Tat klar werden, dass der christliche **Glaube** an Jesus den Tempel und alles, was dort ablief, in den Hintergrund drängt und daher überflüssig macht, und die vorliegende Argumentation ist ein Schritt in diese Richtung. Doch der Punkt, um den es in diesem Abschnitt geht, lautet: Das Priestertum, das Jesus innehat, weil er der Messias ist, war immer schon von Gott beabsichtigt. Die biblischen Schriften machen klar: Als Gott endlich den Messias sandte, wollte er ihn zum Priester machen, und zwar zu einer neuen Art von Priester.

Der mögliche Hinweis darauf, es gehe hier um Arroganz oder unnahbare Überlegenheit, wird wieder einmal durch das außergewöhnliche Bild von Jesus in Vers 7 untergraben. Der Autor kennt ganz offensichtlich die Storys über Jesus im Garten Gethsemane, die in Markus 14,32-42 und den Parallelstellen erzählt werden. Er erzählt diese Geschichte nach mit dem anschaulichen Detail, dass Jesus „laut schrie und weinte“, während er in zunehmender Qual betete, Gott möge ihm das kommende Schicksal ersparen. Das ist der Punkt, an dem er, wie Vers 8 klarmacht, zu lernen hatte, was das volle Ausmaß des Gehorsams bedeuten würde: Er betete zu dem, „der in der Lage war, ihn vor dem Tod zu bewahren“, doch obwohl Gott das gekonnt hätte, hat er es nicht getan. Die Antwort auf sein Gebet um Rettung lautete Nein. Oder besser: Die Antwort lautete, dass das Gebet, wie es oft der Fall ist, sich selbst in Akzeptanz der Lage verwandelte: „Dein Wille geschehe.“ Nur so konnte Jesus die volle Bedeutung der Sohnschaft entdecken. Nur so konnte er der Hohepriester werden, zu dem Gott ihn bestimmt hatte, ein Hohepriester, der in unseren dunkelsten Momenten mit uns mitfühlen kann.

Hebräer 5,11-14: Seid ihr bereit für feste Nahrung?

[11] Ich könnte noch viel darüber sagen. Es wird aber schwer, euch dies
verständlich zu machen, weil ihr für solche Dinge so denkfaul gewor-
den seid. [12] Eigentlich solltet ihr jetzt so langsam zu Lehrern gewor-
den sein, aber ihr braucht immer noch jemanden, der euch die ganz
elementaren Anfangsgründe von Gottes Reden beibringt. Ihr braucht
immer noch Milch, keine feste Nahrung! [13] Ihr müsst wissen: Jeder,
der noch Milch trinkt, ist ungeübt im Wort der Gerechtigkeit Got-
tes. Solche Leute sind wie Babys. [14] Erwachsene brauchen feste Nah-
rung – und wenn ich von „Erwachsenen“ rede, meine ich Menschen,
die durch Erfahrung gelernt haben, Gut und Böse zu unterscheiden.

Heute Morgen sah ich in der Zeitung das entzückende Foto eines nepalesischen königlichen Babys. Das Königreich Nepal musste vor Jahren einen harten Schlag wegstecken, als ein Mitglied der königlichen Familie mehrere seiner Verwandten erschoss. Mit der neuen Generation ist die Familie nun auf dem Weg der Wiederherstellung. Nach dem schrecklichen Schock und der Tortur kommt langsam wieder Hoffnung auf.

Das Foto zeigte das Baby, das jetzt, wo ich dies schreibe, sechs Monate alt ist, wie es erstmals feste Nahrung bekam. Das ist anscheinend ein zentrales Ritual in der religiösen Praxis der Familie. Es wird noch einige Zeit dauern, bis das Baby von einer Ernährung aus überwiegend Milch und einigen kleineren, weichen Nahrungsmitteln zur Ernährungsweise eines größeren Kindes mit normaler fester Nahrung übergehen kann. Doch der Anfang ist gemacht und alle strahlten bei diesem Gedanken über das ganze Gesicht.

Warum sind also so viele Christen im 20. genau wie im 1. Jahrhundert nicht nur erpicht darauf, bei der Ernährung mit Milch zu bleiben, sondern sie werden sogar ärgerlich, wenn man ihnen nahelegt, dass sie etwas Deftigeres essen sollten? Das ist eine Frage, die mich seit Jahren immer wieder verdutzt und plagt. In meinem Heimatland stoße ich auf ein entschiedenes Vorurteil gegen jede Anstrengung zu lernen, worum es beim christlichen **Glauben** geht, sogar unter Leuten, die in anderen Bereichen hochintelligent sind, in anspruchsvollen Berufen arbeiten, seriöse Zeitungen und Magazine lesen und sich schämen würden, wenn sie nicht wüssten, was in der Welt vor sich geht. Das resultiert darin, dass wir innerhalb und außerhalb der Kirche eine erstaunliche Unwissenheit finden in Bezug auf die Frage, wer Jesus wirklich war, was Christen über Gott und die Welt geglaubt haben und glauben sollten, auf welche Weise die gesamte christliche Geschichte Sinn ergibt, was die Bibel enthält, und nicht zuletzt, wie einzelne Christen in diese ganze Geschichte hineinpassen, wie ihr Leben und ihre Gedanken von der Kraft des **Evangeliums** verändert werden sollten. In der Welt gibt es viele Orte, an denen ein großer Hunger danach herrscht, all diese Dinge zu lernen, und ein Verlangen, so viel Lehre zu begreifen und aufzunehmen, wie man nur kann. Einige Christen sind in der Tat begierig nach und bereit für feste Nahrung. Doch ich bedaure zutiefst, dass man in vielen Kirchen, zumindest in Westeuropa, anscheinend die meisten Menschen höchstens davon überzeugen kann, eine weitere kleine Portion warmer Milch zu trinken.

Ich habe also ein gewisses Mitgefühl mit dem, was der Autor des Hebräerbriefs in diesem plötzlich und überraschend auftauchenden Abschnitt zu sagen hat. Er muss sein Zielpublikum ziemlich gut gekannt haben, um dieses Urteil über ihren geistlichen und intellektuellen Zustand treffen zu können und um den Mut zu haben, es ihnen ganz direkt zu sagen. Später wird er auch noch ein paar ermutigendere Dinge zu sagen haben. Doch diese erstaunliche Zurechtweisung trifft uns ganz unvermutet und muss auch über die ersten Zuhörer wie eine plötzliche kalte Dusche hereingebrochen sein. Der Autor will sie ganz klar mit seiner doppelten Herausforderung aufwecken.

Er beschuldigt sie erstens, die Dinge nur sehr träge aufzunehmen. Wenn Sie jemals versucht haben, am Ende eines langen und anstrengenden Tages einer Klasse etwas Kompliziertes beizubringen, wenn die Schüler schon alle müde sind und unbedingt nach Hause wollen, dann wissen Sie, wie sich dieser Autor fühlte. Er wusste, dass es wichtig für sie war, das aufzunehmen, was er zu sagen hatte, doch er konnte sich den glasigen Blick in ihren Gesichtern und die Trägheit gut vorstellen, mit der sie sagten: „Wie wäre es mit etwas einfacheren Dingen?“ In unserer Kirche müssen wir heute dieselbe Tendenz erkennen. Wenn Leute, die wirklich neu im Glauben stehen oder wirklich erschöpft sind und sich gut ausruhen müssten, sagen: „Lass es uns einfach und leicht halten“, dann ist das eine Sache. Es ist eine ganz andere Sache, wenn Leute, die schon seit einiger Zeit Christen sind und bei denen alle Anzeichen vorhanden sind, dass sie in der Lage sind, zu lernen und im Glauben zu wachsen, sagen oder implizieren: „Wir sind zu faul dazu.“

Wir sollten uns nicht selbst zum Narren halten. Mehr über die christliche Weltsicht zu lernen, sowohl über die große Landkarte, auf der wir leben, als auch über immer mehr Einzelheiten dieser Karte, bedeutet, an Stärke im Gebet, im Leben und in der Arbeit für das Evangelium zuzunehmen in allem, was wir tun. Sich hier zurückzuhalten, vielleicht in der falschen Demut, die sagt: „Ich bin nicht gut im Verstehen dieser Dinge“, obwohl wir eigentlich meinen: „Ich habe keine Lust, es zu versuchen“, ist eine andere Art zu sagen, dass wir ein geistliches Baby bleiben wollen. Der Autor sagt solchen Leuten, dass sie eigentlich schon Lehrer sein sollten, doch immer noch jemanden brauchen, der sie lehrt! Er impliziert damit ganz klar, dass eine christliche Gemeinschaft und die einzelnen Leute in ihr in ziemlich kurzer Zeit bis in das Stadium hineinwachsen sollten, in dem sie selbst diejenigen unterweisen können, die im Glauben jünger sind. Sie hätten schon seit Längerem feste Nahrung zu sich nehmen sollen, doch sie scheinen immer noch mehr Milch zu brauchen.

Wie sieht also die Reife aus, die er im Sinn hat? Das ist die zweite Hälfte seiner deutlichen Herausforderung. Menschen, die für feste Nahrung bereit sind, sind Menschen, die „mit dem **Wort** der Gerechtigkeit Gottes Erfahrung haben“ (Vers 13), Menschen, die ihre geistlichen, intellektuellen und emotionalen Fähigkeiten durch Erfahrung und Praxis trainiert haben, um Gut und Böse unterscheiden zu können (Vers 14). Das Wort für „Gerechtigkeit“ ist überall dort, wo es uns im Neuen Testament begegnet, ein kniffliges Wort. Es wird oft mit „Rechtschaffenheit“ übersetzt, doch das vermittelt den Eindruck, als ob es hauptsächlich darum geht, sich zu benehmen, und zwar auf eine religiöse Weise, die sich ihrer selbst sehr bewusst ist, was der Hebräerbrief (oder die anderen frühen Christen) sicher nicht im Sinn hatten. Auch der Begriff „Gerechtigkeit“ fängt nicht ganz das volle Bedeutungsspektrum ein, doch er vermittelt zumindest, dass sich die Ziele Gottes im Evangelium auf Gottes Sehnsucht konzentrieren, die Welt ins Lot zu bringen, und als Teil dieser Aufgabe, Menschen ins Lot zu bringen. Der Autor sehnt sich an dieser Stelle danach, dass Menschen kompetent werden, die gesamte **Botschaft** von Gottes heilender, wiederherstellender und errettender Gerechtigkeit zu verstehen und anzuwenden. Er möchte, dass sie sich mit der gesamten Botschaft der Bibel und des Evangeliums auskennen, damit sie in der Lage sind, diese Botschaft in Bezug auf ihr eigenes Leben, ihre Gemeinschaft und die darüber hinausgehende Welt zu handhaben; damit sie sehen, wie all die verschiedenen Teile der Offenbarung Gottes zusammenpassen, in unterschiedlichen Situationen Anwendung finden und die Kraft haben, Leben und Situationen zu verwandeln.

Insbesondere möchte er eine reife Christenheit sehen: Menschen und Gemeinschaften, die – auf die einzig mögliche Weise – gelernt haben, Gut und Böse zu unterscheiden. Genau wie ein Kind lernt oder lernen sollte, dass einige Dinge gut und andere schlecht sind (und dies zu lernen ist ja Teil des Prozesses des Erwachsenwerdens), sollten der einzelne Christ und die gesamte christliche Gemeinschaft in jeder Kirche und an jedem Ort es für selbstverständlich halten, zum „Erwachsenen“ heranzureifen, indem man den Unterschied zwischen angemessenem christlichen Verhalten und für Christen unangemessenem Verhalten entdeckt. Dabei geht es dem Autor nicht so sehr darum, eine Verhaltensänderung zu erreichen. Das wird im gesamten Brief nirgends angedeutet. Er stellt dieses Zeichen der Reife vielmehr heraus, um die Leser zu erinnern, dass es so etwas wie Reife gibt, dass sie diese Reife suchen sollten und dass reife Menschen normalerweise feste Nahrung brauchen und einem rein flüssigen Speiseplan auch vorziehen. Die Botschaft für uns sollte klar sein. Wenn wir merken, dass wir uns lieber von der Herausforderung abwenden, mehr über unseren Glauben nachzudenken, dann sollten wir uns fragen, ob wir uns wirklich mit dem Status eines permanenten geistlichen Babys zufriedengeben wollen.

Hebräer 6,1-8: Kein Weg zurück

*1 Wir wollen jetzt aber das Anfängerniveau im Blick auf die Lehren
des Messias verlassen und in Richtung Reife weitergehen! (Wir wollen nicht noch einmal das Fundament legen und über die Umkehr von
den toten Werken und den Glauben an Gott, 2 die Lehre über Taufen,
Handauflegen, die Auferstehung der Toten und das ewige Gericht reden.) 3 Wenn Gott es zulässt, wollen wir dies tun.*

*4 Wenn die Leute nämlich einmal erleuchtet worden sind – wenn
sie die himmlische Gabe geschmeckt und Anteil am Heiligen Geist
erlangt haben, 5 wenn sie das gute Wort Gottes geschmeckt und die
Kräfte des kommenden Zeitalters gespürt haben –, 6 dann ist es unmöglich, ihnen wieder zur Umkehr zu verhelfen, wenn sie davon ab-
gefallen sind, weil sie dann für sich Gottes Sohn ein weiteres Mal
kreuzigen und ihn wieder öffentlich der Schande preisgeben würden.
7 Ihr wisst ja: Wenn es oft auf ein Stück Land regnet und die Erde den
Regen aufsaugt und für die Leute, die es bearbeiten, nützliche Frucht
hervorbringt, dann hat dieser Acker Teil an Gottes Segen. 8 Wenn er
aber Disteln und Dornen hervorbringt, ist er nutzlos und wird bald
verflucht werden. Schließlich wird er verbrannt werden.*

Ich erinnere mich lebhaft daran, wie ich das Abc lernte. Eigentlich hatte ich bereits ein wenig lesen gelernt, bevor ich in die Schule kam, aber ich erinnere mich an ein Abc-Lied, das die ganze Klasse, alle 50 Schüler, in meinen ersten Schulwochen zu einer wohlbekannten Melodie sangen. Wir mochten unsere junge Lehrerin und wollten es für sie besonders gut machen. Manchmal höre ich noch heute, wenn ich ein Wort in einem Wörterbuch nachschlage und zwischen den verschiedenen Buchstaben des Alphabets hin und her blättere, das Lied in meinem Kopf und bin dann für den guten, fröhlichen Beginn meiner Schulbildung dankbar.

Aber was hätten meine Universitätsprofessoren fünfzehn Jahre später gesagt, wenn ich sie gebeten hätte, statt Tutorenkursen in Philosophie und antiker Geschichte immer wieder dieses Alphabet-Lied singen zu dürfen? Sie hätten gedacht, dass es sich entweder um einen Studentenstreich handelte oder dass ich schlichtweg verrückt geworden war. Man lernt das Alphabet frühzeitig – nicht um es wieder zu vergessen, sondern um es wieder und wieder anzuwenden und dann als selbstverständlich betrachten zu können.

Der Verfasser des Hebräerbriefes drückt aus: „Wenn ihr bereit seid, zur Reife heranzuwachsen, dann habe ich hier ein Stück festes Fleisch, in das ihr beißen könnt!“ Während er sie auf die weitere Lehre vorbereitet, warnt er sie streng davor, dass es keinen zweiten Anfang für die christlichen Gläubigen gibt, wenn sie sich vom ersten Anfang im **Glauben** abwenden und diesen mit Füßen treten. Seine Hauptaussage lautet: Wenn man das Abc des christlichen Glaubens gelernt hat, dann muss man genau von hier aus weitergehen. Man kann nicht zurückgehen; wenn man auf einem Fahrrad sitzt und fährt, kann man ja auch nicht eine Minute später wieder rückwärts zum Anfangspunkt radeln und dann wieder beginnen. Wenn man das versucht, fällt man vom Fahrrad. Das ist mehr oder weniger die Aussage von Vers 6.

Bevor wir darauf eingehen, warum der Hebräerbrief das sagt und was genau der Verfasser damit meint, wollen wir einen genaueren Blick darauf werfen, wie er die Anfänge des Christseins und die Grundlagen der christlichen Lehre beschreibt.

Vers 4 und 5 bieten eine prächtige Beschreibung dessen an, was geschieht, wenn man Christ wird. Zuerst wird man „erleuchtet". Man „sieht das Licht", mit den Augen des Verstandes erkennt man die Wahrheit über Gott, die Welt, sich selbst und den Nächsten.

Zweitens: Man kostet „die himmlische Gabe". Man erfährt eine neue Art zu leben und eine neue, allumfassende Liebe und merkt, dass dieses **Leben** und diese Liebe vom **Himmel** und von Gott selbst kommen.

Drittens: Man hat Anteil am **Heiligen Geist**. Dies ist eine persönlichere Art, darüber zu sprechen, wie der eine Gott zum Einzelnen und in eine Gemeinschaft kommt, Wahrheit offenbart, uns der Liebe versichert und Hoffnung weckt.

Viertens: Man „kostet vom guten **Wort** Gottes". Man erlebt die Bibel und die **Botschaft** von Jesus wie ein kühles Getränk an einem heißen Tag oder eine Mahlzeit in einem Moment, in dem man gar nicht merkte, wie hungrig man war.

Fünftens: Man schmeckt auch die „Kräfte des zukünftigen Zeitalters". Die neue Schöpfung Gottes, die er eines Tages vollenden wird, hat schon in Jesus begonnen, und ein Gefühl des Neuen beschleicht einen, sodass man sich sowohl danach sehnt, dass die neue Welt sehr bald geboren wird, als auch danach, dass man darauf vorbereitet wird.

Obwohl seine Leser noch Babys sind, die Milch statt fester Nahrung brauchen, geht der Verfasser davon aus, dass sie zumindest in der Lage sind, hier verstehend zu nicken. Wenn wir diese Dinge heute nicht als grundlegend für unsere Erfahrung des Christseins betrachten, was ist dann falsch gelaufen?

Ähnliche Fragen stellen sich, wenn wir seine Beschreibung des christlichen Abcs betrachten, also diese elementaren Bestandteile der Lehre, die er eigentlich nicht noch mal wiederholen müssen sollte. Sie werden hier in den Versen 1 und 2 genannt.

Erstens: die **Umkehr** von toten Werken. Das bezieht sich sowohl auf die religiösen Praktiken des Heidentums (einschließlich des Götzenkultes) als auch auf die Umgangsregeln der heidnischen Gesellschaft. Im Hebräerbrief deutet diese Formulierung auch auf die weiter andauernde Durchführung der jüdischen Tempelrituale hin, welche durch Jesu Werk überflüssig geworden sind.

Zweitens: **Glaube** an Gott. Das wird in 11,1 und 11,6 vollständiger zum Ausdruck gebracht. Das bedeutet natürlich Glauben und Vertrauen an den einen, wahren Gott, im Gegensatz zur Anbetung der Götzen.

Drittens: die Lehre von **Taufen** und vom Handauflegen. Diese beiden Handlungen waren von frühester Zeit an mit der Zulassung zur christlichen Gemeinschaft verbunden. Die Bewegung um Jesus begann mit der Taufe von **Johannes**, und seit den ersten Tagen der Gemeinde empfingen neu Bekehrte die Taufe, gefolgt von der Handauflegung, als Zeichen und Mittel der Teilhabe am neuen gemeinsamen Leben in der christlichen Familie.

Viertens: die **Auferstehung** der Toten und das ewige Gericht (oder vielleicht sollten wir es „das Gericht des kommenden Zeitalters" nennen). Noch einmal: Von frühester Zeit an waren die Christen sich darüber im Klaren, dass eine Zeit kommen würde, in der Gott über die ganze Welt Gericht hält und das **kommende Zeitalter** einläutet. Das war keine vage Hoffnung auf eine irgendwann mögliche Verbesserung. Es ist hier auch keine Rede davon, dass nach dem Tod das Verhalten im gegenwärtigen Leben nicht mehr so wichtig zu sein scheint. Vielmehr bekam eine ganz bestimmte Hoffnung, die in der langjährigen jüdischen Tradition fest verwurzelt war, einen neuen Fokus und Impuls durch Jesu eigene Auferstehung.

An dieser Stelle werden sich viele moderne Christen einmal mehr überrascht die Augen reiben. Das sind die ... *Grundlagen?* Das ist das ursprüngliche frühchristliche Alphabet? Die meisten unserer Gemeinden wissen darüber nicht viel! Viele in unseren Kirchen könnten heute nicht sagen, warum wir Menschen taufen, was genau die Auferstehung ist und warum sie daran glauben sollten; sie könnten nicht einmal sagen, was „tote Werke“ sind und warum man von ihnen umkehren sollte. Wenn dies das Alphabet der christlichen Lehre ist, dann fürchte ich, dass es viele Gemeinden und auch viele einzelne Christen gibt, die noch einmal in die Grundschule zurückgehen müssen. Meines Erachtens ist es nicht der Fall, dass sie das Alphabet vor langer Zeit zwar gelernt, aber wieder vergessen haben. Nein: Sie haben es nie gelernt! Sie geben sich mit Dingen zufrieden, die geistlichem Grunzen und Handzeichen entsprechen.

Der Verfasser will mit dieser Aufzählung sagen, dass er diese Grundlagen hier *nicht* noch einmal behandeln wird. Vielmehr möchte er weitergehen, ihnen darüber hinausgehende und weitreichendere Wahrheiten beibringen. Und die ernste Warnung vor dem „Abfallen“ in den Versen 4-8 passt genau hierher. Mit ihr wird Folgendes ausgedrückt: Wenn Sie das Alphabet sorgfältig gelernt haben, enthusiastisch begonnen haben, den christlichen Weg zu gehen, und ihm dann abschwören und in eine andere Richtung gehen, können Sie nicht erwarten, wieder dort aufgenommen zu werden. Es ist wie bei Kindern, die das Abc gelernt haben, sich aber weigern zu lesen, zu schreiben oder wenigstens deutlich zu sprechen. Der Lehrer wird vermuten, dass diese Kinder niemals irgendetwas innerlich aufnehmen werden oder zumindest, dass bei ihnen nichts hilft.

Dies ist das Bild, das wir in den Versen 7 und 8 finden. Das Land wird bewässert und bringt eine Ernte hervor. Aber wenn die einzige Ernte Dornen und Disteln sind (das erinnert an 1. Mose 3,18, wo Dornen und Disteln ein Zeichen des Sündenfalls sind), dann wird der Bauer die Hoffnung aufgeben und schließlich alles niederbrennen. Doch was könnten ein einzelner Christ oder eine Gemeinde anstellen, das eine Entsprechung zu diesem Szenario wäre?

Wenn er vom „Abfallen“ spricht und davon, „Gottes Sohn ein zweites Mal zu kreuzigen“, scheint der Verfasser Leute vor Augen zu haben, die zur Kirche gehörten und an ihrem gemeinsamen Leben Anteil hatten, aber die dann entschieden, dass es doch nichts für sie sei, ihre Mitgliedschaft aufgaben und sich der Verachtung der breiten Öffentlichkeit für den Glauben anschlossen. Das wirft eine interessante Frage auf, der der Verfasser hier nicht nachgeht: Ist es möglich, zunächst ein echter Christ zu werden und dann alles zu verlieren? Zu dieser Frage gibt Paulus in Römer 5–8 die nachdrückliche Antwort: „Nein!“ Und er nennt detaillierte Argumente, um dies zu belegen. In dem vorliegenden Abschnitt beeilt sich der Verfasser zu sagen, dass er nicht denkt, dass die Leser in die beschriebene Kategorie gehören, aber er entfaltet die breitere theologische Frage nicht. Üblicherweise wird das, was unser Autor sagt, mit dem, was Paulus und andere Autoren implizit sagen, folgendermaßen zusammengehalten: Die in den Versen 4 und 5 beschriebenen Menschen sind Leute, die Kirchenmitglieder geworden sind. Sie haben die Kraft des **Evangeliums** und des Lebens gespürt, das aus ihm folgt. Dies geschah durch Anteilnahme am gemeinsamen Leben der christlichen Gemeinschaft. Doch sie haben sich diese Dinge in ihrem tiefsten Inneren nie richtig zu eigen gemacht. Wenn er in 12,15 sagt: „Gebt Acht, dass es niemandem an Gottes Gnade mangelt“, scheint er genau diese Kategorie von Menschen im Blick zu haben. Er beharrt allerdings nicht sehr stark auf diesem Punkt; und wir sollten von ihm keine Antworten auf Fragen erwarten, die er nicht stellt.

Wir sollten vielmehr zulassen, dass er seine deutliche und unbequeme Frage direkt an uns richtet. Stehen wir, oder stehen Menschen aus unserer christlichen Gemeinschaft, in der Gefahr, dem Glauben den Rücken zu kehren und in die allgemeine Tendenz einzustimmen, das Evangelium und die Kirche zu verhöhnen? Halten wir uns zu denen, die an ihrem ursprünglichen Glauben und an der Hoffnung festhalten, oder eher zu denen, die wie Petrus am Lagerfeuer bereit sind zu leugnen, dass sie irgendetwas mit Jesus zu tun haben?

Hebräer 6,9-12: Macht weiter so!

9 Meine lieben Freunde, auch wenn ich jetzt so mit euch rede, bin ich
zuversichtlich, dass es Besseres über euch zu berichten gibt – Dinge,
die auf die Rettung hinweisen. 10 Gott ist schließlich nicht ungerecht.
Das wäre er aber, wenn er eure Arbeit und die Liebe zu seinem Na-
men vergessen würde, die ihr gezeigt habt durch den Dienst, den ihr
seinen Heiligen erwiesen habt und noch erweist. 11 Ich möchte jeden
von euch ermutigen: Zeigt den gleichen begeisterten Einsatz, wenn es
darum geht, eure Hoffnung an das Ziel zu bringen, das euch zugesagt
ist. 12 Werdet nicht faul und nachlässig! Eifert vielmehr denen nach,
die durch Geduld und Glauben die Verheißungen ererben!

Sir Francis Drake war einer von vielen Engländern, der in der Regierungszeit von Elisabeth I. berühmt wurde. Er segelte um die Welt, überquerte viele Male den Atlantik, war in viele Seeschlachten in verschiedenen Teilen der Welt verwickelt, war zweimal Mitglied des Parlamentes und – seine vielleicht berühmteste Tat – besiegte die spanische Armada, als diese 1588 England angriff. Es gibt viele wohlbekannte Geschichten über ihn: wie er darauf bestand, sein Bowlspiel zu beenden, obwohl die Armada bereits in Sichtweite war; wie er seinen Mantel über eine matschige Pfütze legte, damit die Königin darüber hinwegschreiten konnte, ohne nasse Füße zu bekommen; wie er einmal versuchte, Kalifornien als britischen Besitz zu beanspruchen.

Es gibt aber auch etwas, das weniger bekannt ist. Es ist aber bedeutsam, weil es eines der Geheimnisse seines Lebens offenbart – eines Lebens, das voller bemerkenswerter Leistungen war. Es handelt sich um ein Gebet, das er verfasste und das in vielen Kirchen noch heute oft verwendet wird. Es fasst ziemlich genau die Botschaft des vorliegenden Abschnitts mitten in Hebräer 6 zusammen:

> O Herr, Gott, wenn du deinen Dienern etwas Großes gibst, nach dem sie streben sollen, dann schenke uns auch das Wissen, dass

die wahre Ehre nicht darin besteht, etwas zu beginnen, sondern darin, etwas ganz zu Ende zu bringen. Das bitten wir durch ihn, der zur Vollendung deines Werkes sein Leben für uns gab, unser Erlöser, Jesus Christus. Amen.

Was Drake hier über große Werke sagt, nach denen es zu streben galt – vielleicht dachte er dabei an eine weitere lange und gefährliche Seereise oder an die zahlreichen Aufgaben, die er anpackte, um das Schicksal der Menschen im Südwesten Englands zu verbessern – das sagt der Hebräerbrief über das gesamte Unterfangen, als Christ zu leben. Was zählt ist nicht so sehr der Beginn, auch wenn der logischerweise wichtig ist. Was zählt ist die Fortsetzung, das Weitermachen, bis die Sache ganz zu Ende gebracht ist.

Die meisten von uns werden das Bild und seine Herausforderung wiedererkennen. Die meisten von uns haben Projekte angefangen und sind stecken geblieben: beim Lernen einer neuen Sprache, beim Versuch, Gewicht zu verlieren, beim Malen eines Bildes, beim Lesen eines langen und schwierigen Buchs. Oder gar, so könnten wir hinzufügen, bei einer Firmengründung, beim Eröffnen eines Ladens oder beim Bauen eines Hauses. Oft entdecken wir im Verlauf solcher Projekte, dass wir dafür eigentlich nicht geschaffen sind. Dann kann es besser sein, das Projekt beiseitezulegen als weiterzumachen und die Sache noch schlimmer zu machen. Oft, und nicht zuletzt, wenn es um etwas wirklich Wertvolles geht, hat so ein Prozess jedoch mehrere eigenständige Phasen: der anfängliche Ausbruch von Enthusiasmus und die Freude auf etwas ganz Neues; das langsame Versickern der Energie, wenn Weitermachen richtig schwere Plackerei bedeutet; und dann die Tage, vielleicht auch Wochen oder Jahre, in denen wir ohne Enthusiasmus aus dem Bett steigen, ohne Verlangen, an dem Projekt zu arbeiten. Dann wünschen wir uns, es käme etwas anderes Neues, das uns wieder reizt. Aber uns wird klar, dass wir ein Ziel haben, das aller Anstrengung wert ist, wenn wir nur einen Fuß vor den anderen setzen, bis wir am Ziel ankommen.

Das Leben als Christ ist diesem Szenario oft sehr ähnlich. Der Verfasser des Hebräerbriefes weiß, dass seine Leser vielleicht in genau dieser Lage sind. Sie haben gut angefangen und im aktuellen Stadium haben sie bereits eine beeindruckende Erfolgsbilanz im Dienst für Gott und aneinander vorzuweisen. Das Bild vom christlichen Leben in Vers 10 ist ein attraktives: eine Gemeinschaft, die der harten Arbeit verpflichtet ist, um die Liebe auszuleben, die im Zentrum echten christlichen **Glaubens** steht; sie dienen einander und dem ganzen Volk Gottes auf alle mögliche Weisen. Das ist der solide Beweis, dass ihr Anfang echt war und dass sie ganz klar zu Gottes Volk gehören – und dass Gott laut Vers 9 und 10 bereits bemerkt hat, was sie getan haben. Er wird sie an diesem Punkt nicht fallen lassen. Gleichzeitig ist es folgendermaßen – und hier liegt das Geheimnis im Zentrum des christlichen Durchhaltevermögens: Obwohl Gott nicht vergessen wird, was sie getan haben, müssen sie jede Anstrengung unternehmen, jeder Versuchung zur Faulheit widerstehen, das Leben des Glaubens und der Geduld fortsetzen, „bis es ganz zu Ende gebracht worden ist". Sie sollten auf andere Leute sehen, die dies tun (Vers 12), und sie sollen ihr Bestes geben, diese Leute nachzuahmen.

Diese seltsame Balance zwischen Gottes Treue und menschlicher Anstrengung muss etwas ausführlicher erläutert werden. Seit der Reformation des 16. Jahrhunderts ist vielen Christen ganz zu Recht beigebracht worden, dass nichts, was wir tun können, uns Gottes Wohlwollen verdienen kann. Gnade bleibt Gnade; Gott liebt uns, weil er uns liebt, nicht weil wir es schaffen, ein paar Dinge zu tun, die ihn beeindrucken, oder weil wir ein paar Punkte auf einer himmlischen Bewertungsskala sammeln. Gleichzeitig besteht aber das gesamte Neue Testament darauf – von der Lehre Jesu in den Evangelien über die **Botschaft** von Paulus in seinen Briefen, den Hebräer- und Jakobusbrief und ähnliche Briefe bis zum großartigen Buch der Offenbarung: Was Christen tun, nachdem sie bereits von Gottes freier Liebe und Gnade ergriffen worden sind und während sie im Gebet und Glauben auf mehr Gnade für jeden Schritt des Weges vertrauen, spielt eine große Rolle. Das Leben als Christ ist niemals eine Sache, bei der man sich zurücklehnt und „Gott alles machen lässt".

Ja, es gibt zweifellos Zeiten, in denen wir – wie die Kinder Israels am Roten Meer – die Botschaft brauchen, die sagt: „Der Herr wird für euch kämpfen; ihr müsst nur still sein" (2. Mose 14,14). Das sind jedoch die Ausnahmesituationen, die besonderen Momente, oft in Notlagen, in denen es nichts gibt, was wir tun können oder sollten, und in denen wir vertrauen müssen, dass Gott alles macht. Doch das normale christliche Leben ist ein Leben der Energie, des Enthusiasmus, der treuen Anstrengung und der geduldigen, schweren Arbeit. Es ist tragisch, wenn die Menschen durch die Betonung, Gott müsse alles tun, dazu verführt werden, faul zu werden, mit den Achseln zu zucken und sich zu weigern, einen Finger zu krümmen.

Natürlich gilt auch – und hierauf bestehen Paulus wie auch der Hebräerbrief: Wenn Menschen beharrlich an der Heiligkeit ihres eigenen Lebens arbeiten und auch daran, sich gegenseitig zu dienen, dann werden sie sich normalerweise bewusst sein, wo die Energie herkommt – und wenn sie sich dessen nicht bewusst sind, müssen sie sich daran erinnern. Als Paulus den Philippern sagte, sie müssten „mit Furcht und Zittern an ihrer Rettung arbeiten", fügte er sofort hinzu: „denn Gott ist in euch am Werk" (Philipper 2,12-13). Die Energie dazu, alles zu tun, wozu wir berufen sind, kommt selbst von Gott, der in uns mit der Kraft des **Heiligen Geistes** am Werk ist. Der Geist wendet auf unser Leben die Verheißungen Gottes aus der Vergangenheit an (das ist das Thema des nächsten Abschnitts) und das vollbrachte Werk des **Messias** Jesus. Dieses Werk reicht hinab in unser Denken, unsere Vorstellungskraft und (nicht zuletzt) in unseren Willen. Das ist das Geheimnis – dasselbe Geheimnis des göttlichen und menschlichen Handelns, dem wir an so vielen Punkten des christlichen Denkens und Lebens begegnen.

Wichtig ist daher, nicht zu warten, bis einem danach ist, ein heiliges Leben zu führen oder den Nächsten zu lieben oder am Projekt des christlichen Dienstes zu arbeiten, zu dem Sie berufen sind und das Sie ja bereits begonnen haben. Ihre Gefühle sind so unzuverlässig wie das morgige Wetter (ich schreibe das als Engländer, der an wechselndes Wetter das ganze Jahr über gewöhnt ist, nicht etwa als jemand aus Südkalifornien, der weiß, dass der nächste Tag wie der vorherige sonnig und warm sein wird!). Was zählt, ist der Ruf des **Evangeliums**, die Verheißung Gottes, und Ihre Aufgabe ist es, in der Gegenwart treu und geduldig zu sein: „bis es ganz zu Ende gebracht worden ist“.

Hebräer 6,13-20: Gottes unveränderliche Verheißung

13 *Denk doch daran: Als Gott Abraham seine Verheißung gab, schwor*
er bei sich selbst, da es keinen Größeren gibt, bei dem er hätte schwö-
ren können: 14 *„Ganz sicher werde ich dich segnen und dir sehr viele*
Nachkommen schenken.“ 15 *Abraham empfing auf diese Weise, nach-*
dem er viel Geduld erwiesen hatte, was ihm verheißen war. 16 *Die*
Leute schwören oft bei jemandem, der größer ist als sie selbst. Auf
diese Art bekräftigen sie ihre Sache und machen aller Widerrede ein
Ende. 17 *Gott wollte den Erben der Verheißung so klar wie nur mög-*
lich machen, wie unabänderlich sein Wille ist, und bekräftigte die Ver-
heißung darum mit einem Eid. 18 *So haben wir zwei unabänderliche*
Dinge, in welchen Gott nicht lügen kann. Das gibt allen von uns, die
Rettung gesucht haben, einen zuverlässigen Grund, an der Hoffnung
festzuhalten, welche vor uns liegt. 19 *Diese Hoffnung ist für uns wie*
ein Anker: Sicher und verlässlich, und er reicht bis zum innersten Ort
hinter dem Vorhang. 20 *Dorthin ist Jesus uns vorausgegangen, unseret-*
wegen, und ist für immer ein Hoherpriester nach der Ordnung Mel-
chisedeks geworden.

„Was ist das denn?“

Der kleine Junge zog an meiner Hand und zeigte auf einen großen, metallenen Gegenstand, der deutlich sichtbar im vorderen Bereich des Schiffes platziert war, das an uns vorbeizog.

Ich nahm ihn mit, etwas weiter am Kai entlang, und wir kamen an ein anderes Schiff, das vertäut an der Hafenmauer lag. Aus derselben Stelle am Bug kam ein dickes Metallkabel, das in das trübe Wasser hinabging.

„Es ist der Anker", sagte ich. „Er wird hinabgelassen, wenn das Schiff anhalten und stehen bleiben soll. Er sinkt tief in den Schlamm am Meeresboden. Selbst wenn es dann windig wird und die Flut steigt, wird sich das Schiff nicht bewegen. Wenn das Schiff wieder ablegen soll, wird der Anker eingeholt und dann liegt er dort auf der Seite."

Der Junge schaute auf das Schiff, während es sich von uns Richtung offenes Meer entfernte.

„Haben alle Schiffe einen Anker?", fragte er.

„Ich denke schon", erwiderte ich. „Ohne ihn wäre es um ein Schiff schlecht bestellt."

An der einzigen anderen Stelle im Neuen Testament, an der Anker erwähnt werden, war es tatsächlich um die Schiffe schlecht bestellt, obwohl mehrere Anker vorhanden waren. Die Stelle ist **Apostel**geschichte 27, wo die Geschichte von Paulus' Reise erzählt wird, die mit dem Schiffbruch auf Malta endete. Wenn uns hier also der Hebräerbrief sagt, dass die christliche Hoffnung wie ein Anker fungiert, dann ist das, soweit wir wissen, das einzige Mal in frühchristlichen Schriften, wo diese Vorstellung verwendet wird. Und das Ganze wird noch seltsamer dadurch, dass der Autor sagt, dieser Anker „reicht bis zum innersten Ort hinter dem Vorhang". Anker gehören in den Meeresgrund, nicht hinter den Vorhang! Worüber um alles in der Welt redet er hier?

Nun, er redet eben nicht über Dinge in der Welt; es geht um Dinge im **Himmel** und genau das ist der Punkt. Er arbeitet sich zurück, um dann – im nächsten Kapitel – zu erklären, was es heißt, von Jesus als einem **Hohenpriester** „nach der Ordnung Melchisedeks" zu sprechen. Weil er an den Hohenpriester denkt, denkt er an den Tempel; und weil er an das denkt, was der Hohepriester im Tempel macht, wandern seine Gedanken (für einen jüdischen Denker) ganz natürlich zu dem großen Moment, in dem der Hohepriester einmal im Jahr im Tempel hinter den letzten Vorhang in den innersten Bereich geht, in das „Allerheiligste“. Dort, an diesem Ort, der für ihn der heiligste Ort auf Erden war, an dem man so nah an Gott war wie nur möglich, erwirkte der Hohepriester Sühne für das Volk.

In den kommenden Abschnitten wird er ausführlicher sagen, dass Jesus nicht in den irdischen Tempel in Jerusalem gegangen ist, sondern in das wahre Heiligtum, in die Welt des Himmels, direkt in die innersten Höfe und in die absolute Gegenwart des liebenden Vaters. Und er ist dort unseretwegen hingegangen. Wir sind mit ihm wie durch eine starke Metalltrosse verbunden. Er ist dort, genau in der Gegenwart Gottes, wie ein Anker. Solange wir die Trosse nicht loslassen, sind wir in der Gegenwart Gottes verankert; alle Winde, Gezeiten und Stürme, die kommen mögen, können uns nicht von ihm losreißen. Im Wissen, dass der Anker „sicher und verlässlich“ ist (Vers 19), liegt großer Trost, besonders in den stürmischen Zeiten. (Während ich dies schreibe, stehen mir zwei Freunde ganz konkret vor Augen, die diese Woche jeweils einen erwachsenen Sohn plötzlich und unerklärlich verloren haben. Manchmal sind die Stürme überwältigend.) Es wird uns hier nicht verheißen, dass es keine Stürme geben wird; die Bereitstellung eines Ankers beinhaltet ja, dass es welche geben wird. Uns wird allerdings verheißen, dass wir in Sicherheit bleiben.

Dies ist die Verheißung, die hinter dem Appell der letzten beiden Abschnitte steht, dem Appell, standhaft zu sein und geduldig auszuharren. Der Rest des vorliegenden Abschnitts, der in dieser Aussage gipfelt, untersucht den Weg, auf dem Abraham, das klassische biblische Beispiel für treue Geduld, an Gottes Verheißungen durch dick und dünn festhielt. Und sie erklärt insbesondere, warum Abraham wusste – und warum wir wissen sollten –, dass Gott meint, was er sagt, dass die Verheißungen also so zuverlässig und unverbrüchlich sind, wie sie nur sein können. Als Gott die Verheißungen gab, schwor er, dass er sie halten würde, und er schwor nicht bei einem anderen, sondern bei sich selbst.

Wie der Anker ist dies nicht auf den ersten Blick erkennbar. Die

Worte der Verheißung in Vers 14 sind nicht leicht zu übersetzen. Wir können nicht sofort erkennen, dass es sich in der Tat um einen Eid handelt, den Gott bei seinem eigenen Charakter schwört. Die Worte „Ganz sicher werde ich dich segnen" sagen tatsächlich etwas wörtlicher verstanden: „Wenn ich dich nicht wirklich segne ..." Das ist der Schlüssel: Der Satz ist Teil eines längeren Satzes, der nur implizit vorliegt. Es ist, als ob Sie oder ich sagen würden: „Wenn ich dieses Versprechen nicht halte, soll man mir nie wieder vertrauen" – und dann lässt man die letzten Wörter einfach weg und sagt schlicht: „Wenn ich dieses Versprechen nicht halte, ..." Gott sagt: „Wenn ich dich nicht wirklich segne, soll mein Name auf ewig ausgelöscht sein." Starker Tobak, mag man meinen; und das ist genau der Punkt, den der Hebräerbrief macht. Gott gab Abraham zunächst Verheißungen; dann schwor er einen Eid, dass er die Verheißungen tatsächlich einhalten würde. „Zwei unabänderliche Dinge", wie Vers 18 sagt. Gott kann in beiden Fällen nicht lügen.

Das ist der Grund, warum die Verheißung als verbindlich und sicher angesehen werden kann und muss; und das erklärt wiederum, was den Aufforderungen im vorherigen Abschnitt zugrunde liegt, dass die Empfänger an der Hoffnung festhalten und im **Glauben** durchhalten sollen. Das zu tun ist nicht wie das Pfeifen im Walde. Wir glauben nicht an den Glauben, wie manchmal gesagt wird. Christliche Hoffnung ist kein Optimismus, kein vages Gefühl, dass die Dinge wahrscheinlich gut ausgehen werden. Christlicher Glaube ist Vertrauen – anhaltendes Vertrauen durch dick und dünn – in den Gott, der unverbrüchliche Verheißungen gegeben hat und sie mit Sicherheit einhalten wird. Christliche Hoffnung blickt voraus auf die Zeit, in der Gott diesen Verheißungen zufolge die ganze Welt neu machen und damit das Werk vollenden wird, das er in Jesus begonnen hat. Das Ganze steht und fällt mit Jesus. Darum erzählen Christen immer wieder die Geschichte von Jesus, Tag für Tag und (in der liturgischen Abfolge des Kirchenjahres, der viele Kirchen folgen) Jahr für Jahr.

Das Festhalten an dieser Geschichte ist wie sicherzustellen, dass die

Ankertrosse an unserem Ende fest angebunden ist. Doch der Punkt der ganzen Sache besteht darin, dass der Anker selbst sicher und stabil ist. Der Grund, warum der Verfasser dieses Briefes nun damit fortfährt, die tiefere und seltsamere Wahrheit über Jesus als wahren Hohepriester zu erkunden, besteht darin, dass dies seinen Lesern, wir selbst eingeschlossen, noch mehr Ermutigung zum Vertrauen und zur Hoffnung gibt. Wir werden es brauchen.

Hebräer 7,1-10: Melchisedek, der große Priesterkönig

1 Dieser Melchisedek nämlich, „der König von Salem und Priester des
höchsten Gottes, traf Abraham, als er vom Sieg über die Könige zurückkehrte, und segnete ihn. 2 Und Abraham übergab ihm ein Zehn-
tel von allem.“

Sein Name bedeutet nämlich übersetzt: „König der Gerechtigkeit“;
dann aber auch „König von Salem“, was „Friedenskönig“ bedeutet.
3 Sein Vater, seine Mutter oder seine Abstammung werden nirgends
erwähnt; ebenso wenig der Anfang oder das Ende seines irdischen Lebens. Er wird so ähnlich beschrieben wie der Sohn Gottes, und er bleibt Priester für immer.

4 Schaut doch, was er für eine besondere Stellung hatte: Der Pa-
triarch Abraham gab ihm ein Zehntel der Beute! 5 Denjenigen von
Levis Söhnen, die das Priesteramt innehaben, ist es befohlen, gemäß dem Gesetz vom Volk den Zehnten zu erheben – das heißt also, von ihren Brüdern und Schwestern, die ja wie sie von Abraham abstam-
men. 6 Dieser Mann aber, der nicht einmal denselben Stammbaum hat,
nimmt den Zehnten von Abraham entgegen und segnet den Mann, der
die Verheißungen bekommen hat. 7 Unbestreitbar segnet der Höherge-
stellte den Niedrigeren. 8 Im ersten Fall nehmen sterbliche Menschen
den Zehnten entgegen. Im zweiten Fall dagegen ist derjenige, der ihn

entgegennimmt, der Bibel zufolge immer noch lebendig. 9 *Und, wenn*
ich es so ausdrücken darf, sogar Levi entrichtete durch Abraham den
Zehnten – eben dieser Levi, der jetzt den Zehnten entgegennimmt!
10 *Er war damals noch in den Lenden seines Stammvaters, als Melchi-*
sedek ihm begegnete.

Vor ein paar Monaten rief mich eine christliche Zeitschrift an. Sie arbeiteten an einem Artikel über verschiedene Autoren und wollten unter anderem wissen, welche Bücher für mein Denken und meine Arbeit die wichtigsten wären.

Es war wie so oft, wenn man mir unerwartete Fragen stellt: Ich hatte erst mal einen kurzen Aussetzer. Dann schaute ich mich in meinem Arbeitszimmer um. Ich erkannte sofort, dass die Bücher, die für mich Tag für Tag und Woche für Woche am wichtigsten sind, nicht die großartigen Romane, Schauspiele und Gedichte sind, sosehr ich sie auch liebe. Zur großen Überraschung des Artikelschreibers sind es auch nicht die Werke großer Theologen und Bibelgelehrter, soviel ich vielen von ihnen auch verdanke. Nein: Die Bücher, die ich am meisten schätze, von denen ich mich am schwersten trennen würde, diejenigen, die immer in Reichweite sind, sind die großen Nachschlagewerke: ein klassisches Wörterbuch, ein Lexikon der christlichen Kirche, ein biografisches Lexikon, verschiedene Atlanten, Enzyklopädien der Philosophie, Archäologie, Kunst, Geschichte usw. Und natürlich verschiedene Lexika zu biblischen Themen, Personen und Gegenständen; und neben all dem noch Wörterbücher der alten Sprachen, insbesondere Hebräisch und Griechisch. Ich mag den Gedanken, dass sich nur eine Armlänge entfernt eine ganze Welt der Bildung befindet oder zumindest ein Weg zu ihr, der mich zu weiteren antiken und modernen Büchern führt.

Normalerweise gehe ich folgendermaßen vor: Ich arbeite an einem bestimmten Thema und stoße auf etwas, über das ich nichts weiß – eine Sache, einen Ort, einen Namen (und das passiert normalerweise mehrfach pro Woche). Ich bin ratlos: Wenn der betreffende Bezug dazu in einem Text vorkommt, bedeutet das, dass ich nicht begreifen kann, was der Text als Ganzes aussagt. Dann konsultiere ich das relevante Lexikon und vielleicht andere Bücher, die im Lexikon genannt werden. Ausgehend von einer kleinen Frage zu einer einzigen Person oder Sache eröffnet sich mir plötzlich ein ganz neues Gebiet des Denkens, der Geschichte oder Kultur. Es passiert ganz schnell, dass ich mich ein oder zwei Stunden darin verliere. Es ist, als ob ich durch dieses kleine Fenster eines einzelnen Wortes oder einer Person einen Blick auf weite Bereiche der antiken Welt bekommen kann. Wenn ich mich daran erinnere, was ich eigentlich tun sollte, kehre ich zu dieser Arbeit zurück; doch wenn ich nun den ursprünglichen Text, mit dem ich mich beschäftigt hatte, wieder lese, bringe ich all die Informationen über die Person oder Sache mit. Immer wieder werde ich für meine Bemühungen belohnt, wenn der Text neu lebendig wird. Was als kleines Rätsel mitten in meiner Arbeit begann, entpuppte sich als Leuchtturm, dessen Lichtstrahlen nun den Rest des Themas erhellen.

Das ist der Effekt, den der Hebräerbrief mit dieser Diskussion über Melchisedek erzeugen will. Dieser Abschnitt führt uns in eine zunächst technisch fast bizarr anmutende Diskussion über einen kurzen Verweis auf Melchisedek im 1. Buch Mose. Dies geschieht, weil der **Messias** laut Psalm 110,4 von Gott als „**Priester** auf ewig nach der Ordnung Melchisedeks" eingesetzt wurde. Der Autor hat diese Stelle verlockenderweise gleich dreimal zitiert (in 5,6.10 und 6,20). Jetzt tut der Hebräerbrief endlich für uns das, was ich tue, wenn ich ratlos vor einem Aspekt eines Texts stehe, nach dem relevanten Nachschlagewerk greife und in ein neues Gebiet eintauche.

Mit vielen anderen Christen hatte der Autor erkannt, dass Jesus von Gott in die Position zur rechten Seite Gottes eingesetzt worden war. Jetzt wartete er darauf, dass sich sein Reich vollendete (Psalm 110,1). Doch dieser Autor stellte sich die Frage, die bis dahin, soweit wir wissen, noch niemand gestellt hatte: Was genau meinte dieser Psalm, als er von Jesu Priesterschaft „nach der Ordnung Melchisedeks" sprach? Wie ich also zu meinen Lexika und Enzyklopädien greife, so greift der

Autor zur einzigen anderen Textstelle in der ganzen Bibel, in der Melchisedek erwähnt wird, also zu 1. Mose 14. Um welche Art von Priesterschaft handelt es sich dort? In welcher Beziehung steht sie zu dem, was Gott Abraham verheißen hatte? Welche Hinweise könnte man dort finden, die uns helfen, mehr von Jesus zu verstehen?

Nachdem der Autor die Schlüsselstelle aus 1. Mose 14,17-20 zitiert hat, fährt er zunächst, fast gedankenversunken, mit einer Reflexion über die Bedeutung von Melchisedeks Namen fort. *Melech* bedeutet auf Hebräisch „König"; *zedek* bedeutet „Rechtschaffenheit" oder „Gerechtigkeit". Er ist also „König der Gerechtigkeit", und da er „König von Salem" (also von Jerusalem) ist und da „*schalom* „Friede" bedeutet, ist er auch „Friedenskönig". Das sind jedoch bloß Wortspielereien. Der eigentliche Punkt kommt noch.

Vers 3, der oft missverstanden wird, liefert den entscheidenden Punkt, und um den zu begreifen, müssen wir verstehen, was an der Behauptung, der König aus Psalm 110 sei in gewissem Sinne ein Priester, für jeden Juden so erstaunlich war. Zugegeben, Salomo hatte im Tempel **Opfer** dargebracht. Das hatten die nachfolgenden Könige, die aus dem Stamm Juda kamen, allerdings nicht getan. Es gab eine klare Aufteilung: Priester kamen aus dem Stamm Levi (und innerhalb dieses Stammes aus der Familie Aarons); Könige kamen aus dem Stamm Juda. Wie konnte also ein König gleichzeitig auch Priester sein? Und selbst wenn er das war: Welche Art von Beziehung konnte zwischen den beiden Arten von Priesterschaft bestehen, die somit nebeneinander existierten?

Vers 3 beginnt in wörtlicher Übersetzung folgendermaßen: „Vaterlos, mutterlos, ohne Stammbaum, ohne Anfang der Tage noch Ende des Lebens". Einige Ausleger haben sich überlegt: Da der Autor im Text keine Erwähnung der Eltern Melchisedeks, weiterer Verwandter oder seiner Geburt und seines Todes fand, leitete er daraus ab, dass er nichts von dem Genannten hatte. Das ist unnötig und unwahrscheinlich. Der Punkt ist ein viel offensichtlicherer: Melchisedek wird in die Geschichte von Abraham als ein „Priester Gottes, des Höchsten" eingeführt. *Woher er seine Priesterschaft hatte*, wird überhaupt nicht erwähnt, insbesondere nicht, ob er sie von seiner Familie geerbt hatte. Es wird auch nicht erwähnt, ob seine Priesterschaft mit der Geburt begann oder mit dem Tod endete. Es ist, als ob er in der Geschichte einfach da ist, sozusagen fest installiert. Das bereitet uns auf den Punkt vor, der uns im nächsten Abschnitt eingetrichtert wird, nämlich auf die Tatsache, dass die Hohepriesterschaft Jesu nicht von der Geburt in eine priesterliche Familie abhängt und dass seine Priesterschaft im Unterschied zu den levitischen Priestern ununterbrochen bis in die Gegenwart andauert.

Die Verse 4-10 beschreiben dann den Kontrast zwischen der levitischen Priesterschaft (die zur Zeit des Verfassers immer noch im Tempel aktiv war) und der Priesterschaft, die Psalm 110 Jesus zuschreibt, erläutert im Lichte von 1. Mose 14. Die Priesterschaft „nach der Ordnung Melchisedeks“, so sagen diese Verse, ist offensichtlich überlegen, weil sogar Abraham den Zehnten an Melchisedek abgab und Melchisedek ihn segnete. Er ist daher nicht nur Abraham überlegen, sondern auch Levi, einem der Urenkel Abrahams; Levi war sozusagen schon präsent in dem Sinne, dass er im Leib seines Vorfahren enthalten war, als sich Melchisedek und Abraham begegneten. Damit werden wir auf die Schlussfolgerung vorbereitet: Jesus selbst, der Hohepriester nach der Art Melchisedeks, ist der gegenwärtigen levitischen Priesterschaft weit überlegen. Das hat ein doppeltes Ergebnis: Einerseits hat Jesus den gegenwärtigen Tempel und alles, was zu ihm dazugehört, überflüssig gemacht. Andererseits können wir völlige Zuversicht und Vertrauen in ihn als den wahren und bleibenden Hohepriester setzen. Wenn wir also mehr über Melchisedek erfahren und auch entdecken, was der Psalm meinte, als er vom Messias sowohl als König als auch als Priester sprach, dann erhöhen und vertiefen wir damit unser Gefühl des Vertrauens und der Gewissheit, während wir das volle Gewicht unserer Zukunftshoffnung auf Jesus und allein auf ihn setzen.

Hebräer 7,11-19: Eine Priesterschaft neuer Ordnung

11 Schaut: Wenn es möglich gewesen wäre, durch das levitische Pries-
tertum zur Vollkommenheit zu gelangen (auf diesem Weg ist ja das
Gesetz zu unserem Volk gekommen), weshalb würde man dann noch
von einer anderen Priesterschaft „nach der Ordnung Melchisedeks“
reden und nicht nur von der „nach der Ordnung Aarons“? 12 Wenn
man die Priesterordnung ändert, muss man ja auch das Gesetz än-
dern – 13 besonders wenn man bedenkt, dass derjenige, über den man
hier spricht, aus einem anderen Stamm kommt, von dem noch nie je-
mand am Altar gedient hat. 14 Es ist ja doch offensichtlich, dass unser
Herr von Juda abstammt und dass Mose nie eine Verbindung her-
stellte zwischen diesem Stamm und dem Priesteramt.

15 Dies wird noch klarer sichtbar, wenn ein anderer Priester „nach
der Ordnung Melchisedeks“ auftritt, 16 der diesen Rang nicht auf-
grund des Gesetzes einnimmt, das die leibliche Abstammung regelt,
sondern durch die Kraft des Lebens, das unzerstörbar ist. 17 Schließlich
sagt die Schrift ja über ihn: „Du bist ein Priester für immer nach der
Ordnung Melchisedeks.“ 18 Wir beobachten hier, dass das ältere Ge-
setz auf die Seite gestellt wird. Schließlich war es letztendlich schwach
und nutzlos. 19 Das Gesetz hat ja nichts zur Vollkommenheit gebracht.
Stattdessen ist jetzt eine bessere Hoffnung erschienen, durch die wir
uns Gott nahen.

„Ich will, dass alles *perfekt* ist! Nichts darf schiefgehen! Alles muss genau passen!“

Die Braut *in spe* wurde immer aufgeregter, je näher der große Tag kam. Obwohl viele Leute in der westlichen Gesellschaft über die Institution der Ehe spotten, empfinden viele Menschen, auch viele junge Leute, die kirchliche Trauung immer noch als einen oder sogar *den* Höhepunkt ihres Lebens. Die meisten von uns leben einen Großteil ihrer Zeit nicht gerade im Zentrum der öffentlichen Aufmerksamkeit. Doch jetzt treten zwei Menschen plötzlich ins Rampenlicht, begleitet von den Menschen, die sie am besten kennen und am meisten lieben. Kein Wunder, dass sie wollen, dass alles perfekt wird. Sie wollen nicht irgendwann zurückblicken und Sätze sagen wie: „Schade, der Kuchen war nicht gut“ oder „Zu dumm, dass das Kleid nicht richtig saß“ oder „Echt blöd, dass ein Loch im Kirchendach war und der Bräutigam nass wurde“.

Perfektion entsteht jedoch nicht von alleine. Man muss dafür arbeiten, Schritt für Schritt. Nehmen wir die einzelnen Aspekte der Hochzeit: z. B. die Kleidung. Man muss Monate im Voraus planen; man muss mit allen wichtigen Leuten reden; man muss Maß nehmen, anprobieren, zurücktreten und sich anschauen, letzte Entscheidungen treffen. Dasselbe gilt für das Essen. Und dasselbe gilt auch für die kirchliche Trauung als solche (auch wenn das nicht jeder begreift): Die genau passenden Lesungen und Musikstücke müssen ausgewählt werden, die Choräle und die Gebete. Perfektion ist das, was man bekommt, nachdem jeder Aspekt jedes Bereichs des gesamten Ereignisses abgearbeitet, durchdacht, glatt gebügelt und geübt wurde.

Der Hebräerbrief hat eine Menge zum Thema „Perfektion“ oder „Vollkommenheit“ zu sagen, nicht zuletzt im vorliegenden Abschnitt (siehe Verse 11 und 19). Doch auf den ersten Blick finden es die meisten von uns schwierig herauszufinden, worum genau es dabei geht. Die Gefahr besteht darin, dass wir uns vorstellen, der Brief rede schlicht und einfach von *moralischer* Vollkommenheit, die man erreicht – so könnte man annehmen –, indem man immer größere moralische Anstrengungen unternimmt, bis nicht nur jede falsche Handlung, sondern auch jeder falsche Gedanke und jedes falsche Motiv aus unserem Charakter ausgebügelt wurde. Die meisten von uns sind sich aber bewusst, dass das in weiter Ferne liegt.

Bei näherem Hinsehen scheint es jedoch um etwas subtil anderes zu gehen. Die zur Debatte stehende „Perfektion“ könnte man auch mit *Vollständigkeit* übersetzen; es ist das, was man bekommt, wenn alles an seinem Platz ist, damit der große Zweck einer Sache erreicht werden kann. Was ist hier dieser große Zweck? Nichts weniger, so scheint es, als Gottes Absicht für die gesamte geschaffene Welt. Diese beinhaltet das menschliche Verhalten, geht aber weit darüber hinaus. Die Welt ist Gottes großes Projekt. Wie eine Braut und ein Bräutigam ihren Hochzeitstag planen und daran arbeiten, ihn perfekt zu gestalten, so arbeitet Gott daran, seine Welt zur Vollkommenheit zu führen und alles Notwendige zu tun, um sie vollständig zu machen.

Diejenigen, die unter dem mosaischen **Gesetz** lebten, hätten leicht annehmen können, dass man Anteil an diesem großartigen Plan bekam, einfach indem man Teil der Gemeinschaft wurde, die ihr Leben auf den Tempel konzentrierte und sich auf die **Opfer** verließ, die von den levitischen Priestern dargebracht wurden, den Priestern, die von Aaron abstammten. Die alten Israeliten glaubten, dass der Schöpfergott durch dieses Mittel Israel selbst irgendwie vervollkommnen würde und dadurch auch die Welt. Doch so geschah es nicht – nicht zuletzt, weil das gar nicht Gottes Absicht war. Er hatte sehr früh in dem Prozess bereits verheißen, dass eine Zeit kommen würde, in der die levitische Priesterschaft durch eine völlig andere ersetzt werden würde. Die levitischen Priester und ihr Wirken wiesen auf die letztendliche „Vollkommenheit" voraus, aber sie konnten diese nicht selbst Wirklichkeit werden lassen.

Sie waren Teil eines gesamten Systems, das – wie der Hebräerbrief bereits lang und breit erläutert hat – von Gott nicht als ein dauerhaftes System gedacht war, sondern als Hinweis auf das, was kommen sollte. Mit anderen Worten: Sie waren Teil des mosaischen Gesetzes, das die levitischen Priester benutzten, um das Volk zu lehren; das war Teil ihrer Pflichten. Doch wenn Psalm 110 auf den kommenden König vorausweist und ihm eine andere Art von Priesterschaft zuschreibt, dann beinhaltet das ganz klar, dass es eine Veränderung in der Herrschaftsform geben wird, innerhalb derer die alte Priesterschaft fungierte und sinnvoll war (Vers 12). Die Verse 13 und 14 heben einen der unterscheidenden Eckpunkte hervor, auf den uns der frühere Abschnitt unseres Kapitels vorbereitet hatte: Jesus stammte vom Stamm Juda ab und im mosaischen Gesetz wird nicht erwähnt, dass Leute aus diesem Stamm als Priester erwählt sind. Es ist ganz klar, dass hier ein kompletter Wechsel des heilsgeschichtlichen Zeitalters vor sich geht, mit der sich die Argumentation im nächsten Kapitel befasst.

Die Stoßrichtung dieser ganzen Ausführungen – sie mögen uns etwas technisch vorkommen, aber jeder Automechaniker wird uns sagen: Wenn niemand den technischen Details Aufmerksamkeit schenkt, wird es nicht möglich sein, mit einem Auto die Straße entlangzufahren – die Stoßrichtung besteht also in Folgendem: Wir sollen die Tatsache feiern, dass Gott mit dem Kommen Jesu und mit dem, was er erwirkt hat, die „Vollkommenheit" ins Leben gerufen hat, die bis dahin unmöglich gewesen war. Nachdem Jesus gestorben war, ist er wieder von den Toten auferweckt worden und lebt nun auf ewig; er hat „die Kraft des Lebens, das unzerstörbar ist" ins Leben gerufen (Vers 16). Das bedeutet, dass die geistliche Gesundheit und die Hoffnung derjenigen, die zu Jesus gehören, nicht von einem System abhängen, das letztendlich keine Vollkommenheit hervorbringen kann. Wir vertrauen der ewigen, vollkommen wirksamen Priesterschaft des Sohnes Gottes, des **Messias**. Das ist die „bessere Hoffnung", durch die wir uns Gott nahen (Vers 19).

Das Wort „besser" (oder zumindest das griechische Wort, das wir hier mit „besser" übersetzen) kommt im Hebräerbrief öfter vor als im gesamten Rest des Neuen Testaments. Das sagt uns etwas über die Denkweise des Verfassers. Er kontrastiert die ganze Zeit nicht etwas Schlechtes mit etwas Gutem, sondern etwas Gutes mit etwas Besserem. Er sagt nicht, dass das alte israelitische System mit seinem Tempel, seinen Gesetzen und seiner levitischen Priesterschaft schlecht war. Er sagt vielmehr, dass das neue Zeitalter, das in und durch Jesus angebrochen ist, noch besser ist als das, was ihm vorausging. Jetzt endlich ist „Vollkommenheit" in Sicht und Jesus hat sie für uns erwirkt. Lasst uns also im **Glauben** und in der Hoffnung vorangehen, damit wir die

Vollkommenheit, die herrliche neue Welt, vollständig be- und ergreifen, die Gott auf diese Weise für uns vorbereitet hat.

Hebräer 7,20-28: Die dauerhafte Priesterschaft Jesu

20 *Das trifft umso mehr zu, als ein Eid geschworen worden ist. Die*
Priester nach der levitischen Ordnung treten ihr Amt ohne Eid an,
21 *der Messias aber empfängt sein Amt durch einen Eid, durch das,*
was ihm gesagt wurde:
„Der Herr hat geschworen und wird es nicht bereuen:
Du bist ein Priester für immer."
22 *So wurde Jesus der Garant eines besseren Bundes.*
23 *Es wurden viele levitische Priester benötigt, weil sie ja mit ihrem*
Tod aufhören, Opfer zu bringen. 24 *Weil er aber für immer Priester*
bleibt, bleibt sein Priesteramt bestehen. 25 *Deshalb kann er alle, die*
durch ihn zu Gott kommen, vollkommen und für immer erretten, weil
er ja ewig lebt und für sie im Gebet einsteht.
26 *Ein solcher Hoherpriester war genau das, was wir nötig hatten.*
Er ist heilig, untadelig, unbefleckt, getrennt von den Sündern und
hoch über die Himmel erhoben. 27 *Im Gegensatz zu den gewöhnlichen*
Hohenpriestern muss er nicht jeden Tag zuerst für seine eigenen Sün-
den opfern und anschließend für die Sünden des Volkes. Er brachte
das Opfer ein für alle Mal, als er sich selbst opferte. 28 *Das Gesetz be-*
stimmt gewöhnliche, schwache, sterbliche Männer als Hohepriester;
der Eid aber, der nach dem Gesetz kam, beruft den Sohn, der für alle
Zeit vollkommen gemacht wurde.

In vielen alten englischen Pfarrkirchen findet sich im Eingangsbereich eine Tafel, auf der alle Pfarrer verzeichnet sind, die der Pfarrei im Laufe der Zeit vorgestanden haben. Die Liste beginnt oft schon im 8. oder 9. Jh. Doch auch wenn sie erst im 15. oder 16. Jh. beginnt, die Kirche also erst fünf- oder sechshundert Jahre besteht und nicht gleich länger als ein Jahrtausend, ist es immer noch ein besonderes Gefühl, wenn man die Namen liest und an all die Pfarrer denkt, einige zweifellos heiliger als andere, einige zweifellos weiser als andere, die so gut sie konnten den Menschen ihrer Pfarrei gedient, Gottes **Wort** gepredigt und die Sakramente gespendet haben.

Doch wo sind sie heute? Die offensichtliche Antwort lautet: Abgesehen von den letzten beiden oder höchstens den letzten drei oder vier sind sie alle tot und von uns gegangen. Sie waren eine Zeit lang im Dienst und ruhen nun – einige von ihnen vielleicht auf dem Friedhof direkt an der Kirche, in der wir uns befinden. Damit die Kirche von Generation zu Generation weitergeht, muss Gott immer wieder Menschen finden, die dem Ruf in den pastoralen Dienst folgen. Sie werden sterben und andere werden ihnen nachfolgen. Und so weiter.

Doch stellen wir uns einmal vor, wir stehen vor der Liste und entdecken, dass jemand z. B. im Jahr 1600 als Pfarrer eingesetzt wurde *und immer noch dort wäre*. Er wäre dem üblichen Schicksal aller anderen irgendwie entkommen und die Pfarrei hat ihn nie ersetzen müssen, weil er immer noch am Leben war, immer noch ein treuer Diener des **Evangeliums**. Das ist natürlich ein außergewöhnlicher, ja bizarrer Gedanke – obwohl wir einer solchen Person doch wohl alle gerne mal begegnen und mit ihr darüber reden würden, wie das Leben in den letzten 400 Jahren gewesen ist, über all die Dinge, die uns die Geschichtsbücher nicht erzählen! Doch die wahre Bedeutung würde sichtbar, wenn Sie die Frage bedenken: Wie wäre es, wenn ein Pfarrer 400 Jahre lang in derselben Gemeinde Dienst täte?

Die meisten Leute würden vor so einer Vorstellung zurückschrecken, aus dem guten Grund, dass wir wissen, dass niemand vollkommen ist. Indem man Pfarrer regelmäßig austauscht, hofft man sicherzustellen, dass verschiedene Fähigkeiten bei der Aufgabe zum Tragen kommen und dass verschiedene Schwächen ausgeglichen werden. Doch in diesem Fall würden die Leute bestätigen, dass sie mit dem Arrangement vollkommen zufrieden sind. Der Mann wäre genau, was sie brauchten. Es wäre kein weiterer Wechsel nötig.

Der Punkt des vorliegenden Abschnitts lautet: Die lange Liste der levitischen **Priester**, die sowohl in der ursprünglichen Stiftshütte in der Wüste als auch später im Tempel in Jerusalem Dienst taten, war wie die Liste der Geistlichen, die in einer bestimmten Kirche Dienst taten. Sie waren alle für eine Weile im Amt und starben schließlich. Es musste viele von ihnen geben, von Generation zu Generation. In scharfem Kontrast dazu „bleibt Jesus für immer Priester". Sobald man zu Jesus kommt, ist die Liste zu Ende. Es werden keine weiteren Priester mehr gebraucht. Und das ist keine bloße historische oder theologische Merkwürdigkeit. Wie alles andere, was der Autor über Jesu Priesterschaft sagt, soll auch dieser Punkt die Gewissheit stärken, die wir durch ihn haben können. Jesus, der für uns starb und wieder auferstand, „lebt immer und tritt im Gebet für sein Volk ein", für diejenigen, „die durch ihn zu Gott kommen". Es ist nicht nötig, einen anderen Weg zu gehen; tatsächlich hat kein anderer Weg irgendwelche Erfolgsaussichten. Jesus ist höchstpersönlich der einzige, menschliche Weg in die Gegenwart Gottes. Wenn wir dort ankommen, können wir ausruhen, da unser Zugang zu Gott und unser Willkommen bei ihm, wenn wir ankommen, auf ewig garantiert sind.

Wieder einmal wird uns die äußerst bemerkenswerte Tatsache, dass Gott einen Eid schwört, um etwas zu bestätigen, als Teil der Vergewisserung der Leser vorgelegt, die der Brief vermittelt. Gott schwor Abraham einen Eid, dass er ihn tatsächlich mit einer großen Familie segnen würde, mit der Familie, die jetzt alle diejenigen umfasst, die durch Jesus zu Gott kommen. Die Verse 20-21 lenken die Aufmerksamkeit auf die Tatsache, dass Psalm 110 berichtet, dass Gott einen Eid geschworen hat, dass der **Messias**, der kommende König, tatsächlich ein Priester nach der Ordnung Melchisedeks sein wird, und das nicht nur eine Zeit lang, sondern für immer. Und das ist, wie die nächsten drei Kapitel weiter erläutern werden, die Grundlage für die Behauptung, dass in Jesus der **Bund** als solcher, der Ehebund zwischen Gott und seinem Volk, erneuert worden ist (Vers 22).

Schon früher, in den Kapiteln 4 und 5, haben wir die eine Hälfte der

Bedeutung von Jesu Hoherpriesterschaft registriert. Er ist ein wahrhaftiger Mensch, in jeder Hinsicht versucht wie wir. Daher hat er volles Mitgefühl mit unserer Schwäche und dem Druck, unter dem wir stehen. (Man könnte sogar sagen, dass er Versuchungen noch besser kennt, als es uns je möglich sein wird, da wir alle dazu neigen, Versuchungen nachzugeben und daher nie ihre volle Wut erleben, während er, der niemals sündigte, ständig gegen sie kämpfen musste – ohne die „Entlastung", einmal nachzugeben.) In den Versen 26-28 entdecken wir nun die andere Hälfte des Bildes. Die Priesterschaft Jesu ist wie die der anderen Priester in den Aspekten, die wir brauchen. Aber gleichzeitig unterscheidet sie sich auch davon, und wiederum in den Aspekten, die wir brauchen. Er „wurde für alle Zeit vollkommen gemacht" (Vers 28), vollkommen in seiner voll qualifizierten und wirksamen Priesterschaft, durch die er sich selbst ein für alle Mal geopfert hat. Dieses bemerkenswert andersartige Opfer – nirgends im Alten Testament opfert sich ein Priester selbst! – wird in späteren Kapiteln erläutert werden. Der gegenwärtige Punkt bezieht sich auf den Kontrast zwischen Jesus selbst und den anderen Priestern. Sie opferten immer wieder, Tag für Tag und Jahr für Jahr; doch zur Vollkommenheit und Vollständigkeit der Priesterschaft Jesu gehört, dass er in einem einzigen großartigen Opfer das erwirkt hat, auf das alle vorherigen Opfer hinwiesen, das sie jedoch nie zur Vollendung bringen konnten.

Einige Christen stehen in der Gefahr zu vergessen, wie zentral und entscheidend Jesus selbst für jeden einzelnen Aspekt des christlichen Glaubens ist. Es ist möglich, sich in theologischen Feinheiten und praktischen Details derart zu verlieren, dass Jesus – wenn überhaupt! – fast nur noch als Nachsatz ins Spiel kommt. Der Hebräerbrief sollte ein starkes Gegenmittel gegen alle derartigen Tendenzen liefern. Der Verfasser kann nicht genug davon bekommen zu durchdenken, wer Jesus war und ist und was er erreichte, in seinem Tod und in dem neuen **Leben**, das auf der anderen Seite des Todes zum Vorschein kam. Das allein ist es wert, ausführlich darüber nachzudenken. Wenn wir uns dann die Einzelheiten des Bildes anschauen und den Weg erkennen, auf dem er die lange Liste der früheren Priester zur Vollendung und somit auch zu Ende gebracht hat, verwandelt sich das Nachdenken in Dankbarkeit und die Dankbarkeit in Gewissheit und Hoffnung.

Hebräer 8,1-6: Besserer Dienst, besserer Bund

1 Jetzt kommen wir zu dem Punkt, auf den alles hinzielt. Dieser Ho-
hepriester, der zur rechten Seite des Thrones der himmlischen Majes-
tät Platz genommen hat, 2 versieht seinen Dienst an den heiligen Din-
gen, in der wahren Stiftshütte, die von Gott selbst gemacht wurde und
nicht von menschlichen Händen.
3 Jeder Hohepriester wird ordiniert, um Gaben und Opfer dar-
zubringen. Deshalb muss auch dieser etwas haben, was er opfern
kann. 4 Wenn er hier auf der Erde wäre, wäre er nicht einmal Priester.
Schließlich gibt es bereits Priester, die gemäß dem Gesetz Opfer dar-
bringen. 5 Ihr Dienst findet in einer Kopie, einem Schatten der himm-
lischen Stiftshütte statt. Das stimmt überein mit dem, was Mose ge-
sagt wurde, als er sich darauf vorbereitete, die Stiftshütte zu errichten:
„Achte sorgfältig darauf, alles zu bauen wie das Vorbild, das dir auf
dem Berg gezeigt wurde.“ 6 Jesus hat jetzt ein viel größeres Amt an-
getreten. Ebenso ist er auch der Vermittler eines besseren Bundes, der
auf besseren Verheißungen beruht.

Als meine Söhne klein waren, schenkten wir ihnen ein Spiel, das sie zu Hause spielen konnten. Es war eine Art Fußballspiel, aber auf einem Tisch-Spielfeld mit einer Auflage aus grünem Filz. Die Spieler waren rund fünf Zentimeter hohe Plastikfiguren. Man musste einen Knopf auf ihren Köpfen drücken, dann bewegte sich ein Bein, mit dem man den Ball treffen und ihn so ins gegnerische Tor schießen konnte. Dieses Spiel namens Tipp-Kick ist nicht schlecht, soweit es eben geht. Man kann erstaunliche Fertigkeiten und Schusstechniken entwickeln, besonders wenn man klein ist, bewegliche Finger hat und lernt, die Spieler genau richtig zu positionieren und mit ihnen zu schießen. Wenn man allerdings schon mal ein echtes Fußballspiel gesehen hat, würde man nie im Leben Tipp-Kick mit der eigentlichen Sache verwechseln.

Doch nehmen wir mal an, das Spiel wurde einer Familie geschenkt, die noch nie ein echtes Fußballspiel gesehen hat und auch überhaupt nicht weiß, was ein richtiges Fußballspiel ist. Dann könnten sie denken, Tipp-Kick sei das echte Spiel, es sei die eigentliche Wirklichkeit. Sie wüssten nicht, dass es eine Kopie der eigentlichen Sache ist und dass es seine Bedeutung und seine Attraktivität für die meisten Leute aus der Erinnerung an das wahre Spiel bezieht.

So ähnlich, nur noch intensiver, ist der Gegensatz, den der Hebräerbrief jetzt aufbaut und im Folgenden weiter entfalten wird. Es ist der Gegensatz zwischen dem Tempel in Jerusalem und/oder der Stiftshütte, die Israel während der Wüstenwanderung begleitete, einerseits und dem wahren oder wirklichen Heiligtum, das ... im Himmel ist. Wie einige andere Dinge in diesem Brief ist das für uns jedoch nicht so leicht zu begreifen. Daher müssen wir innehalten und uns diesem Thema langsam annähern.

Das Problem besteht in Folgendem: Sobald wir hören, dass etwas in der gegenwärtigen Welt mit etwas „im Himmel“ in Verbindung steht, neigen wir dazu, uns die Art von Gegensatz vorzustellen, die der griechische Philosoph Platon so sehr mochte. Er dachte, dass alle Dinge in der Welt aus Raum, Zeit und Materie Kopien von Dingen in der „idealen“ Welt waren, von Dingen, die er „Formen“ nannte. Die Kopien waren zudem von zweitrangiger Qualität. Viele Leser haben gedacht, der Hebräerbrief würde uns in die Richtung dieses Denkens weisen, wenn es um die irdischen und himmlischen Wirklichkeiten geht. Doch die Bedeutung von „Himmel“ und „Erde“ unterscheidet sich in der Bibel, nicht zuletzt im Hebräerbrief, deutlich von dem, was Platon im Sinn hatte. Zunächst einmal haben wir ja bereits gelernt, dass Jesus – immer noch als vollständiger Mensch – in die himmlische Welt eingegangen ist, etwas, das Platon nie hätte erlauben können. „Himmel" ist in der Bibel nie einfach eine „geistliche" im Sinne einer „nicht physischen" Dimension; er ist Gottes Raum, Gottes Bereich, der mit unserem Bereich, unserer Welt (der „Erde") auf alle mögliche Weisen verzahnt ist. Und um die Lage noch etwas komplizierter zu machen: Die Israeliten glaubten, dass vor allen anderen Orten der Jerusalemer Tempel der Ort war, an dem sich Himmel und Erde ganz wörtlich verstanden begegneten. Wenn man in den Tempel ging, und insbesondere wenn man in das Allerheiligste mitten im Tempel ging, ging man tatsächlich direkt in den Himmel.

Wenn der Hebräerbrief daher vom Tempel oder der Stiftshütte als einer „Kopie oder einem Schatten der himmlischen Wirklichkeiten" spricht, dann erklärt der Autor sorgfältig, was er damit meint. Die ursprüngliche Stiftshütte, welche die Israeliten in der Wüste als Zentrum der Anbetung begleitete, bis unter Salomo der Tempel gebaut wurde, war laut 2. Mose 25-31 auf der Grundlage detaillierter Anweisungen errichtet worden, die Gott selbst Mose gegeben hatte. Der Textstelle zufolge, die hier in Vers 5 zitiert wird (2. Mose 25,9.40; Ähnliches wird in 26,30; 27,8 und 4. Mose 8,4 gesagt), zeigte Gott Mose tatsächlich das himmlische Heiligtum, als er auf dem Berg Sinai war. Gott ließ Mose durch den hauchdünnen Vorhang blicken, der Gottes Raum von unserem trennt, sodass Mose die wahre Wirklichkeit sehen und sicherstellen konnte, dass die irdische Kopie auf die richtige Weise gebaut wurde. Später im Brief werden wir dann entdecken, dass diese himmlische Wirklichkeit Teil des himmlischen Jerusalem ist, zu dem alle Jesus-Nachfolger bereits gehören (12,22-24). Wie so vieles in diesem Brief ist auch das geheimnisvoll und zugegebenermaßen verwirrend. Doch wenn wir dem Denken der frühen Christen folgen wollen, müssen wir Geduld haben.

Dieser Abschnitt fasst das letzte Mal den Gegensatz zwischen Jesus als dem wahren **Hohenpriester** und all den anderen **Priestern** zusammen, die ihm vorausgegangen sind. Er positioniert diesen Gegensatz innerhalb von zwei weiteren Gegensätzen: dem zwischen der irdischen oder zeitlich begrenzten Stiftshütte oder dem Tempel und dem wahren, himmlischen Gegenstück und dem Gegensatz zwischen dem alten **Bund**, der auf dem Sinai zwischen Gott und Israel geschlossen wurde, und dem neuen Bund, der vor langer Zeit verheißen wurde und jetzt von Jesus ins Leben gerufen worden ist. Vers 6, der diesen letztgenannten Punkt erwähnt, leitet den neuen Briefteil ein, der mit Vers 7 beginnt.

Die Stoßrichtung dieses Zwischenabschlusses besteht daher darin, dass die Leser lernen müssen, zwischen der Kopie und der Wirklichkeit zu unterscheiden – wie kleine Kinder, die entdecken, dass es echte Fußballspiele gibt und dass Tipp-Kick bloß ein kleiner Ersatz dafür ist. Außerdem müssen sie lernen, die wahre Sache zu feiern und zu genießen. Sie sollten nicht an der Kopie festhalten. Das muss insbesondere für diejenigen Judenchristen eine besondere Herausforderung dargestellt haben, die ihr ganzes Leben lang zum Jerusalemer Tempel geschaut hatten – als dem Zentrum der Frömmigkeit, der Pilgerstätte, dem Haus Gottes, zu den Priestern, die als Gottes Repräsentanten für alle Zeiten im Tempel dienten. Die Herausforderung muss ihnen gleichermaßen als eine politische wie auch theologische vorgekommen sein; denn einen Großteil des ersten Jahrhunderts nahmen sich die Juden, die in und um Jerusalem wohnten, als Leute wahr, die bedroht wurden, nicht zuletzt von den Römern. Die Bedrohung schlug letztlich in offenen Krieg um, der mit der Zerstörung Jerusalems und des Tempels im Jahre 70 n. Chr. endete. Unter solchen Umständen hätte man jeden als erschreckend illoyal angesehen, der sagte, dass der Tempel bloß eine Kopie der Wirklichkeit war und dass alle, die durch Jesus zu Gott kamen, in den wahren Tempel eintraten, der die ganze Zeit im Himmel existiert hatte und eines Tages als die eigentliche Wirklichkeit offenbart werden würde. Und wenn sich Länder und Kulturen bedroht fühlen, wird Illoyalität manchmal mit Gewalt bestraft …

Wir werden in Kapitel 10 sehen, dass genau das passiert war. Ein Teil des Anlasses für die Verfassung des Briefes mag gut und gerne darin bestanden haben, dass die Judenchristen, an die der Brief gerichtet war, genau diese Art von Druck und Bedrohung erlebten und dass sie sehr klar wissen mussten, dass der Jesus, dem sie nachfolgten, tatsächlich der wahre Hohepriester war und dass er tatsächlich für sie in den wahren Tempel eingetreten war. Der alte Tempel war gut; der neue, eigentliche, war besser. Die alten Priester waren gut; der neue Priester war besser. Der alte **Bund** war gut; der neue war besser und basierte auf besseren Verheißungen (Vers 6). Wenn wir auf jene ersten Tage des Christentums zurückblicken und uns in unsere Vorfahren im **Glauben** hineinversetzen, tun wir gut daran, uns zu fragen, ob unsere eigene Hingabe an Jesus, unsere eigene Feier alles dessen, was er ist und getan hat, in unserem Leben eine so kraftvolle und zentrale Rolle spielt, wie der Autor sich das für seine ersten Leser wünschte. Wenn Jesus sogar „besser" war als der Tempel und seine Priester, um wie viel besser ist er dann als die vielen Dinge, die uns heute von unserer unbedingten Hingabe an ihn so leicht ablenken?

Hebräer 8,7-13: Die Verheißung des neuen Bundes

7 Schaut: Wenn der erste Bund fehlerlos gewesen wäre, gäbe es keinen
Grund, einen zweiten zu suchen. 8 Gott hat etwas an ihm auszusetzen,
wenn er sagt:

„Die Tage werden kommen, spricht der Herr,
wenn ich mit dem Hause Israel
und auch mit Judas Haus einen Bund schließen werde, der neu ist:
9 Nicht wie der, den ich mit ihren Vorfahren geschlossen habe
an dem Tag, als ich mich ihnen zuwandte und sie an der Hand nahm,
um sie aus Ägypten zu führen.
Trotz allem sind sie meinem Bund nicht treu geblieben,
und ich habe (spricht der Herr) aufgehört, mich um sie zu kümmern.
10 Dies ist der Bund, den ich aufrichten werde

mit dem Haus Israel, nach diesen Tagen:
Meine Gesetze werde ich in ihren Verstand legen, spricht der Herr,
und ihnen aufs Herz binden. So werde ich Gott sein
für sie alle, und sie werden mein Volk sein.
11 *Es wird nicht mehr nötig sein, dass einer den anderen unterweist*
oder seinen Nächsten lehrt, mich, den Herrn, zu kennen;
vom Kleinsten bis zum Größten wird jeder mich kennen,
12 *denn ich werde angesichts ihrer Ungerechtigkeiten gnädig sein,*
und ihre Sünden werde ich für immer vergessen."
13 *Wenn so über einen neuen Bund gesprochen wird, wird der erste*
als abgelaufen erklärt. Was seine Zeit gehabt hat und veraltet ist, wird
bald verschwinden.

Einer meiner Lieblingsflüsse ist der Coquet, der im Kernland meiner Heimatregion in England entspringt und rund 50 Meilen südlich der schottischen Grenze in die Nordsee mündet. Der Coquet ist nicht sehr lang, weder im nationalen Vergleich noch im Vergleich mit den großen europäischen Flüssen, ganz zu schweigen vom Amazonas oder vom Missouri-Mississippi. Doch an jeder Stelle hat er Charakter und Stil. Er beginnt als quirliger Bergbach, der aus mehreren Quellen hoch in den Penninen gespeist wird. Er führt in ein kurvenreiches Tal, in dem es hübsche kleine Dörfer und mit Heide bewachsene Hügel gibt. Er wird langsam breiter, geht tiefer ins Tal hinab, entlang eines alten Klosters, das immer noch als Ort des Gebets und als Pilgerstätte genutzt wird. Dann verläuft er durch Schluchten voller Laubbäume. In der Nähe des Meeres fließt er im Schatten einer alten Burg weiter, und als wolle er seine Ankunft an seinem Bestimmungsort feiern, befindet sich gegenüber seiner Mündung eine kleine Insel, die ein Vogelschutzgebiet ist. Viele Bäche und Wasserläufe von vielen verschiedenen Hügeln fließen in den Coquet. Sein Charakter entwickelt und verändert sich, während er in diese oder jene Richtung verläuft. An vielen Stellen kann man sehr gut angeln und in seiner Nähe gibt es viele andere Wildtiere. Er bleibt ein einzelner Fluss, der entschlossen auf sein Ziel zuströmt, auch wenn man aufgrund des plätschernden Bächleins am Anfang kaum darauf kommen würde, was für einen tiefen Einschnitt er letztlich in der Landschaft hinterlässt. Umgekehrt würde niemand, der nur den letzten Abschnitt des Flusses kennt, wo er sich verbreitert und auf die hereinkommende Flut trifft, sofort eine Vorstellung von den steilen Felsen und Hügeln haben, aus denen er entspringt.

Wir sind nun fast in der Mitte des Hebräerbriefes angekommen. Da sich der Gedankengang des Briefes nun tief in eine äußerst ergiebige Theologie eindringt, ist dies ein guter Moment, um auf den Weg zurückzuschauen, den wir bisher zurückgelegt haben. Denken Sie zurück an die erste aufgeregte, ja fast sprudelnde Feier der Größe des **Messias** im Vergleich zu den Engeln. Sinnen Sie über die Wendungen und Windungen in den biblischen Passagen nach, auf die sich der Verfasser berufen und die er erläutert hat, bis zu dem Punkt, an dem wir jetzt angekommen sind. Schauen Sie auch auf die Schlussfolgerung, auf den Punkt, an dem der jetzt mächtige Fluss ins Meer fließt und seinen einzigartigen Beitrag zum großen Reservoir christlicher Weisheit leistet. Schon ein flüchtiger Blick auf unseren vorliegenden Textabschnitt zeigt, dass wir hier das bisher längste Zitat aus dem Alten Testament vor uns haben – und das in einem Buch, das ja an alttestamentlichen Zitaten nicht arm ist. Das gibt uns einen wichtigen Hinweis darauf, wie wir den Gedankenfluss des Buchs insgesamt verstehen sollten, insbesondere wie die verschiedenen Gedankenströme, die zum Fluss beitragen, ihre Rolle darin spielen.

Erinnern Sie sich noch, dass wir vorhin erst bemerkt haben, dass das Wort „besser“ im Hebräerbrief öfter vorkommt als im gesamten Rest des Neuen Testaments? Auch das gibt uns einen Hinweis. Der Verfasser wählt Passagen aus dem Alten Testament aus, die im Grunde sagen: Was wir haben, ist gut, aber Gott macht etwas Besseres. Was wir haben, ist wahr, aber es ist nicht die ganze Wahrheit. Was wir im Moment wissen, ist wichtig, aber das Wichtigste, was wir wissen, ist, dass Gott plant, noch mehr zu tun. Der ganze Brief wurde geschrieben, um zu sagen: Das Zusätzliche, die „ganze Wahrheit“, das „Bessere“, ist jetzt in Jesus angekommen. Was ihr also auch immer tut, geht nicht zu den alten Dingen zurück. Wie gut und wahr diese Dinge auch immer waren, sie werden nun in etwas Neuem und Besserem aufgehen. Wenn ihr zurückgeht, werdet ihr wie Leute aussehen, die versuchen Wasser aus einem Fluss zurück in die kleineren Bäche zu pumpen, aus dem es kam. Das ist unmöglich. Ihr müsst dorthin gehen, wohin der Fluss euch führt, auch wenn er in eine Landschaft fließt, die ihr nicht erwartet habt.

Lassen Sie uns auf die bedeutsamen Bäche zurückblicken, die den Fluss zu dem gemacht haben, was er ist. In den ersten beiden Kapiteln begannen wir mit einer Menge alttestamentlicher Passagen, die alle im Dienste der Aussage standen, dass Jesus, der Messias, Gottes einziger Sohn war und dass er als solcher den Engeln weit überlegen war, die das **Gesetz** gegeben hatten. Das verschmolz mit der Diskussion von Psalm 8 in Kapitel 2, wo klar wurde, dass Jesus der wahre Mensch ist, der bereits die Herrschaft über die Schöpfung erlangt hat, die Gott der gesamten Menschheit zugedacht hatte. In den Kapiteln 3 und 4 nahm uns der Verfasser dann in eine andere Welt mit, in die Welt von Psalm 95. Er bestand darauf, dass diesem Psalm zufolge immer noch eine „**Sabbat**ruhe“ auf das Volk Gottes wartet, für die der Einzug ins verheißene Land nur eine Voransicht war. All das war dazu gedacht, in den Lesern die Erkenntnis dämmern zu lassen, dass sie jede Anstrengung unternehmen müssen, beständig an ihrem Glauben und an ihrer Hoffnung festzuhalten.

Diese Stimmung änderte sich am Ende von Kapitel 4 mit der Konzentration des Hebräerbriefs auf Jesus als wahren **Hohenpriester**. Es wurde uns Psalm 110 vorgestellt mit seiner Erwähnung Jesu als eines **Priesters** „nach der Ordnung Melchisedeks“. Das war das bisher umfangreichste Beispiel für die Art und Weise, auf die der Verfasser das Alte Testament benutzt: Er findet eine Passage, die über sich hinausweist, über ihre eigene Zeit hinaus auf eine Wirklichkeit, die noch aussteht. Vom Beginn von Kapitel 5 bis zur Mitte von Kapitel 8 im letzten von uns betrachteten Abschnitt war das das Zentralthema. Dazu gehörte auch eine scharfe Warnung, wie wichtig es ist, erwachsen zu werden und bereit zu sein, die feste Speise der detaillierten biblischen Wahrheit aufzunehmen. Und diese Diskussion der Priesterschaft Jesu hat uns an den Punkt gebracht, an dem sich, wie gesagt, das längste alttestamentliche Zitat des gesamten Briefes findet: die Verheißung von Jeremia 31,31-34, dass Gott einen neuen Bund schließen wird, um den zu ersetzen, den er mit Mose geschlossen hatte.

Diese ziemlich unterschiedlichen Abschnitte des Briefes haben wie die unterschiedlichen Abschnitte eines Flusses ihren je eigenen Charakter, aber es ist wichtig, die Art und Weise zu erkennen, auf die jeder Abschnitt ganz natürlich aus dem vorherigen hervorgeht und somit eine einzige lange Argumentation gebildet wird. Um das Bild ziemlich drastisch zu wechseln: Es ist ein wenig wie bei einer Hochzeitstorte, bei der jede Schicht sorgfältig auf die jeweils untere Schicht gesetzt wird. Während die Schichten bei einer Hochzeitstorte normalerweise jedoch schmaler werden, je höher die Torte wird, werden in diesem Brief die späteren Schichten immer größer. Jesus ist der Messias, Gottes Sohn, den Engeln und daher dem Gesetz überlegen; er ist der wahre Mensch und er bietet die wahre „Ruhe" an, die weit über das hinausgeht, was die Israeliten nach dem **Exodus** erwarteten. Als Messias ist er in der Tat der wahre Hohepriester, der vollbracht hat, was die alte Priesterschaft niemals vollbringen konnte.

Als Ergebnis all dieser Dinge sehen wir nun, dass Gott in ihm eine der zentralsten und entscheidendsten Verheißungen erfüllt hat: Er hat in Jesus den neuen Bund geschlossen, von dem bei Jeremia die Rede ist. Und wie in den Kapiteln 3 und 4 Psalm 95 der entscheidende Text war, und von Kapitel 5 bis zur Mitte von Kapitel 8 Psalm 110 im Zentrum stand, so bleibt nun im weiteren Verlauf Jeremia 31 im Hinterkopf des Verfassers. Und dieser Text sollte auch uns im Hinterkopf bleiben, von hier bis zum Ende von Kapitel 10. Viele andere Gedankengänge fließen in die Argumentation dieses Abschnitts ein und wir werden im Verlaufe des Texts darauf aufmerksam machen. Aber die Landschaft, in der wir uns jetzt befinden, ist das Gebiet des neuen

Bundes. Und die Hauptaussage, die der Hebräerbrief zum neuen **Bund** vorrangig machen möchte, lautet, wie wir in Vers 12 sehen: Durch diesen neuen Bund sind die Sünden vergeben worden. Damit sind der vorherige Bund, der Tempel, die Priesterschaft etc. „veraltet"; sie „werden bald verschwinden" (Vers 13). Das ist das bisher kraftvollste Argument, warum es so wichtig ist, an Jesus festzuhalten, anstatt zur angeblichen Sicherheit des Judentums zurückzugehen. Wenn Gott das Neue aufgerichtet hat, das er immer verheißen hatte, dann ist das Zurückgehen zum Alten sowohl dumm als auch treulos.

Hebräer 9,1-10: Die alte Stiftshütte weist auf die neue voraus

1 *Die erste Stiftshütte hatte natürlich ihre eigenen Ordnungen für den*
Gottesdienst und enthielt das irdische Heiligtum. 2 *Ein zweiteiliges Zelt*
wurde errichtet. Im äußeren Teil befanden sich der Leuchter, der Tisch
und das „Brot der Gegenwart". Es wird „der heilige Ort" genannt.
3 *Hinter dem zweiten Vorhang befand sich das innere Zelt, das „Allerheiligste" genannt.* 4 *Dies enthielt den goldenen Altar und die Bundes-*
lade, die ganz mit Gold überzogen war. In der Lade befanden sich das
goldene Gefäß mit dem Manna, Aarons Stab, der aufgeblüht war, und
die Tafeln des Bundes. 5 *Darüber standen die Cherubim der Herrlich-*
keit, welche den Gnadenthron überschatteten. Wir könnten noch viel
mehr darüber sagen, aber jetzt ist nicht die richtige Zeit dafür.

6 *So war also dies alles eingerichtet. Die Priester betreten die erste*
Stiftshütte immer wieder, um ihren Dienst zu tun. 7 *Aber nur der Ho-*
hepriester betritt die innere Stiftshütte, einmal im Jahr, und er nimmt
immer Blut mit, das er für sich selbst und die unbeabsichtigten Sün-
den des Volkes opfert. 8 *Der Heilige Geist bringt damit zum Ausdruck,*
dass der Weg ins Heiligtum noch nicht offen steht, solange die ur-
sprüngliche Stiftshütte noch Bestand hat.

[9] *Man kann sagen, dass dies ein Bild für das gegenwärtige Zeitalter ist. In diesem Zeitalter werden Gaben und Opfer dargebracht, die doch nicht die Kraft haben, das Gewissen der Leute zu vervollkommnen, die zum Gottesdienst kommen.* [10] *Es geht hier nur um Speisen und Getränke und verschiedene Waschungen. Das sind alles Regeln, die erlassen wurden, um das menschliche Leben zu ordnen, bis die vorherbestimmte Zeit kommt – der Augenblick, in dem alles in die richtige Ordnung gebracht wird.*

Der Taxifahrer hatte sich damit abgefunden, dass die Dinge in seiner Stadt lange Zeit so sein würden, wie sie waren. „Tja", sagte er, „wir müssen halt damit klarkommen. Boston wird eine großartige Stadt sein – falls sie je fertig gebaut wird."

Wir steckten in einem anscheinend undurchdringlichen Stau auf dem Weg vom Logan Airport am Atlantik bis zu dem Appartement, das wir in Cambridge, Massachusetts, im Landesinneren kurz hinter Boston gemietet hatten. Auf unserem Weg befand sich eines der größten Bauvorhaben, das je in Angriff genommen worden war. Es ging darum, ein ganz neues Straßensystem aufzubauen, das einen reibungslosen Verkehrsfluss ermöglichen sollte, und zwar nicht nur zwischen dem Flughafen und der Innenstadt, sondern auch zwischen anderen Städten im Norden und im Süden.

Ich erkannte in dem Moment – vorher war es mir nie in den Sinn gekommen –, dass man für die Gesamtdauer dieses Projektes, in diesem Fall für mehrere Jahre, wenn nicht Jahrzehnte, alternative Verkehrswege einrichten musste, um dem Verkehr zu erlauben, so gut es ging durch und um die Stadt zu kommen, während die Bauarbeiten vorangingen. Wenn eine Bildhauerin eine Statue gestaltet, muss sie keine alternativen Vorkehrungen treffen, damit andere Leute andere Dinge mit demselben Holz- oder Steinblock anstellen können. Doch wenn man einen Großteil einer Stadt neu gestaltet, muss das normale Leben in ihr weitergehen. Die Leute müssen zur Arbeit kommen. Zusätzlich zu dem Straßenplan, der entstehen soll – dem großartigen

Entwurf, den die Planer im Kopf haben und der zweifellos in einem Modell unter einem Glaskasten irgendwo im Rathaus steht –, muss es alle möglichen vorbereitenden Pläne und Zwischenlösungen geben. Während die Arbeiten vorangehen, müssen zusätzliche provisorische Straßen gebaut werden, die in verschiedene Richtungen gehen und wieder zurückgebaut werden, wenn das Endstadium der Erneuerungsarbeiten erreicht worden ist. Auch dieser Rückbau wird zweifellos in mehreren Phasen ablaufen. Leute wie ich, die nur ein paar Monate dort wohnten, haben immer nur das provisorische Stadium erlebt. Ich habe den endgültigen Plan nie gesehen, nicht einmal als Modell oder Stadtplan.

Der Hauptpunkt, auf den der Hebräerbrief jetzt zu sprechen kommt – in gewissem Sinne ist dies das absolute Zentrum des Briefes –, lautet, dass Gott die ganze Zeit schon einen Masterplan im Kopf gehabt hat, wie er die Welt ins Lot bringen würde. Er hat sich von Anfang an vorgestellt, wie er mit der Boshaftigkeit und Schwäche seiner Menschen umgehen würde, so, dass die ganze Welt, wie die Stadt Boston im Kopf der Planer, „in die richtige Ordnung gebracht wird". (Vers 10). Doch aus allen möglichen Gründen, welche die Theologen und Philosophen untersuchen, die aber im Bewusstsein gewöhnlicher Anbeter – vergleichbar mit den gewöhnlichen Autofahrern in einer Stadt – nur sehr vage vorhanden sind, kann dies nicht alles auf einmal geschehen. Es müssen provisorische Vorkehrungen getroffen werden, um die Dinge am Laufen zu halten und um das menschliche Leben zu ordnen, bis die vorherbestimmte Zeit gekommen ist.

Der vorliegende Abschnitt des Briefes steht komplett unter der Überschrift, die aus dem vorherigen Abschnitt hervorgeht, in dem der Verfasser Jeremia 31,31-34 vollständig zitiert und der sich auf die folgende Tatsache konzentriert: Durch den **Messias** Jesus ist der lange erwartete „neue Bund" geschlossen worden, die neue Verbindung zwischen Gott und seinem Volk, durch die mit den Sünden endlich angemessen umgegangen wird und durch die Vergebung nicht nur verheißen wurde, sondern erwirkt worden ist. Doch was hat dies ganze

Gerede von der Stiftshütte und ihrer Einrichtung mit dem neuen Bund zu tun? Warum hat der Verfasser mit dieser detaillierten Beschreibung des doppelten Zeltes begonnen, das die Israeliten in der Wüste gebaut hatten, und der verschiedenen Dinge, welche die **Priester** darin ausführen sollten?

Der Schlüssel zu dieser Frage wird in Vers 9 geliefert. Das doppelte Zelt – mit seinem Außenbereich, in den die Priester ein- und ausgehen konnten, und seinem Innenbereich, in den ausschließlich der **Hohepriester** ging – ist ein Bild, ein „Gleichnis" oder eine Allegorie der beiden „Zeitalter", der beiden Zeitperioden innerhalb der langen Pläne Gottes. Kein Wunder, dass der Verfasser bereits vor ein paar Kapiteln die Warnung aussprach, dass er einige Dinge zu sagen hatte, die dazu führen würden, dass alle Leser etwas schärfer nachdachten. Wir wollen dem jetzt Schritt für Schritt auf die Spur kommen.

Die Doppelstruktur der Stiftshütte in der Wüste, die sich dann in der Doppelstruktur des Jerusalemer Tempels widerspiegelte, bedeutete, dass sich die meisten Dinge im ersten Zelt (oder im Falle des Tempels im Vorhof) abspielten. Einmal jährlich, am Versöhnungstag, der einen Höhepunkt darstellt, ging der Hohepriester ins Innerste der Stiftshütte, ins Allerheiligste, um das Blut des Sündopfers darzubringen. Das ist das zweistufige Bild, das wir im Kopf behalten müssen.

Nun gut, sagt der Verfasser, lasst uns diese Doppelstruktur als Modell nehmen. Das **gegenwärtige Zeitalter** – die Zeitperiode bis zum Kommen des Messias – war schlicht und einfach die Zeit der provisorischen Vorkehrungen (und die provisorischen Vorkehrungen beinhalteten – was verwirrend ist – die gesamte Stiftshütte und den Tempel!). Macht nicht den Fehler zu denken, dieses gesamte System, so ausgeklügelt und gut konstruiert es auch ist, sei das, was Gott als endgültiges Vorhaben im Sinn hatte. Das wäre, als würde ein Besucher in Boston das komplizierte provisorische Straßensystem mit dem endgültigen verwechseln.

Während der Verfasser diesen grundlegenden Punkt macht, den er in den folgenden Abschnitten weiter ausführen wird, bekommen wir das Gefühl, dass er sehr viel mehr hätte sagen können. Vers 5 ist dem ähnlich, was man sagt, wenn man eine Vorlesung hält und dann merkt: Ich hätte an dieser Stelle noch viel faszinierendes Material einfließen lassen können, habe dafür aber keine Zeit. Oder vielleicht sind die Studenten auch noch nicht weit genug für dieses Niveau an Komplexität. Wir werden nie erfahren, was dieser Autor über den Altar, die Bundeslade, das Gefäß mit dem Manna, die Cherubim und all die anderen Dinge gesagt hätte. Einige seiner anderen Nebenbemerkungen – wie der Kommentar über den Hohepriester, der das Blut für die „unabsichtlichen" Sünden des Volkes darbringt – werden später detaillierter erläutert. Wir sollten jedoch zumindest sein zentrales Thema begreifen. In Jesus ist Folgendes geschehen, um noch einmal zur anfänglichen Illustration zurückzukehren: Die Hauptstraße von einem Ende der Stadt zum anderen ist nun eröffnet worden. Einige der provisorischen Wege sind noch in Betrieb, aber man sollte sie nicht mit der wahren Sache verwechseln. Die Leser müssen wissen, dass sie jetzt über diese Hauptstraße direkt ins Stadtzentrum fahren können. Wenn ihnen irgendjemand sagt, sie könnten immer noch die alten Straßen benutzen, lautet die Antwort nicht, dass jene alten Straßen schlecht waren, sondern dass sie eine gute Sache waren, deren Zweck nun erfüllt ist. In Jesus, dem großen Hohepriester, hat Gott nun endlich die Dinge in die rechte Ordnung gebracht. Er hat damit den neuen Bund geschlossen, in dem die Sünden vollständig und endgültig bewältigt worden sind.

Hebräer 9,11-14: Das Opfer des Messias

11 Als aber der Messias eintraf als Hohepriester der guten Dinge, die kommen werden, trat er durch die größere und weit überlegene Stiftshütte ein, die nicht mit Händen gemacht ist (das heißt, sie gehört nicht zur gegenwärtigen Schöpfung).
12 Er kam auch nicht mit dem Blut von Böcken und Kälbern, sondern mit seinem eigenen Blut. Er hat ein für alle Mal das Heiligtum betreten und eine Erlösung bewirkt, die für immer Bestand hat.

13 Schaut: Wenn das Blut von Böcken und Stieren oder die Asche einer jungen Kuh die Leute heilig machen kann (im Sinne der Reinigung ihrer Körper), wenn sie unrein geworden waren,
14 wie viel mehr wird das Blut des Messias, der sich selbst durch den ewigen Geist Gott als Opfer dargebracht hat, unser Gewissen von den toten Werken reinigen, damit wir dem lebendigen Gott dienen können!

Als wir das erste Mal in ein anderes Haus umzogen, konnten wir unser Glück kaum fassen. Wir zogen aus einer Kellerwohnung in ein Haus über der Erde. Die alte Wohnung war feucht gewesen, an manchen Stellen gar schimmelig; das Haus war warm und behaglich. Zur alten Wohnung gehörte kein Garten; jetzt hatten wir ein kleines Rasenstück mit Blumenbeeten und einem wunderschönen Baum. Der Umzug war Schwerstarbeit, aber es lohnte sich in jeder Hinsicht. Alles war besser.

Der Verfasser des Hebräerbriefs erklärt nach wie vor, dass der neue **Bund** in Jesus angekommen ist. Zugrunde liegt seine Betonung, dass seine Leser ihre Mitgliedschaft im Volk Jesu weiterhin genießen sollen, koste es, was es wolle. Jedenfalls sollten sie nicht daran denken, in ihr früheres Zuhause zurückzukehren, also in das Judentum, in das sie hineingeboren waren. Im vorliegenden Abschnitt macht er den Punkt, auf den der vorherige vorauswies: Mit der Ankunft des **Messias** hatte sich die neue Welt aufgetan und die ist in jeder Hinsicht besser.

Sie ist zunächst einmal besser im Hinblick auf die Stiftshütte, in die er eingetreten ist. Die **Priester** unter dem alten System gingen täglich in den Tempel, das Nachfolgemodell der Stiftshütte aus der Wüstenzeit. Der Hohepriester ging jährlich ins innere Heiligtum, ins Allerheiligste. Diese Stiftshütte oder dieser Tempel waren jedoch, wie der Hebräerbrief zu Beginn von Kapitel 8 erklärt hatte, zweitrangig, ein provisorischer Ersatz für die Wirklichkeit, die Gott immer schon im Kopf hatte, das ultimative Heiligtum, die eigentliche Stiftshütte, die Gegenwart Gottes im himmlischen Reich. Es mag uns schwerfallen, uns dieses himmlische Heiligtum als ein tatsächliches Gebäude vorzustellen, doch das ist natürlich gerade der Punkt; das Gebäude auf Erden, „mit Händen gemacht" (Vers 11), ist schlicht ein Hinweisschild auf die eigentliche Wirklichkeit. Die Wirklichkeit lautet, dass Gott in einem Licht und einer Heiligkeit wohnt, die uns so blenden würden, dass wir zerfallen würden. Wir können uns ihm nur nähern, wenn jemand wie der Hohepriester im Tempel vorausgeht, um die Belege für unsere Reinigung vorzulegen und zu bescheinigen, dass wir würdig sind einzutreten.

Die zweite Weise, auf die der neue Bund besser ist als der alte, besteht also darin, dass der Messias vor Gott nicht das Blut der üblichen Tieropfer dargebracht hat, sondern sein eigenes Blut. Das ist die vielleicht bemerkenswerteste, ja schockierendste Vorstellung im gesamten Brief. An fast keiner Stelle der umfangreichen jüdischen Literatur, von der Bibel über die jüdischen Schriften aus der Zeit des Neuen Testaments und sogar noch darüber hinaus, schlägt irgendjemand vor, dass ein *Menschen*opfer eine gute Sache wäre – ganz zu schweigen davon, dass der Messias selbst so ein Opfer werden würde. Abgesehen von der kraftvollen und zutiefst geheimnisvollen Textstelle in Jesaja 53, die vom Opfertod des Gottesknechts spricht, kommt das Judentum solch einer Vorstellung am nächsten in der Geschichte von Abraham, der Isaak am Berg Moria opfert (1. Mose 22). Diese Geschichte spielte eine große Rolle im jüdischen Denken zu jener Zeit und Hebräer 11,17-18 wird darauf verweisen. Aber der Punkt der Geschichte war natürlich, dass Gott Abraham davon abhielt, Isaak tatsächlich zu töten. Das Opfer fand nicht statt. Es gab auch nie den Vorschlag, der Hohepriester solle *sowohl* das Opfer darbringen *als auch* das Opfer sein. So eine Vorstellung wäre lächerlich gewesen, wenn sie nicht gar (und das mit großer Sicherheit) als Gotteslästerung verstanden worden wäre.

Der Autor führt uns hier immer näher an den Kern des tiefen Geheimnisses heran, das mit einem Opfer verbunden ist. Ein Opfer scheint aus mindestens drei Elementen zu bestehen. Erstens gibt es den Gedanken, dass Menschen Gott etwas Wertvolles und Reines opfern als Zeichen dafür, dass sie ihr ganzes Leben dankbar Gott und dem Dienst für ihn opfern. Zweitens: Zum Opfer gehört auch der Gedanke, dass das Leben des Opfertieres – symbolisiert durch das Blut, das im Tod vergossen wird – ein Zeichen dafür ist, dass Gott uns retten wird, indem er uns anstelle unseres normalen Lebens ein *im Tod neu geschenktes Leben* schenken wird – uns, deren Leben aufgrund unserer Bösartigkeit und Unreinheit verwirkt ist. Drittens: Zum Opfer gehört ebenso der Gedanke, dass unser gegenwärtiger Zustand der Unreinheit durch diese beiden Zeichen abgewaschen werden kann, sodass wir neu anfangen können, gereinigt und würdig für den Dienst für Gott. Es ist schwer zu sagen, wie viele dieser Elemente den alten Israeliten präsent waren, als sie zur Anbetung kamen. Doch Symbolik spricht oft auch dann zu den Menschen, wenn sie die Inhalte nicht bewusst gedanklich artikulieren.

Wenn man diese drei Elemente in etwa als die Bedeutung der alten israelischen Opfer ansieht, beginnt man die Wege zu sehen, auf denen der Tod des Messias als das bessere, sogar endgültige, einmalige Opfer den Platz der alten Opfer einnehmen konnte. Die Tatsache, dass Jesus sein eigenes Leben für Gott opferte, indem er es gehorsam im Tod ablegte, steht als Opfer der gesamten Menschheit – weil er der repräsentative Mensch war (siehe Kapitel 2). Sein in den Tod gegebenes Leben wirkt außerdem zu unseren Gunsten; er starb, also brauchen wir nicht zu sterben. Zweitens: Während die alten Tieropfer die Reinigung des äußerlichen Lebens der Anbeter bewirkten (die vielleicht durch physische Verunreinigung oder durch die Auswirkungen ihrer eigenen Sünde „unrein“ geworden waren), hatte das Selbstopfer Jesu, des repräsentativen Messias und wahren Hohenpriesters, eine reinigende Wirkung, die sehr viel tiefer reicht.

Das bringt uns zum dritten und letzten Weg, auf dem sein Opfer „besser“ ist. Es reicht bis in die Tiefen der Persönlichkeit. So, wie Jesus bis ins absolute Zentrum der Gegenwart Gottes gegangen ist, nicht bloß in ein von Menschen gemachtes Gebäude mit einer inneren Kammer, sondern an den Ort, an dem Gott in Licht und Heiligkeit wohnt, so sind die Wirkungen seines Opfers nicht bloß im äußerlichen Leben seiner Leute zu spüren (als Wiederherstellung der Gemeinschaft oder als „Reinigung“ im körperlichen Sinne), sondern in den innerlichen Tiefen, im „Allerheiligsten“, im Innersten jeder einzelnen Person, an dem Ort, an dem wir wirklich die sind, die wir sind. Der Hebräerbrief wird noch mehrfach vom „Gewissen“ der Anbeter sprechen (siehe 9,14; 10,2.22; 13,18). Der Autor betont jedes Mal die Tatsache, dass unter dem neuen Bund eine Reinigung zur Verfügung steht, die bis zum Kern der Dinge geht.

Diese Reinigung kann uns insbesondere von „toten Werken“ reinwaschen, damit wir „dem lebendigen Gott dienen“ können (Vers 14). Wir sahen bereits (6,1), dass sich „tote Werke“ sowohl auf heidnische Praktiken beziehen, von denen man sich in der **Umkehr** abwenden konnte, wenn man Christ wurde, als auch auf die üblichen jüdischen Rituale, die zwar als solche gut und von Gott gegeben worden waren, aber nie das erreichen konnten, was erforderlich war: die Bewältigung von Sünde und Tod. Der lebendige Gott, der Gott, den Israel immer angebetet hatte, doch dessen Rettungsplan immer noch im vorläufigen Stadium gewesen war, hatte jetzt ein für alle Mal den Weg in seine Gegenwart offenbart, den Weg, der dazu führte, dass seine Leute ihm gerne und freudig dienen konnten, ohne den leisesten Schatten oder Flecken auf ihrem Gewissen.

Viele Christen vergessen bis heute, dass sie zu diesem überschwänglichen und freudigen Dienst berufen sind, der frei von aller Motivation ist, die auf Schuld oder Angst beruht. Warum nehmen Menschen an, dass eine derart befreiende und heilende **Botschaft** so schwer zu glauben und im Gedächtnis zu behalten wäre? Warum sollten wir nicht in ein Haus umziehen, das in jeder Hinsicht besser ist?

Hebräer 9,15-22: Der Zweck des Blutes

15 Aus diesem Grund ist Jesus der Vermittler des neuen Bundes. Die Absicht dahinter ist, dass alle, die berufen worden sind, die verheißene Erbschaft erlangen, weil ein Tod geschehen ist, der sie von den Übertretungen erlöst, die sie unter dem ersten Bund begangen haben.

16 Wo ein [a]Bund vorliegt, ist es entscheidend, den Tod dessen festzustellen, der ihn eingerichtet hat. 17 Ein Bund tritt erst nach dem Tod
in Kraft. Solange der, der den Bund eingerichtet hat, noch lebt, ist er
ungültig. 18 Deshalb wurde auch der erste Bund nicht ohne Blut einge-
richtet. 19 Nachdem nämlich den Leuten jedes Gebot vorgelesen wor-
den war, nahm Mose das Blut von Kälbern und Ziegen, zusammen mit
Wasser, scharlachroter Wolle und Ysop, und sprengte es über das Buch
und all die Menschen 20 mit den Worten: „Dies ist das Blut des Bun-
des, den Gott mit euch geschlossen hat.“ 21 Dann besprengte er die
Stiftshütte und all die Gefäße, die im Gottesdienst verwendet wurden,
mit Blut. 22 Mehr oder weniger alles wird mit Blut gereinigt, so sagt es
das Gesetz. Ohne Blutvergießen gibt es keine Vergebung!

Dieser Textabschnitt gilt einigen als zentralste Passage der Bibel; für andere gehört er zu den schockierendsten. Nach dem 20. Jahrhundert, in dem durch Kriege, Folter und verschiedene andere Gewaltformen mehr Blut vergossen wurde als in allen vorherigen Jahrhunderten zusammengenommen, haben viele Leute verärgert auf eine Theologie re-

a Das griechische Wort für „Bund“ kann auch „Testament“ bedeuten, agiert, die sie als primitiv ansehen. Keine Begnadigung ohne Blutvergießen, sagt man? Schon die Vorstellung ist barbarisch.

Nun, wir sollten nicht vorschnell mit Barbarei-Vorwürfen um uns werfen. Unsere moderne Gesellschaft toleriert, ja fördert sogar so viele Dinge, die frühere Generationen und andere heutige Zivilisationen als barbarisch einstufen würden (Atombomben, Abtreibung als Methode der Geburtenkontrolle, Personen-Landminen ... und das sind nur ein paar Dinge der langen Liste!). Wir sind also wohl kaum in der Position, uns etwas Tiefes und Geheimnisvolles in einer anderen Kultur flüchtig anzusehen und dann selbstherrlich zu erklären, die betreffende Sache sei primitiv, barbarisch oder bizarr. Wir sollten zumindest sicherstellen, dass wir verstanden haben, worum es in diesem Text geht.

Wir sahen bereits vorher in diesem Kapitel, dass der Punkt, um den es beim **Opfer** innerhalb des alttestamentlichen Systems mit seinen detaillierten Anordnungen ging, in einer Kombination von mindestens drei Elementen bestand: Menschen opferten Gott etwas, das ihr wahres Selbst repräsentierte; die Hingabe von **Leben** zum Zeichen, dass es um Sünde ging; und die Auswirkungen dieser beiden Aspekte in der Läuterung oder Reinigung des Anbeters. Jetzt gehen wir einen Schritt weiter, noch geheimnisvoller, in das Zentrum des zweiten dieser Elemente. Es scheint so, als ob das Blut der Opfertiere irgendwie auf eine noch tiefere Wahrheit hinwies: dass im Zentrum des Opfersystems die sich selbst hingebende Liebe Gottes steht.

Vers 15 verweist auf das, was dieser Abschnitt grundsätzlich sagt: Jesus ist in der Tat derjenige, durch den der „neue **Bund**“ ins Leben gerufen wird, von dem in Kapitel 8 die Rede war. Wir sahen, dass Kapitel 9 und 10 im Grunde ausgedehnte Erläuterungen dieses „neuen Bundes“ sind, insbesondere seiner Verheißung, dass Sünden letztendlich auf eine Weise vergeben werden, die im früheren Bund nicht vollständig möglich gewesen war. Doch jetzt führt der Verfasser eine neue Vorstellung ein. Ein Bund kann nur im Todesfall der Person in Kraft treten, die ihn geschlossen hat.

Das scheint in sich selbst seltsam zu sein, bis uns klar wird, dass das Wort für „Bund“ dasselbe griechische Wort ist, das auch für „Testament“ im rechtlichen Sinne gebraucht wird. Bevor jemand stirbt, macht die Person ein „Testament“ und verteilt ihr Vermögen, wie sie möchte. Dieses rechtliche Dokument ist bindend, wird jedoch (selbstverständlich) nicht wirksam, bevor nicht der Tod des Erblassers festgestellt worden ist. Es scheint, als schlägt der Verfasser nun ziemlich wagemutig vor, dass der neue Bund ebenfalls erst nach dem Tod der betreffenden Person in Kraft tritt ... und das heißt natürlich: nach dem Tod Jesu.

Damit diese Argumentation funktioniert, müssen die Verse 18-22 dahingehend verstanden werden, dass das Blut der Opfertiere, das den ersten, durch Mose geschlossenen Bund ins Leben rief, irgendwie eine Repräsentation der sich selbst hingebenden Liebe Gottes war. Er betont, dass alles, was mit dem ersten Bund zu tun hat – das Buch, in dem er aufgeschrieben wurde; das Volk, mit dem er geschlossen wurde; die Stiftshütte, in der die Opfer später stattfinden würden; sowie die verschiedenen Behältnisse, die bei der regelmäßigen Anbetung benutzt wurden – dass all diese Dinge mit Blut besprengt werden mussten. Das Blut der Tiere sagte in Verbindung mit allen Aspekten der normalen Beziehung der Israeliten zu ihrem Gott: „All dies geschieht, weil ich euch genug liebe, um mein eigenes Selbst, mein eigenes Leben für euch hinzugeben.“ Es scheint, als würden die Tiere nicht nur die Menschen repräsentieren, die zur Anbetung kommen; sie stehen auch für ein Geschenk von Gott an sein Volk und ihr Tod (symbolisiert durch das vergossene Lebensblut) ist ein Zeichen für Gottes eigene, sich selbst opfernde Liebe.

In jener Welt kam niemand auch nur entfernt auf die Idee, die Schlussfolgerung zu ziehen, dass Gott selbst Mensch werden und tatsächlich sein eigenes Leben opfern würde, dass er also im wörtlichen Sinne sein eigenes Blut vergießen würde, sodass all diese Zeichen und Symbole Wirklichkeit werden würden. Das ist eine derart große Idee mit einer derart kraftvollen Auswirkung, dass viele, sogar viele Christen, entsetzt oder angewidert vor ihr zurückschrecken. Ich frage mich manchmal, ob dieser Abschnitt, in dem diese Idee so zentral ist, der Grund ist, warum der Hebräerbrief, obwohl er ein so großartiges und zutiefst ermutigendes Buch ist, in vielen Kirchen ignoriert oder nur am Rande behandelt wird. Doch die Vorstellung, dass Gott sein Blut vergießt – so kraftvoll paradox sie auch ist –, nimmt auch in anderen neutestamentlichen Texten eine Zentralstellung ein, z. B. in Paulus' Rede an die Ältesten von Ephesus (**Apostel**geschichte 20,28). Bevor man nicht etwas sagt, das in diese Richtung geht, ist man der Bedeutung des Todes Jesu, wie er von den frühen Christen verstanden wurde, nicht gerecht geworden.

Das ist dann auch der Grund, warum der bemerkenswerte letzte Satz so wichtig ist. Er versucht nicht, ein allgemeines Prinzip aufzustellen nach dem Motto: Immer, wenn irgendetwas verziehen werden muss, muss auch Blut im Spiel sein. Er sagt, wie die Dinge aussahen im Hinblick auf die von Gott gegebenen Anweisungen zur ersten Stiftshütte und zur Weihung ihrer Einrichtungsgegenstände und Gefäße. Alles musste mit Blut gereinigt werden und das symbolisierte die Reinigung und Verzeihung, welche die sündigen Menschen nötig hatten. Es durfte kein Schlupfloch geben, keinen Punkt im gesamten System, an dem irgendjemand auf die Idee kommen konnte, dass ihre Anbetung, ihre Gebäude, ihre Liturgie oder sie selbst ohne die sich selbst hingebende Liebe Gottes auskommen könnten. Dem menschlichen Stolz blieb kein Raum. Alles musste von der Gnade Gottes abhängig sein. Und wenn das für das System des alten Bundes galt, der als Hinweisschild auf den neuen vorauswies, um wie viel mehr gilt das jetzt, da Jesus die liebende Verzeihung, die Gott immer sehnsüchtig gewähren wollte, in seinem eigenen Leben und Tod verkörpert hat!

Hebräer 9,23-28: Das Werk des Messias im himmlischen Heiligtum

23 Darum war es nötig, die Kopien der himmlischen Objekte auf diese
Art zu reinigen. Die himmlischen Dinge dagegen erfordern bessere
Opfer als diese. 24 Der Messias hat ja nicht ein Heiligtum betreten, das
von menschlichen Händen errichtet worden war – die Kopie und das
Abbild des himmlischen Heiligtums –, sondern das himmlische Hei-
ligtum selbst, wo er jetzt an unserer Stelle in Gottes Gegenwart er-
scheint.

25 Er hatte auch nicht im Sinn, sich selbst wieder und wieder zu op-
fern wie der Hohepriester, der jedes Jahr das Heiligtum mit Blut be-
tritt, das nicht sein eigenes ist. 26 Wäre das der Fall gewesen, müsste
er immer wieder leiden, seit der Erschaffung der Welt. Jetzt ist er ein
einziges Mal erschienen, gegen Ende der Zeitalter, um die Sünden zu
beseitigen, indem er sich selbst als Opfer darbrachte.

27 Mehr noch: Wie feststeht, dass Menschen einmal sterben müssen
und danach vor Gericht stehen, 28 so wird auch der Messias, nachdem
er ein für alle Mal geopfert worden ist, um die Sünden von vielen weg-
zunehmen, ein zweites Mal erscheinen. Dieses Kommen wird nichts
mehr mit Sünde zu tun haben. Er wird kommen, um diejenigen zu er-
retten, die ihn sehnsüchtig erwarten.

„Es war so ein schöner Tag", sagte sie. „Ich möchte wirklich alles noch mal erleben!"

Wir schauten uns zwei Wochen nach der Hochzeit die Fotos an. Alle ihre Freunde und Verwandten waren dabei gewesen. Die Musik war herrlich. Der Empfang war großartig, die Reden gut, die Party ging bis weit in die Nacht und war ein großer Spaß. Es war ein Tag, wie die meisten von uns ihn nur einmal im Leben erleben, wenn überhaupt.

Das ist natürlich der Punkt. Man heiratet nicht jährlich, monatlich oder wöchentlich. Der Grund, warum man solch ein großartiges Fest feiert, besteht gerade darin, dass es nur ein einziges Mal stattfinden soll. (Wie die Welt nun einmal ist, enden die Ehen mit dem Tod oder einer Scheidung, sodass die Leute manchmal mehr als eine Hochzeit feiern; doch das Argument bleibt bestehen, zumindest in der Hinsicht, dass man nicht immer wieder *dieselbe* Person heiratet.) Manche Ereignisse bekommen ihre Bedeutung, weil sie einmalig sind. Wenn man sie wiederholen würde, würde man offenbaren, dass man überhaupt nicht verstanden hat, worum es geht, oder dass das erste Mal irgendwie völlig schiefgelaufen war.

In diesem und im nächsten Kapitel besteht der Hebräerbrief auf genau diesem Punkt, wenn er betont, dass der Tod Jesu „ein für alle Mal" geschah (Verse 25-26 und 28, wo 9,12 aufgegriffen wird; siehe auch 10,10). Dieser Tod war genau ein einziges Mal geschehen. Er konnte und sollte nicht wiederholt werden. Das ist für die Art und Weise zentral, auf die Jesu **Opfer** „besser" ist als die Opfer, die regelmäßig von den **Priestern** im Tempel unter den Anweisungen des alten **Bundes** dargebracht wurden.

Um diesen Gedanken einzuführen, erklärt der Verfasser, dass das himmlische Heiligtum wie das irdische gereinigt werden musste, wenn auch in höherem Sinne. Wie vieles andere in diesem Abschnitt muss auch dieser Aspekt auf den ersten Blick verwirrend erscheinen. Warum sollte das himmlische Heiligtum eine Reinigung nötig haben? Was hätte an ihm falsch sein können?

Die Antwort scheint zu lauten: An dem Heiligtum als solchem war nichts falsch, aber es musste auf die Ankunft von Menschen vorbereitet werden, an denen ziemlich viel falsch war – also auf sündige Menschen. Wie können wir je in die absolute Gegenwart des heiligen Gottes kommen? Wir können es natürlich nicht. Doch da uns das verheißen ist und da Jesu Opfer der Weg ist, auf dem es geschieht, kann der Verfasser in der Tat sinnvoll davon sprechen, dass Jesus das himmlische Heiligtum reinigt. Wenn dann andere Menschen in ihm willkommen geheißen werden, werden sie wie die Israeliten im irdischen Heiligtum herausfinden, dass dort alle Dinge das Kennzeichen der sich selbst hingebenden Liebe Gottes tragen. Jesus ist direkt in Gottes absolute Gegenwart gegangen.

Vers 24 spricht wörtlich davon, dass Jesus „vor Gottes Angesicht" erscheint. Das war im Judentum eine kraftvolle Vorstellung: Das Angesicht Gottes zu sehen war eine derart verheerend-großartige Erfahrung, dass sogar die Engel, die Gott begleiteten, ihr Angesicht verhüllen mussten (Jesaja 6,2). Jetzt ist Jesus hineingegangen, um Gottes Angesicht zu sehen, und er hat das um unsertwillen getan, im Hinblick auf den Tag, an dem wir Anteil an dieser herrlichen Gottesschau haben, und zwar ohne Angst, weil uns das Blut Jesu durch und durch gereinigt hat.

Das bringt uns zur zentralen Aussage des Abschnitts, in welcher der Verfasser einen deutlichen Gegensatz zwischen dem „immer wieder" der alten Opfer und dem „ein für alle Mal" des Opfers Jesu aufbaut. Er denkt dabei weniger an die täglichen Opfer, die die gewöhnlichen Priester im Tempel darbrachten, sondern vielmehr an den großen alljährlichen Versöhnungstag, an dem der **Hohepriester** ins Allerheiligste ging, und zwar nur an diesem Tag. Was Jesus getan hat, heißt es hier, ist dem sowohl ähnlich als auch unähnlich. Es mag viele Hinweisschilder auf dem Weg zu deinem Ziel geben, aber nur ein einziges Ziel. So gab es auch viele Versöhnungstage seit den frühesten Zeiten der Anbetung in Israel bis in die Zeit des Verfassers hinein, aber es gab nur einen einzigen Tag, an dem Jesus starb. Es würde nie wieder einen weiteren Tag geben.

Das war der Moment, auf den der Verfasser mit dem Begriff „Ende des Zeitalters" verweist (Vers 26). Das Wort, das hier mit „Ende der Zeitalter" übersetzt wird, ist tatsächlich etwas komplizierter. Wörtlich verweist es auf etwas, das sich mit etwas anderem verbindet, sodass eines von beiden oder beides dadurch komplettiert wird. Das ist genau das, was der Hebräerbrief an dieser Stelle meint, auch wenn wir kein deutsches Wort haben, das alle diese Konnotationen genau einfängt. Das alte **Zeitalter** und alles, was mit ihm zusammenhing, kam an sein

Ende; die Ereignisse des Lebens und Todes Jesu brachten die alte Zeit, den alten Bund, zur Erfüllung, zum Abschluss, ans Ziel, ans Ende. Gleichzeitig brach nun das neue Zeitalter an, das lange verheißen und erwartet worden war. Und das zentrale Merkmal dieses neuen Zeitalters bestand, wie Jeremia angedeutet hatte, darin, dass jetzt ein für alle Mal die Sünden vergeben werden würden.

Die Juden des ersten Jahrhunderts werden mit dem Ritual des Versöhnungstages vertraut gewesen sein. Nach Beendigung der Vorbereitungen ging der Hohepriester mit dem Opferblut ins Allerheiligste, um die jährliche Sühne für das Volk zu erwirken. Dann erschien er wieder und erklärte, dass das Zeichen der Vergebung wiederum ausgeführt worden war. Dann begann er, sich mit den Problemen zu befassen, die in der Gemeinschaft nach wie vor vorhanden waren – das war die praktische Umsetzung des Rituals.

Auch der Verfasser hat dieses Bild vor Augen. Jesus, der wahre Hohepriester, ist in das himmlische Heiligtum eingegangen und wird wieder erscheinen. Im Moment warten seine Nachfolger gespannt auf jenen großen Tag. (Zusammen mit 10,37 ist dies die deutlichste Aussage zur „Wiederkunft Jesu" im Hebräerbrief; sie zeigt, dass der Verfasser und seine Leser die Wiederkunft selbstverständlich voraussetzten.) Dann wird er allerdings nicht mehr irgendetwas in Bezug auf die Sünde tun. Kein Werk der Sühne wäre dann noch nötig. Wenn Jesus wiederkommt, dann mit einem einzigen Ziel: diejenigen, die ihn erwarten, zu retten und zu verwandeln (wie Paulus in Philipper 3,20-21 sagt), sodass sie die Menschen werden, die sie nach Gottes Willen als Bürger seiner neuen Schöpfung sein sollen.

Hebräer 10,1-10: Das Ende der Opfer

1 Schaut: Das Gesetz hat nur einen Schatten der guten Dinge, die kommen werden, nicht die wirklichen Dinge selbst. Deshalb kann es diejenigen nicht vollkommen machen, die jedes Jahr mit den gleichen Opfern kommen. 2 Wenn sie, die Opfer bringen, ein für alle Mal rein geworden wären und die Sünden ihr Gewissen nicht länger belasten würden, hätten sie doch schon lange aufgehört, weitere Opfer zu bringen! 3 So wie es jetzt ist, dienen die Opfer dazu, jedes Jahr aufs Neue an die Sünden zu erinnern, 4 weil das Blut von Stieren und Ziegen unmöglich Sünden wegnehmen kann.

5 Wenn der Messias in die Welt kommt, wird er deshalb sagen:
„Du verlangst keine Opfer und Gaben;
stattdessen hast du mir einen Leib gegeben.
6 Brandopfer und Sündopfer gefallen dir nicht.
7 Da sagte ich: ‚Hier bin ich!
In den Schriftrollen kann man von mir lesen:
Ich komme, um deinen Willen, o Gott, zu tun!'"

8 Zuerst hat er gesagt: „Du willst und magst keine Opfer, Gaben, Brandopfer und Sündopfer" (diese alle werden gemäß den Vorschriften des Gesetzes dargebracht), 9 und fährt dann fort: „Schau! Ich bin gekommen, um deinen Willen zu tun!" Er wird das Erste wegnehmen, um das Neue aufzurichten. 10 Durch diesen Willen sind wir jetzt ein für alle Mal geheiligt, weil Jesus, der Messias, seinen Leib geopfert hat.

Im vergangenen Jahr hatten wir einen Urlaub innerhalb eines anderen Urlaubs. Wir waren für drei Wochen an einen ruhigen, friedlichen Ort gefahren, um uns nach mehreren Monaten voller hektischer und unablässiger Arbeit und Aktivitäten zu erholen. Doch während wir dort waren, ergab sich für uns die Gelegenheit, einen kurzen Trip zu einer wunderschönen Stadt an der Südküste Irlands zu machen. Wir verbrachten dort nur vier Tage, doch als wir zurückkamen, um an unseren Haupturlaub anzuknüpfen, fühlten wir uns, als wären wir einen Monat lang weg gewesen. Das gab unserem Urlaub zusätzliche Tiefe und es bedeutete: Als wir letztlich wieder zu arbeiten anfingen, waren wir umso erfrischter und ausgeruhter.

Wenn man ein Buch schreibt und dabei eine Vorstellung innerhalb einer anderen unterbringt, scheint das eine komplizierte Sache zu sein, doch wie bei den beiden ineinandergeschobenen Urlauben kann es die Kraft der ganzen Erfahrung verstärken. Der Hebräerbrief tut an dieser Stelle genau dies, und es ist wichtig, dass wir erkennen, was hier vor sich geht, damit uns nicht das vollständige Bild entgeht und wir uns wundern, wie die Einzelheiten zusammenpassen. In diesem Abschnitt und darüber hinaus bis zum Ende von Vers 18 entfaltet der Verfasser immer noch die Textstelle aus Jeremia 31, die er in Kapitel 8 zitierte; will heißen: Er erklärt immer noch den Weg, auf dem der Tod Jesu die wahre Vergebung der Sünden bewirkt hat, auf welche die **Opfer** im Tempel hinwiesen, die sie jedoch nie endgültig zustande bringen konnten. Außerdem erklärt er, wie das, was Jesus erreicht hat, den neuen **Bund** bewirkt, in dem die Sündenvergebung die zentrale Verheißung war. Er erwähnt Jeremia im vorliegenden Abschnitt gar nicht explizit, aber wir sollten nie vergessen, dass er immer noch beabsichtigt zu erklären, wie dieser Text in Erfüllung gegangen ist.

Jetzt beginnt er allerdings mit einer anderen Bibelauslegung innerhalb der größeren von Jeremia 31. Er wählt einen anderen Psalm aus, diesmal Psalm 40,7-9, wo dem Verfasser des Hebräerbriefs zufolge der Weg erklärt wird, auf dem das freiwillige Opfer eines Menschen, der den Willen Gottes tut, die eigentliche Sache ist, die Gott will, die wahre Sache, für die all die Opfer und Gaben des Tempelkultes nur Zeichen waren, und dann auch noch recht unzureichende Zeichen. Oder, um das Bild ein wenig zu wechseln: Sie waren wie Schatten der Wirklichkeit, nicht die Wirklichkeit selbst – Schatten, die von dem hellen Licht geworfen wurden, das aus Gottes Zukunft kommt.

An diesem Punkt und an ein oder zwei anderen Stellen dieses Briefes haben sich viele Leser gefragt, ob der Verfasser vielleicht Vorstellungen verwendet, die durch den Philosophen Platon berühmt geworden sind. Insbesondere die Vorstellung, dass etwas ein „Schatten" sei, keine „echte Form", hört sich wie sein bekanntes Höhlengleichnis an. Dort sitzen Menschen in einer Höhle, die noch nicht aufgeklärt sind, und denken, sie blicken auf die Wirklichkeit, während sie tatsächlich nur auf Schatten schauen, die von Gegenständen stammen, die außerhalb ihres Blickfeldes bleiben.

Diese Ähnlichkeit ist jedoch nur oberflächlich. Der Gegensatz, den der Verfasser aufbaut, ist nicht wie bei Platon der Gegensatz zwischen physischen Gegenständen und nicht-physischen Ideen oder „Formen". Vers 1 besteht darauf, dass es um den Gegensatz zwischen *gegenwärtigen* und *zukünftigen* Wirklichkeiten geht. Jesus, der uns in Gottes zukünftige Wirklichkeit vorausgegangen ist, wird wieder erscheinen, wenn jene zukünftige Wirklichkeit für die ganze Welt in die Gegenwart hereinbricht. Und er selbst war und bleibt ein durch und durch physischer Mensch.

Was stimmte mit den Opfern und Gaben des alten Bundes nicht? Der Hebräerbrief sagt nicht, dass es die Tatsache war, dass sie physisch waren, „irdisch" in diesem Sinne. Jesu eigenes Opfer war genauso physisch, genauso eine Sache von physischer Wirklichkeit wie die Tieropfer im Tempel. Das war immer Teil der Wahrheit des Christentums, wie skandalös es zart besaiteten Platonikern in der antiken oder modernen Welt auch vorkommen mag. Was mit den alten Opfern nicht stimmte, war, dass sie immer wieder gebracht werden mussten. Damit zeigten sie, dass sie mit dem Problem nicht wirklich fertiggeworden waren. Wenn ich mein Auto jede Woche wieder mit demselben Problem zur Werkstatt bringen muss, ist die Wahrscheinlichkeit hoch, dass das Problem nicht richtig gelöst wurde.

Wir sahen in Kapitel 9, dass insbesondere die regelmäßige Opferung unter dem alten Bund nicht mit dem Problem der Sünde und Schuld im *Gewissen* der Anbeter fertigwerden konnte (Vers 2). Diese Opfer konnten auf ihre Weise Reinigung von äußerlichen Verunreinigungen bewirken, die man sich unter dem mosaischen **Gesetz** beispielsweise durch so unvermeidliche Dinge wie die Berührung einer Leiche zuziehen konnte. Sie konnten die Leute vergewissern, dass sie trotz ihrer Sünde nach wie vor Mitglied des Volkes Israel waren. Sie konnten jedoch nie die tiefere Reinigung bewirken, die Heilung der Erinnerung und Vorstellungswelten, die das Blut Jesu zustande gebracht hat und zustande bringen kann. In diesem Sinne konnten sie nicht „die Sünde wegnehmen“ und sündige Menschen tatsächlich in einen Zustand versetzen, in dem ihr Gewissen reingewaschen war und sie befähigt waren, mutig und glücklich in der Gegenwart Gottes zu stehen.

Wie so oft in diesem Brief lenkt der Verfasser die Aufmerksamkeit auf etwas, das im alten Zeitalter geschrieben wurde und unübersehbar auf das neue Zeitalter vorausweist. Diesmal ist es Psalm 40, der – umringt von den Regeln für das tägliche Opfer – aus dem Herzen des Alten Testaments über die Tatsache spricht, dass diese Opfer zwar wirklich von Gott befohlen worden waren, aber dennoch nicht das waren, was er wirklich wollte. Dies ist nicht die einzige alttestamentliche Stelle, die so etwas sagt; man vergleiche beispielsweise 1. Samuel 15,22; Jesaja 1,10-17 oder Hosea 6,6 (von Jesus zitiert in Matthäus 9,13 und 12,7). Zusammengenommen erinnern diese Textstellen aufschlussreich daran, dass das Alte Testament, das frühere Zeitalter, von sich weg auf etwas anderes verweist, auf etwas Besseres, auf etwas, nach dem sich Gott sehnt und das er zu erreichen plant – und wir sahen dasselbe in Verbindung mit Psalm 95 in Kapitel 3 sowie mit Psalm 4 und 110 in den Kapiteln 5-8 und nun wieder mit Jeremia 31 im vorliegenden Abschnitt.

Im Zentrum dieser neuen Sache, dieses besseren Zeitalters, steht das freiwillige, gehorsame Selbstopfer des Sohnes. Im Gegensatz zu den Opfern war er gekommen, den Willen Gottes zu tun (Verse 7 und 9). Wie der Verfasser bereits auf die eine oder andere Weise im gesamten Brief gesagt hat, bedeutet dies, dass das Gesetz trotz all seiner Erhabenheit und trotz der Tatsache, dass Gott es Israel ursprünglich mit voller Absicht gegeben hatte, nicht als das endgültige Wort angesehen werden kann. Was Jesus, der **Messias**, ein für alle Mal getan hat, geschah sowohl als Krone und Vollendung der vorherigen Absichten Gottes als auch als neue Wirklichkeit, die den Platz des Vorherigen einnimmt.

Außerdem bedeutet es – wiederum wie der Verfasser es durchgängig betont hat und gleich auf die Spitze treiben wird: Die Leser wären verrückt, wenn sie daran denken würden, um ihrer Sicherheit willen in das alte System zurückzugehen. Das mag sie vor gewissen Schwierigkeiten vor Ort in ihrer unmittelbaren Situation bewahren. Aber es wäre, als würde man Sicherheit in einem Haus suchen, das demnächst einstürzt. Das alte System wies auf das neue voraus und erklärte sich selbst letztlich für überflüssig. Psalm 40 zuzustimmen heißt daher nicht zu sagen, dass mit dem Alten Testament oder mit dem System, das es einrichtete, irgendetwas nicht stimmt. Das System erklärte sich selbst zu einer vorübergehenden Einrichtung. Da jetzt die gebührende Ablösung gekommen ist, würde niemand, der noch bei klarem Verstand ist, im vorübergehenden System bleiben und erst recht nicht ins alte System zurückgehen wollen – schließlich hatte man doch bereits das neue und dauerhafte Zeitalter erlebt, das ins Leben gerufen worden ist!

Hebräer 10,11-18:
Was der Messias ein für alle Mal erreicht hat

11 *So ist es also: Jeder Priester steht täglich am Altar, um seine Pflich-*
ten zu erfüllen. Er bringt wieder und wieder die gleichen Opfer dar,
die doch niemals Sünden wegnehmen können. 12 *Jesus aber hat ein*
einziges Opfer für die Sünden dargebracht, gültig für alle Zeit, und
hat „zur Rechten Gottes Platz genommen“. 13 *Seit diesem Augenblick*
wartet er, bis „seine Feinde zu seinem Fußschemel gemacht werden“.
14 *Schaut, so hat er durch ein einziges Opfer alle jene für immer voll-*
kommen gemacht, die geheiligt werden.

15 Auch der Heilige Geist bezeugt dies. Zuerst heißt es nämlich:
16 „‚Dies ist der Bund, den ich mit ihnen aufrichten werde
nach diesen Tagen', spricht der Herr;
‚Ich werde meine Gesetze in ihre Herzen geben
und werde sie in ihren Sinn schreiben.'"
Dann fügt er hinzu:
17 „Nimmermehr werde ich mich erinnern
an ihre Sünden und Gesetzlosigkeit."
18 Wenn diese beseitigt sind, braucht es kein Opfer mehr für die Sünde.

Viele von uns arbeiten in der modernen Welt im Sitzen. Während ich dies schreibe, sitze ich an einem Schreibtisch. Ich bin mir bewusst, dass meine Haltung nicht optimal ist, dass ich in der Gefahr stehe, meine Schultern zu versteifen. Wenn ich mir mehr Zeit zum Spazierengehen nehmen würde, ganz zu schweigen von anstrengenderen Übungen, wäre ich wahrscheinlich gesünder und fitter. Buchhalter und Anwälte arbeiten auch meist im Sitzen. Geschäftsleute verbringen zig Stunden am Schreibtisch. Viele Mitarbeiter von Läden sitzen an einer Kasse. Wenn wir aufstehen, ist das ein Zeichen, dass die Arbeit bis auf Weiteres zu Ende ist und wir etwas anderes machen.

Für einen Großteil der Welt und der Weltgeschichte gilt jedoch: Wer sich hinsetzt, hat seine Arbeit beendet, nicht begonnen. In einer Welt, in der die meisten arbeitsfähigen Menschen auf den Feldern oder in Handwerksberufen wie Maurer etc. arbeiteten, saßen nur wenige Menschen bei der Arbeit. Die meisten Menschen waren bei der Arbeit in Bewegung und setzten sich hin, um auszuruhen. Das ist der Gegensatz, den der Hebräerbrief hier zwischen den **Priestern** aufbaut, die (als der Brief verfasst wurde) immer noch unter den Bedingungen des alten Zeitalters dienten und regelmäßig **Opfer** im Tempel darbrachten, und der Position, die Jesus nun nach Vollendung seines Werkes eingenommen hat. Jene Priester standen täglich im Tempel und führten ihre Aufgaben aus (Vers 11); Jesus hat sein Werk vollbracht und sitzt nun zur Rechten Gottes (Vers 12). Er muss nicht mehr sein Opfer bringen; er hat es getan und es ist vollständig.

Bevor wir dies weiter untersuchen, sollten wir registrieren, was der Autor hier tut. Er kommt ein weiteres Mal auf einen seiner Lieblingstexte zurück, auf Psalm 110, den er direkt zu Beginn des Briefes zitiert (1,13) und in den Kapiteln 5-8 detailliert ausgelegt hat (als es um Melchisedek ging). Jetzt kehrt er (in den Versen 12 und 13) wieder zu dem Vers zurück, auf den er bereits verwiesen hat, zu dem Vers über den **Messias**, der zur Rechten Gottes sitzt, bis Gott seine Feinde zu seinem Schemel gemacht hat (Psalm 110,1). Wir erinnern uns, dass das gut zu Psalm 8,7 passt, ein Vers, der in Hebräer 2,8 zitiert wird und in dem es um Jesus als Repräsentant der Menschheit geht, „unter dessen Füße" alles unterworfen wurde. Wir bekommen also hier in Kapitel 10 das Gefühl, dass mehrere Stränge des gesamten Briefes zusammengezogen und in das große Bild eingefügt werden, das der Autor die ganze Zeit im Kopf hatte. Das Bild von Jesus als Messias, als wahrem Menschen, als Hoherpriester nach der Ordnung Melchisedeks, als desjenigen, der das vollkommene Opfer gebracht hat, durch welches endlich der die Sünde vergebende neue **Bund** geschlossen wurde – alle diese Facetten gehören zusammen. Die Argumentation des Briefes dreht sich an jedem Punkt um Jesus. Wir haben also mithilfe des Alten Testaments entdeckt, was Jesus erreicht hat. Das führt zu der Erkenntnis, dass er Gottes Absichten erfüllt hat, wie sie im AT dargelegt wurden. Das wiederum bedeutet, dass es weise ist, sich ausschließlich an ihn zu halten und nicht an diejenigen, die an den Hinweisschildern festhalten, statt an der Wirklichkeit.

Wenn wir fragen, wo Jesus jetzt ist und was er jetzt tut, stellen wir fest, dass er nicht immer wieder sterben muss wie die regelmäßig wiederholten Opfer im Tempel. Er muss sich auch nicht immer wieder seinem Vater als Opfer präsentieren, als ob er das mehrfach im himmlischen Heiligtum tun müsste. Es stimmt natürlich, dass Jesus im himmlischen Heiligtum nun kontinuierlich „in der Fürbitte für" sein Volk einsteht (7,25). Er tritt dort „für uns" ein (9,24). Aber er ist nicht mehr am Werk; er opfert sich nicht mehr oder bringt sein Opfer dar. Das wurde ein für alle Mal getan, es ist vollbracht und vollendet. Er hat seinen Platz eingenommen, was anzeigt, dass seine hauptsächliche Arbeit getan ist.

Der Verfasser möchte, dass seine Leser dies ausgesprochen tröstlich finden. Was Jesus getan hat, ist abgeschlossen: Er ist als Opfer für uns gestorben, hat die vollständige Vergebung der Sünden erwirkt, von der Jeremia gesprochen hatte, und hat mit uns Gottes neuen Bund geschlossen. Dem ist nichts hinzuzufügen und es muss schon gar nichts wiederholt werden. Eines von beiden nahezulegen würde heißen, dass irgendetwas unvollständig wäre, dass irgendetwas noch nicht getan worden wäre, was Jesus beim ersten Mal irgendwie nicht geschafft hätte. Wenn wir als Christen nach der Gewissheit suchen, dass uns tatsächlich vergeben worden ist, dann suchen wir nicht – oder sollten nicht suchen – bei irgendwelchen Dingen, die wir tun, die die Kirche tut, die christliche Mitarbeiter, Geistliche, Priester oder wer auch immer tun. Wir schauen auf jenes Ereignis außerhalb von Jerusalem an jenem dunklen Freitagnachmittag zurück und danken Gott für das, was dort in vollem Umfang und endgültig für uns erreicht worden ist.

Unglücklicherweise ist dieser Punkt zu einem stark umstrittenen Punkt geworden und es gibt viele Christen, die an dieser Stelle im Unklaren bleiben. Der Zeitpunkt, an dem Jesus am deutlichsten über den „neuen Bund“ sprach, durch den Sünden vergeben werden, indem sein Blut vergossen wird, war natürlich das letzte Mahl, das er mit seinen **Jüngern** teilte, das „letzte **Abendmahl**“, das seine Nachfolger auf Jesu Gebot hin „in Erinnerung an mich“ wiederholen sollen. Dieses Ereignis und das Einhalten dieses Gebots durch Christen seit jener Zeit (das „Herrenmahl“, die „Messe“, die „**Eucharistie**“, die „heilige Kommunion“, man nenne es, wie man wolle) sind von enormer Bedeutung. Es sollte uns nicht überraschen, dass verschiedene Interpretationen aufgekommen sind, was die genaue Bedeutung des Mahls betrifft und wie es sozusagen „funktioniert“.

In einer bedeutsamen Denkrichtung in einigen Kirchen wird das

Mahl selbst als Opfer angesehen. Dort werden die Geistlichen, welche die Liturgie ausführen, als „Priester" im Sinne von Menschen verstanden, die dieses Opfer darbringen. Darin steckt ein kleines Körnchen Wahrheit, da das Mahl, das uns Jesus zu wiederholen gebietet, seine Bedeutung immer von dem einmaligen Opfer bezieht, das er gebracht hat. Aus diesem Blickwinkel stimmt es, wenn man sagt, dass wir weiterhin Anteil am einmaligen Opferereignis nehmen, wie die Priester oder Leute im Tempel, die das Fleisch essen, nachdem das Tier geschlachtet worden war. Doch damit erschöpft sich die Bedeutung dessen nicht, was man üblicherweise meint, wenn man die **Eucharistie** als Opfer ansieht. Der vorliegende Textabschnitt schließt jedoch jegliche weiteren Vorstellungen in dieser Richtung aus, insbesondere jegliche Andeutung, dass das Opfer Jesu in jedem Gottesdienst irgendwie wiederholt werden würde.

Was meint aber Paulus dann, wenn er sagt, dass wir, sooft wir das Brot essen und den Kelch trinken, „den Tod des Herrn anzeigen", bis er kommt (1. Korinther 11,26)? Er meint, dass das Mahl selbst das einmalige, vergangene, unwiederholbare Ereignis *verkündet* oder bekannt macht. An der einzigen Stelle, an der im Neuen Testament irgendetwas über ein erneutes Kreuzigen des Sohnes Gottes gesagt wird, wird dies als ernste Warnung vor etwas gesagt, das niemand, der bei Verstand ist, tun wollen würde (Hebräer 6,6).

Natürlich gibt es noch mehr zu diesem Thema zu sagen. Ich gebe nicht vor, hier alles erschöpfend behandelt zu haben. Wir sollten uns jedoch bewusst sein: Da diese Fragen immer mal wieder aufgeworfen werden, ist es wichtig zu wissen, dass hier auf dem Höhepunkt eines der wichtigsten Briefe des Neuen Testaments betont wird, dass das Opfer Jesu ein einmaliger Moment in der Geschichte war, der Vergebung erwirkte, und dass dieser Moment nicht wiederholbar ist. Das Christentum ist keine Religion, die sich im Kreis dreht und immer wieder an denselben Punkt zurückkehrt. Es ist in keiner Weise ein derartiges religiöses *System*. Im Christentum geht es um Ereignisse, die vorwärtsgehen, in einer historischen Abfolge, die von einem Beginn ausgeht, sich entwickelt, einen Höhepunkt erreicht und Ergebnisse dieses Höhepunkts hervorbringt. Zum Christsein gehört unter anderem, dass man weiß, an welchen Punkt in dieser geschichtlichen Abfolge man gehört, und dass man feiert, was das bedeutet: dass Gottes Bewältigung unserer Sünden und sein Schließen des neuen **Bundes** mit uns ein für alle Mal geschehen sind.

Hebräer 10,19-25: Kommt also zur Anbetung!

19 So haben wir also durch das Blut Jesu den Mut, meine Brüder und
Schwestern, in das Heiligtum einzutreten. 20 Er hat einen ganz neuen
lebendigen Weg durch den Vorhang hindurch (das bedeutet: durch
seinen irdischen Leib) gebahnt. 21 Wir haben einen Hohepriester, der
Gottes Haus vorsteht. 22 Lasst uns deshalb kommen, um anzubeten,
mit einem aufrichtigen Herzen, in vollständiger Gewissheit des Glau-
bens, unsere Herzen besprengt und von schlechtem Gewissen gerei-
nigt und unsere Leiber mit reinem Wasser gewaschen.

23 Lasst uns ungeteilt an unserem Bekenntnis der Hoffnung festhal-
ten; er, der uns diese Botschaft ausgerichtet hat, ist vertrauenswürdig!
24 Lasst uns also aufeinander Acht haben und uns gegenseitig zu Liebe
und guten Werken anspornen. 25 Wir dürfen uns nicht der schlech-
ten Gewohnheit einiger anschließen, die unsere Zusammenkünfte ver-
nachlässigen. Wir müssen stattdessen einander ermutigen, und dies
umso mehr, als ihr den großen Tag näherkommen seht.

Ich sah, wie meine Mutter vom Einkaufen kam und mehrere prall gefüllte Taschen schleppte. Sie rief mich, ihr zu helfen, den Rest aus dem Auto zu holen. Mir war unklar, warum sie so viele Lebensmittel eingekauft hatte, aber ich nahm, soviel ich konnte, und entlud das Auto, so gut ich konnte. Dann erinnerte ich mich an all die Telefonanrufe der vergangenen Woche. Normalerweise telefonierte sie nicht öfter als zwei oder drei Mal täglich, doch in letzter Zeit hatte sie vielleicht ein oder zwei Dutzend Anrufe getätigt. An jenem Abend nahm sie meine Hilfe noch mal in Anspruch. Ich half, die großen Zimmer vorne im Haus aufzuräumen und Tische und Besteck zu putzen. Ich war überrascht, verschwendete aber keine weiteren Gedanken mehr daran; ich lebte zweifellos in meiner eigenen kleinen Welt, wie es Kinder halt so tun.

Doch am folgenden Nachmittag klingelte es ständig an der Haustür und eine Person nach der anderen kam ins Haus. Es gab eine Party! All die Einkäufe, Telefonanrufe und das Putzen waren zur Vorbereitung der Feier geschehen. Freunde und Nachbarn waren eingeladen worden. Alles war bereit. Jetzt sah ich, wofür das alles war.

Der Hebräerbrief hat nun, wenn ich das so ausdrücken darf, alle Einkäufe erledigt, alle Anrufe getätigt und das Tafelsilber geputzt. Endlich wird die Einladung verschickt: Kommt zur Party! Vers 22 ist der Hauptgrund, warum wir diesen ganzen Anfahrtsweg hinter uns gelegt haben – warum wir Schlüsselstellen aus der Bibel zusammengestellt, hier und da Argumente aufgebaut haben, vertraute und unvertraute Bilder aufgeboten und die Darstellung von Jesus als Gottes Sohn, wahrer Mensch, großer **Hoherpriester** und Vermittler des neuen **Bundes** gestaltet und aufpoliert haben. Jetzt sehen wir, worauf das alles hinausläuft: „Lasst uns zur Anbetung kommen!" Die Verse 19-21 stellen zusammenfassend alles vor Augen, was wir bisher gesehen haben: unseren mutigen Zugang zur Gegenwart Gottes durch das Blut Jesu, mit dem wir durch das Werk unseres Hohenpriesters auf einem neuen, lebendigen Weg ins innerste Heiligtum gelangen. Das Ergebnis kann wohl kaum irgendetwas anderes sein als die Einladung, näherzukommen; und „näherkommen" ist in diesem Kontext fast ein Terminus technicus für „zur Anbetung kommen".

Allerdings nicht zu irgendeiner Anbetung und auch nicht mit irgendeiner alten Denkweise. Vers 22 fährt fort, indem er uns vier Dinge über den Zustand sagt, in dem wir uns befinden sollten, als Ergebnis dessen, was bisher alles gesagt wurde.

Erstens: Wir sollten ein „aufrichtiges Herz" haben. Das schaut auf die Verheißung in Jeremia 31,33 zurück, die oben in Vers 16 und in 8,10 zitiert wurde und die sagt, dass Gott seine **Gesetze** in unser Herz geben und in unseren Sinn schreiben wird. Wenn sich der neue Bund öffnet und Menschen aufnimmt, dann geschieht etwas mit ihnen – etwas, an dem das Herz beteiligt ist. Sie werden wahrhaft menschliche Wesen, sie werden von innen nach außen umgekrempelt. Es beginnt mit dem Herzen und arbeitet sich durch den Rest der Persönlichkeit, des Denkens, des Verhaltens – einfach durch alles.

Zweitens: Wir müssen „vollständige Gewissheit des **Glaubens**" haben. Glaube ist nicht etwas, das man einfach so aus eigener Anstrengung wecken kann. Der Glaube kommt, wenn man konzentriert auf das Objekt des Glaubens schaut, also auf Jesus – oder wenn man so will: auf Gott, den wir im Lichte und im Angesicht Jesu sehen. Der gesamte Brief hat sich um Jesus gedreht und darum, wer wir sind als Ergebnis dessen, wer er ist und was er getan hat. Wenn man das durchdenkt und entschieden daran festhält, entsteht die völlige Gewissheit, von der der Hebräerbrief redet.

Drittens: Wenn man die ersten beiden Punkte etwas tiefer zur Anwendung bringt, kommt dabei heraus, dass „unsere Herzen besprengt und von schlechtem Gewissen gereinigt" werden müssen. Wir haben bereits registriert, dass dies die großartige Wirkung des **Opfers** Jesu war (9,14). Den meisten Menschen liegt irgendetwas schwer auf dem Herzen, etwas, das sie getan oder gesagt haben. Sie wünschten, sie hätten es nicht gesagt oder getan. Es verfolgt sie und sie fürchten, dass es herauskommt. Wie wunderbar ist es dann zu wissen, dass das Opfer Jesu und das daraus resultierende „versprengte Blut" die Kraft hat, jeden Flecken von unserem Gewissen abzuwaschen, wenn wir es im Glauben und Vertrauen annehmen, sodass wir zu Gott kommen können, ohne dass irgendein Schatten auf unsere Beziehung fällt.

Viertens: Der Verfasser spricht davon, dass „unsere Leiber mit reinem Wasser gewaschen" werden. Das ist vermutlich ein Verweis auf die **Taufe** (siehe 6,2), die als Zeichen des Eintritts in Gottes erneuertes Volk verstanden wird, auch wenn der Brief diesen Punkt nirgends ausdrücklicher sagt als hier.

Wir sollen also zur Anbetung Gottes kommen – nicht nur privat, auch wenn die private Anbetung und das eigene Gebet von großer Bedeutung sind, sondern auch öffentlich. Die Gefahr, dass Menschen meinen, sie könnten ganz alleine Christ sein, scheint in der frühen Kirche genauso vorhanden gewesen zu sein wie heute und Vers 25 warnt davor. Der Grund lag wahrscheinlich nicht darin, dass die Leute nicht erkannten, dass das Christentum eine durch und durch gemeinschaftliche Sache war und ist. Der Grund war wohl auch nicht, dass sie träge waren oder die anderen Christen vor Ort nicht besonders mochten. Der Grund lag wohl in Folgendem: Wenn Verfolgung droht (das wird später in diesem Kapitel klar werden), ist es viel einfacher, der Aufmerksamkeit zu entgehen, wenn man es vermeidet, sich mit anderen Anbetenden zu treffen. Es ist viel sicherer, einfach nicht aufzutauchen.

Dafür ist kein Platz, erklärt der Hebräerbrief. Jeder Christ braucht die Ermutigung jedes anderen Christen. Jeder, der durch die Tür des Anbetungsortes geht, ob es nun ein Haus in einer kleinen Gasse ist oder eine großartige Kathedrale an einem öffentlichen Platz – jeder ist eine echte Ermutigung für alle anderen Anwesenden. Neben einem tatsächlichen Wort der Ermutigung, wenn es nötig ist, ist dies Teil des Weges, auf dem wir „einander dazu anspornen", unermüdlich an den zentralen Handlungen des christlichen Lebens zu arbeiten: „Liebe und gute Werke" (eine absichtlich breite Formulierung, um alle möglichen Handlungen abzudecken). Und wir brauchen diese Ermutigung umso mehr (so schließt Vers 25), als wir glauben, dass wir dem Tag näherrücken, an dem Gott mit der Wiederkunft Jesu (9,28) sein Werk der neuen Schöpfung vollenden wird (12,26-28).

Unsere Anbetung muss daher insbesondere von einem entschiedenen Festhalten an „unserem Bekenntnis der Hoffnung" begleitet sein, der Hoffnung, die erwartungsvoll auf das vorausblickt, was Gott letztendlich für uns tun wird; der Hoffnung, zu der wir uns als Teil unserer

Erkennungszeichen „bekennen“. Wenn in uns Fragen hinsichtlich dieser Hoffnung aufkommen, besteht die Antwort nicht darin, sich selbst schlaue Antworten auszudenken, sondern dem zu vertrauen, der uns die Hoffnung gegeben hat, also dem Gott, den wir in Jesus zu erkennen gelernt haben. Er ist absolut vertrauenswürdig – ein Thema, dessen Echo wir bei Paulus finden – wie so viele andere Dinge in diesem Brief (1. Korinther 10,13; 1. Thessalonicher 5,24 und andernorts).

Die Party ist vorbereitet; die Einladungen sind verschickt worden; das Silber ist poliert; der Gastgeber steht wartend an der Tür. Sind Sie bereit, seine Einladung anzunehmen und hereinzukommen?

Hebräer 10,26-31: Warnung vor Gericht

26 Wenn wir nämlich bewusst und mit Absicht sündigen, nachdem
wir die Erkenntnis der Wahrheit erhalten haben, gibt es kein weiteres
Opfer für die Sünde. 27 Es bleibt dann nur noch ein ängstliches Warten
auf das Urteil und ein wütendes Feuer, das die Gegner verzehren wird.
28 Wenn jemand das Gesetz des Mose missachtet, dann wird er „auf
die Aussage von zwei oder drei Zeugen hin zum Tod verurteilt“, und
das ohne Erbarmen. 29 Stellt euch vor, wie viel schlimmer die Strafe für
alle diejenigen ausfallen wird, die den Sohn Gottes mit Füßen treten
und das Blut des Bundes in Unehre bringen, durch das sie geheiligt
worden sind, und den Geist der Gnade verhöhnt? 30 Wir kennen den,
der sagt: „Mir gehört die Rache. Ich werde vergelten.“ Und weiter:
„Der Herr wird sein Volk richten.“ 31 Es ist schrecklich, in die Hände
des lebendigen Gottes zu fallen.

Der römische Kaiser Caligula, der verrückt wurde und alle möglichen bizarren Sachen machte, erfand gerne neue **Gesetze**, so sagt man. Er ließ sie in kleinen Buchstaben auf Tafeln eingravieren und dann hoch oben an Wänden anbringen, zu hoch, als dass die Leute sie hätten lesen können. Das nahm er dann zum Vorwand, irgendjemanden willkürlich zu bestrafen, der diese Gesetze nicht einhielt. Die Leute konnten die Gesetze nicht sehen, aber Unwissenheit wurde nicht als Entschuldigung akzeptiert. Kaiserliche Erlasse mussten befolgt werden.

Die bloße brutale Irrationalität einer derartigen Praxis macht uns auf etwas aufmerksam, das für viele andere, vernünftigere Gesetzbücher gilt: Menschen, die ein Gesetz wirklich nicht kennen und es brechen, haben eine gute Entschuldigung. Es gibt natürlich Umstände, in denen Unwissenheit nicht zählt. Man kann sich wohl kaum vorstellen, dass ein Mörder laufen gelassen wird, weil er oder sie nicht wusste, dass es ein Gesetz gegen das Ermorden von Menschen gibt. Manchmal ist die Unwissenheit gewollt oder gar schuldhaft; doch manchmal liefert sie eine gute Entschuldigung. Ich wusste nicht, dass es in Montreal ein Gesetz gibt, das es verbietet, beim Parken das Auto halb auf dem Gehweg abzustellen. In England ist das in engen Straßen durchaus üblich. Als ich in Montreal einen Tag nach unserer Ankunft so parkte, akzeptierte der Polizist widerwillig meine Erklärung und gab mir keine **Buße**.

Das antike Judentum kannte sehr klare Regeln für Sünden, die in Unwissenheit begangen worden waren: Sie konnten und sollten gesühnt werden. Dasselbe galt noch stärker für „ungewollte" Sünden: Man wusste, dass etwas falsch war, hatte es aber rein zufällig getan, ohne es zu wollen. Man kann das in **Apostel**geschichte 23,1-5 auf dramatische Weise dargestellt sehen: Paulus weist den **Hohepriester** zurecht, wird dafür jedoch selbst zurechtgewiesen und erwidert darauf, dass er nicht gewusst hatte, dass die Person, die ihn angeredet hatte, tatsächlich der Hohepriester war. Sein Vergehen ist hier sowohl unwissend als auch ungewollt: Er wusste nicht, dass Ananias Hohepriester war und er hatte nicht beabsichtigt, ungebührlich zu einem Hohepriester zu sprechen, falls er einem begegnete. Jeder Jurastudent wird Ihnen sagen: Wenn man ein Verbrechen beweisen will, muss man sowohl Belege dafür haben, dass die Person die Tat tatsächlich ausübte, als auch dafür, dass eine *mens rea* vorlag, eine Schuldabsicht; mit anderen Worten: dass die Person die Tat beabsichtigt hatte. Es handelte sich nicht um einen Unfall oder Zufall.

In den antiken jüdischen Gesetzessammlungen und **Opfer**bestimmungen wurde sehr klar ausgedrückt, dass das Sündopfer, das zentrale Opfer, das sich der Sünde widmete, spezifisch die Sünden abdecken sollte, die entweder unwissentlich oder ungewollt begangen worden waren. (Die Schlüsselstellen finden sich in 3. Mose 4, in 4. Mose 15 und andernorts in denselben Büchern.) Wenn Menschen absichtlich sündigten, sie also wussten, dass etwas falsch war, sich aber entschieden, es trotzdem zu tun, gab es kein vorgeschriebenes Opfer. So eine Person war in der alten Formulierung „vom Volk auszumerzen", mit anderen Worten: mit dem Tod zu bestrafen. Besonders bei den nomadischen und gefährdeten umherwandernden Israeliten, die das Gesetz vor Augen hatte, gab es keinen Platz für Menschen, die absichtlich und wissentlich das Gesetz missachteten, durch das Israel sowohl definiert war als auch verteidigt wurde.

Dies steht alles im Hintergrund, wenn der Hebräerbrief nun zur furchterregendsten Warnung im Neuen Testament kommt (abgesehen von einigen Warnungen auf den Lippen Jesu). Der Verfasser gibt sich nicht damit zufrieden, eine Einladung auszusprechen, in der Anbetung mutig in die Gegenwart Gottes zu kommen. Das macht er im vorherigen Abschnitt. Er erkennt, und seine Leser sollen es auch erkennen, dass die Alternative lautet, an einen Ort zurückzugehen, an dem es keine Verheißung des Segens des neuen **Bundes** gibt. Wer das **Evangelium** vom **Messias** Jesus gehört hat und in die Gemeinschaft mit denjenigen eingetreten ist, die das Evangelium festhalten und nach ihm leben, und wer sich dann abkehrt und erklärt, dass dies alles Unsinn sei und dass er oder sie nichts damit zu tun haben will – so eine Person, sagt der Hebräerbrief, trampelt auf dem Sohn Gottes herum, behandelt das Blut des Bundes, als wäre es bedeutungslos, und verachtet den **Geist** Gottes, durch den die rettende Gnade kommt.

Die Frage, an wen genau sich solche Warnungen richten, plagte die frühe Kirche seit dem zweiten und dritten Jahrhundert und sollte uns heute immer noch bewegen. Einige dachten, sie richteten sich an alle, die an irgendeinem Punkt nach ihrer **Taufe** irgendeine schwerwiegende Sünde begingen. Das ist der Grund, warum insbesondere im dritten und vierten Jahrhundert viele prominente Kirchgänger die Taufe bis zum letztmöglichen Zeitpunkt aufschoben – entweder kurz vor dem Tod oder, wenn sie in den geistlichen Dienst berufen waren, kurz vor der Ordination! Sie hatten Angst, dass sie durch späteres Sündigen welcher Art auch immer ihre gesamte Erlösung verwirken könnten. Andere deuteten diese Warnungen stärker im Lichte dessen, was passierte, wenn Verfolgung ausbrach. Passagen wie diese, so dachte man, bezögen sich grundsätzlich auf diejenigen, die unter Androhung physischer Gewalt oder des Todes bereit waren, Jesus zu verfluchen und ihn zu verunglimpfen. Heute neigen wir dazu, in die entgegengesetzte Richtung zu reagieren. Jeglicher Gedanke an Gericht ist uns derart fremd geworden, wie auch jeglicher Gedanke an einen Gott, der auch nur den leisesten Zorn gegenüber irgendjemanden hegen könnte, dass wir uns ein Bein ausreißen, um Warnungen wie die vorliegende herunterzuspielen. Lieber gehen wir davon aus, dass sie nur in ganz extremen Fällen anwendbar sind.

Wir täuschen uns in dieser Hinsicht wahrscheinlich genauso wie diejenigen in früheren Jahrhunderten, die diese Texte weniger als Warnung vor dem Sündigen als vor der Taufe behandelten. Es ist sowohl für das Judentum als auch für das Christentum grundlegend, dass eine Zeit kommen wird, in der der lebendige Gott, der Schöpfer, seine gerechte und weise Herrschaft in der Welt voll zur Auswirkung bringen wird. Die einhellige frühe Tradition besteht darauf, dass an jenem Tag diejenigen, die sich mutwillig gegen seine Herrschaft stellen; die ein Leben führen, das die Maßstäbe verhöhnt, die in der Schöpfung selbst und in Gottes guter Absicht für sie angelegt sind; und die alle Versuche der Läuterung und Erneuerung zurückweisen, die Strafe der Zerstörung zu erwarten haben. Die Bilder von Feuer und Rache – es sind nur Bilder, aber das heißt nicht, dass die Wirklichkeit weniger furchterregend ist – kommen im Neuen Testament genauso oft vor wie im

Alten, wenn nicht noch öfter. Wenn es in Gottes Welt der Gerechtigkeit und Gnade keinen Platz für jemanden gibt, der sein Leben systematisch so geführt hat, dass es eine Verkörperung von Unrecht und Bosheit geworden ist, dann muss ein Punkt kommen, an dem Gott die Entscheidungen bestätigt, die diese Geschöpfe getroffen haben – es sei denn, Gott verkündet, dass alle menschlichen Entscheidungen nur ein Spiel waren und letztlich nicht zählen. Ich weiß natürlich, dass heute auch andere Auffassungen zu diesen Themen vertreten werden, aber diese Sicht scheint mir die zu sein, die dem am nächsten kommt, was wir im Neuen Testament finden.

Dieser Abschnitt ist also eine Warnung vor einer ganz bestimmten Gefahr: dass jemand, der dem christlichen **Glauben** nahe gekommen ist und vielleicht Anteil am Leben der christlichen Anbetung hatte, sich dann abkehrt und all dies öffentlich leugnet. Wir bemerkten im Zusammenhang von 6,1-8, dass sich dies auf die ganz konkrete Situation der Verfolgung zu beziehen scheint, die vom nichtchristlichen Judentum ausgeht und sich (wie die von Saulus von Tarsus betriebene Verfolgung) gegen andere Juden richtet, die an Jesus als Messias festhielten. Das wird im weiteren Verlaufe des vorliegenden Kapitels noch einmal klarer.

Doch der Abschnitt bleibt auch als Warnung für uns heute bestehen. Wenn wir schon so weit gekommen sind, den Hebräerbrief zu lesen und wenn wir zu verstehen versuchen, was er für uns bedeuten könnte, dann sollten wir umso sehnlicher hoffen, dass nie eine Zeit kommt, in der wir der Versuchung nachgeben zu erklären, dass die ganze Sache wertlos war. Der lebendige Gott, vor dem jeder Rechenschaft ablegen wird (4,13), lässt sich weder achtlos behandeln noch von uns Vorschriften machen. Es war schließlich ein Zyniker des 19. Jahrhunderts, kein gläubiger Christ, der sagte: „Gott wird mir verzeihen; das ist sein Job."

Hebräer 10,32-39: Hoffnungsvoll leiden

32 Vergesst nicht, wie es früher war! Als das Licht zum ersten Mal
zu euch durchdrang, gingt ihr durch große Kämpfe und Leiden.
33 Manchmal wurdet ihr selbst öffentlich bloßgestellt und körperlich
misshandelt. Manchmal habt ihr euch an die Seite von Leuten gestellt,
die so behandelt wurden. 34 Ihr habt sogar die Leiden von Gefangenen
geteilt. Wenn Leute euren Besitz geplündert haben, habt ihr es sogar
mit Freuden willkommen geheißen. Ihr wusstet ja, dass ihr etwas Bes-
seres besitzt, das für immer bleibt.

35 Werft eure Zuversicht nicht weg. Sie bringt eine große Belohnung
mit sich. 36 Ihr braucht aber Geduld. Wenn ihr getan habt, was Gott
will, werdet ihr das Verheißene erhalten.

37 Denn es dauert nur noch eine kurze Zeit,
dann wird der kommen, der kommen soll; er wird sich nicht verspäten.
38 Mein Gerechter aber wird durch Glauben leben.
Wenn er zurückweicht, wird sich meine Seele nicht an ihm freuen.

39 Wir gehören aber nicht zu denen, die zurückweichen, die zum
Untergang verdammt sind! Wir sind Leute des Glaubens und unser
Leben ist in Sicherheit.

Der Prophet sah, wie seine Welt um ihn herum zusammenbrach.

Er hatte zugesehen, gebetet und das Volk vor dem gewarnt, was passieren würde, wenn sie sich nicht von ihren bösen Wegen abkehren würden. Er hatte gehofft, dass zumindest einige auf ihn hören würden und dass die Nation als Ganze schrittweise dazu gebracht werden würde, zuzuhören und zu gehorchen. Er hatte gewartet, beobachtet und gehofft.

Und sich gefürchtet. Denn er wusste, was das Ergebnis sein könnte, wenn sie nicht umkehrten. Und er hatte recht. Nun kamen sie: ein großer Feind, erbittert und stark, schnell wie ein Leopard, bedrohlich wie Wölfe, über Widerstand lachend, alle hinwegfegend, die sich ihnen in den Weg stellten. Warum unternahm Gott nichts, um sie zu stoppen? Warum ließ er zu, dass solche bösen **Heiden** sich in der Welt durchsetzen konnten? Dass sie dabei ihre eigene militärische Macht anbeteten und ganze Nationen wie Fische in einem Netz fingen?

Der Prophet ist Habakuk, der sieht, wie die Babylonier durch den alten Nahen Osten zogen. Auf ihrem Weg lag das verletzliche Israel. Er erkannte, dass es kein Entkommen gab. Es schien, als hätte Gott dies so beschlossen. Er fand sich dann zu einem Dienst berufen, der sich von dem unterschied, was er als Prophet wohl erwartet hatte: Er rief die Leute auf zu warten, Gott weiterhin zu preisen, selbst wenn alles schieflief (Habakuk 3,17-18).

Mitten in dieser Lage hat er ein Wort, wie ein kleines Motto für diejenigen, die treu bleiben, die am Gott Israels festhalten, selbst als Israel als Nation im heidnischen Ansturm unterzugehen droht. Er kontrastiert die Treuen mit denen, die denken, sie könnten selbst klarkommen. „Schaut euch die Stolzen an“, sagt er. „Sie haben nicht den richtigen **Geist.** Doch der Gerechte wird aus Glauben leben.“

Dieser Spruch, den Paulus durch sein Zitat in Römer 1,17 und Galater 3,11 berühmt machte, taucht auch hier auf (Vers 38). Der Text war in der frühen Christenheit ganz offensichtlich ziemlich bekannt. Habakuk scheint gemeint zu haben: Wenn um einen herum alles auf den Kopf gestellt zu werden scheint, würde Gottes wahres Volk standhaft sein und durchhalten. Was zählte, war der **Glaube** – Gottes Treue zu ihnen und ihre antwortende Treue zu Gott (das Wort „Glaube“ kann im Hebräischen und im Griechischen auch „Treue“ bedeuten). Die Autoren des Neuen Testaments haben diesen Satz aus Habakuk vermutlich aufgegriffen, weil sie glaubten, dass die Zeit der Wirren für Israel, die mit der babylonischen Invasion begonnen hatte, sich bis in ihre eigenen Tage mehr oder weniger ungebrochen fortgesetzt hatte. Jetzt würde Gott mit dem Kommen des **Messias** endlich den Weg in das neue Zeitalter bahnen, das der Welt Erlösung, Rettung und Befreiung bringen würde.

Der Hebräerbrief greift auch den vorhergehenden Vers aus Habakuk auf (2,3): „Die Zeit wird mit Sicherheit kommen, sie wird sich nicht verspäten." Man sollte annehmen, dass ein zeitlicher Abstand von mehreren Hundert Jahren durchaus als „Verzögerung" zu werten ist; doch der Punkt hier in Hebräer 10,37 besteht darin, dass mit dem Kommen des Messias das verheerende Gericht einerseits und die Rettung aus ihm andererseits nicht weit weg sind. Wenn (was durchaus der Fall gewesen sein kann) der Verfasser während des furchtbaren Krieges zwischen den Juden und den Römern von 66 bis 70 n. Chr. noch gelebt hat, auf dessen Höhepunkt Jerusalem selbst zerstört wurde, dann hätte er meines Erachtens wohl gesagt: „Genau darüber habe ich geredet." Das Gericht über Jerusalem (das Zentrum, von dem die Verfolgung jener Juden ausgegangen war, die Jesus begeistert als Messias aufgenommen hatten, wie z. B. die Leser dieses Briefes) musste notwendigerweise von denen als Befreiung angesehen werden, die die in Vers 32-34 erwähnten Prüfungen durchgemacht hatten.

Diese Verse geben uns tatsächlich einen Hinweis auf die Situation, vor der die Leser standen; ein Hinweis, der hier so klar wie sonst fast nirgendwo im Brief formuliert wird. Sie hatten von Anfang an schreckliche Zeiten erlebt, genau wie die Christen in Apostelgeschichte 8 oder 1. Thessalonicher 2. Unter den Lesern dieses Briefes mögen tatsächlich einige der dort erwähnten Leute gewesen sein oder auch andere, die zu jener Zeit Christen geworden waren. Schließlich erzählt uns Paulus, dass er selbst ein Verfolger der Kirche gewesen war (Galater 1,13 und andernorts), und das war in den ganz frühen Tagen. Danach ist er dann selbst von anderen Juden verfolgt worden; er beschreibt das anschaulich in 2. Korinther 11. Wir müssen uns nicht weit umschauen, um (leider Gottes!) heutige Beispiele für dieselben Dinge zu finden. Wo immer ein Regime existiert, das absolute Macht beansprucht und den christlichen Glauben sowie das christliche Zeugnis als Bedrohung ansieht, werden Christen angegriffen werden. Wir sahen das im osteuropäischen Kommunismus in der Zeit des Kalten Krieges. Wir sehen es in der Situation in China und in vielen muslimischen Ländern. Viele christliche Leser wissen heute ganz genau wie es ist, wenn man öffentlich lächerlich gemacht und physisch misshandelt wird; wenn man denen beisteht, die dies erleiden; wenn man miterlebt, wie die eigenen Häuser geplündert werden und Polizei und Behörden zuschauen und nichts dagegen tun.

Der Verfasser besteht jedoch darauf, dass derartige schreckliche und angsteinflößende Momente als Zeichen der Hoffnung verstanden werden müssen – und dass sie, sagt er, von diesen ersten Christen auch so verstanden wurden! Die unerhörte **Gesetz**losigkeit beim Plündern der Häuser anderer Leute mit der offensichtlichen Billigung der Behörden verweist darauf: Obwohl wir noch im **gegenwärtigen** bösen **Zeitalter** leben, kommt doch schon ein neues Zeitalter, in dem Gott seinem Volk einen „besseren Besitz" geben wird (ein weiterer Gebrauch von „besser", eines Lieblingswortes im Hebräerbrief, wie wir sahen). Das führt uns auf das großartige Bild im nächsten Kapitel hin, in dem der Verfasser unsere Aufmerksamkeit auf die Art und Weise lenken wird, auf welche die Helden des alttestamentlichen Glaubens sich auf die neue Welt freuten, die Gott erschaffen würde und in der sie ihr wahres Erbe bekommen würden.

Wieder einmal kehrt also die Argumentation des Verfassers, die hier jetzt vor dem letzten Hauptteil des Briefes in den Kapiteln 11 und 12 abgerundet wird, zum Thema der zuversichtlichen Hoffnung und Geduld zurück. Die Schwierigkeiten, die ihr jetzt durchmacht, so sagt er, sind genau das, was ihr erwarten solltet, wenn man von der Tatsache ausgeht, dass das verheißene neue Zeitalter durch Jesus bereits in der gegenwärtigen Zeit angefangen hat – oder wenn man so will: dass Jesus uns vorausgegangen ist in Gottes zukünftige Welt und dass er um unsertwillen bereits dort ist – und dass wir daher nicht mehr im Einklang mit der gegenwärtigen Welt sind, weil wir im Einklang mit der zukünftigen sind. Sobald man das erkennt, hat man alle Motivation, am Glauben festzuhalten, nicht zu zögern und zu schwanken (Vers 39). Wer zögert oder zurückschreckt, steht in Gefahr, alles zu verlieren, wie schon der vorherige Abschnitt sagte. Wer am Glauben festhält, wird das Leben gewinnen, wie es Jesus selbst verheißen hatte.

Hebräer 11,1-6: Was Glaube wirklich bedeutet

*1 Was ist das also: Glaube? Er ist das, was unserer Hoffnung Gewiss-
heit gibt; er schenkt uns die Zuversicht über Dinge, die wir nicht sehen können. 2 Dafür waren die Männer und Frauen der alten Zeit berühmt. 3 Durch Glauben begreifen wir, dass die Welten durch Gottes
Wort gestaltet wurden; mit anderen Worten: dass die sichtbare Welt
nicht aus sichtbaren Dingen geschaffen wurde.*

*4 Durch Glauben brachte Abel Gott ein besseres Opfer dar als
Kain. Das hat ihm das Zeugnis eingetragen, dass er gerecht ist, weil
Gott dies selbst im Blick auf seine Gaben bezeugt. Durch Glauben
spricht er immer noch, auch wenn er tot ist. 5 Durch Glauben wurde
Henoch aufgenommen, sodass er den Tod nicht gesehen hat. Keiner
konnte ihn finden, weil Gott ihn aufgenommen hatte. Bevor er aufgenommen wurde, heißt es von ihm, dass „er Gott gefallen hat.“ 6 Ohne
Glauben ist es aber unmöglich, Gott zu gefallen. Alle, die ihn anbeten
wollen, müssen doch zuerst glauben, dass er existiert und dass er alle
belohnen wird, die ihn suchen.*

Ich hatte gedacht, wir wären alleine an dem Berghang. Auf unserer Wanderung war es zum Teil diesig gewesen, zum Teil hatten uns heftige Regenschauer ins Gesicht geschlagen. Wir waren jedoch weitergegangen, wohl wissend, dass noch schwierigere Kletterpartien auf uns warteten (ein schwieriger Felsvorsprung, der zu dieser Jahreszeit wahrscheinlich vereist war). Doch wir hofften, dass wir es schaffen würden.

Wir kamen auf einer kleinen Hochebene an und in dem Moment klarte der Himmel kurz auf. Als wir uns umschauten, sahen wir eine recht große Wandergruppe in einiger Entfernung vor uns. Sie mussten mindestens ein paar Stunden länger als wir unterwegs gewesen sein, denn sie waren bereits an der schwierigen Stelle angekommen und schienen sie erfolgreich passiert zu haben. Die letzten in der Reihe befanden sich tatsächlich nah an der Spitze des Felsvorsprungs. Ihre roten Jacken setzen sich deutlich vom Schnee und Eis ab.

Ich nahm das Fernglas und schaute mir das näher an. Licht funkelte von der Stelle, an der sich die Kletterer befanden. Natürlich, das waren Eispickel. Sie hatten gemerkt, dass sie die brauchten, um den Felsvorsprung zu überwinden. Gut, dass wir unsere auch eingepackt hatten. Als wir jetzt die anderen sahen, wussten wir, was auf uns zukam und was wir brauchten, um damit fertigzuwerden – und wir wussten, dass man es schaffen konnte. Sie schienen es zu genießen – besonders die, die bereits über den Felsvorsprung hinaus waren.

Der Hebräerbrief hat nun ein Hochplateau erreicht, von wo aus man eine hervorragende Aussicht auf diejenigen hat, die vorausgegangen sind. Wenn wir sie uns als Leser anschauen, können wir entdecken, was vor uns liegt, womit wir fertigwerden müssen. Wir entdecken auch die Tatsache, dass es ein großes Willkommen geben wird, wenn wir selbst dort ankommen. Der Eispickel, den wir auf der vor uns liegenden Reise brauchen werden, ist der **Glaube**; die Reise wird uns bis in die himmlische Stadt führen, ins neue Jerusalem; und die große Gruppe, die uns vorausgegangen ist, ist die lange Liste der Helden und Heldinnen des Glaubens, wie sie im Alten Testament und in den späteren jüdischen Schriften dargestellt werden.

Hebräer 11 bietet daher zwei Dinge, die zusammengehören: eine Beschreibung des „Glaubens" als solchem, des Wichtigsten, was die Leser brauchen werden (was der Brief ja nun schon mehrfach gesagt hat), und eine kurze Geschichte des Volkes Gottes, insbesondere der Schlüsselfiguren der Frühzeit, und aus jener Zeit wiederum Abraham und Mose. Die Geschichte geht dann im nächsten Kapitel weiter bis in die Zeit des Verfassers hinein: Sie erreicht ihren Höhepunkt mit Jesus in 12,2 und bittet die Leser dann eindringlich, selbst in dieser Geschichte zu leben (12,4-17), bevor sie verkündet, was das Ziel der Reise ist (12,18-24) und was am Ende geschehen wird (12,25-29). Kapitel 11 und 12 zusammengenommen erzählen also die Geschichte von der Schöpfung (11,3) bis zur neuen Schöpfung (12,28), vom **Bund** (11,8-29) zum neuen Bund (12,24). Diese Geschichte bleibt durchgängig die Geschichte des Glaubens.

Der Glaube wird im Hebräerbrief immer ganz eng mit der Hoffnung verbunden. Der Glaube schaut auf Gott und vertraut ihm im Hinblick auf alle Dinge, während die Hoffnung in die Zukunft schaut und Gott im Hinblick auf diese vertraut. Wir sehen in Vers 1, dass der Hebräerbrief den Glauben in der Tat in Beziehung zur Hoffnung definiert: Hoffnung zu haben ist das eine, aber wenn die Hoffnung auf Glauben beruht, entsteht Gewissheit. Ich mag auf eine bessere Welt hoffen, auf ein neues körperliches **Leben** nach dem Tod; doch wenn ich nicht an den Gott glaube, der Jesus auferweckte, könnte meine Hoffnung nichts weiter als grundloser Optimismus sein. Ich mag das unbestimmte Gefühl haben, dass es um mich herum unsichtbare Wirklichkeiten gibt, vielleicht sogar irgendeine Art von persönlicher Kraft zum Guten, mit der ich in irgendeiner Art von Beziehung stehen sollte; doch wenn ich nicht an den Gott glaube, den wir in Jesus kennen, wird dieses Gefühl für unsichtbare Dinge wenig Überzeugungskraft haben. Gewissheit und Überzeugungskraft waren auf bemerkenswerte Weise in den Menschen des Glaubens offenkundig, die im Rest des Kapitels aufgelistet werden. Die Verse 1 und 2 bieten daher eine doppelte Einleitung in das doppelte Thema, das jetzt entfaltet wird.

Bevor wir uns jedoch mit der Liste befassen, nimmt uns der Hebräerbrief mit zurück zum Anfang, zur Schöpfung als solcher. Gott sprach und Dinge traten ins Leben, so sagen es Texte wie 1. Mose 1 und Psalm 33,6.9. Vorher existierte nichts; die Schöpfung kam durch Gottes **Wort** zum Leben. (Die zweite Hälfte von Vers 3 ist schwierig zu übersetzen. Einige meinen, sie bedeute, dass die Dinge, die man sehen *kann*, aus Dingen hervorgingen, die man *nicht* sehen kann; mit anderen Worten: dass Gott bei der Schöpfung unsichtbare Dinge sichtbar machte, anstatt dass er alles aus absolut nichts erschuf. Ich bevorzuge es so, wie ich es oben übersetzt habe.) Man braucht Glauben, um das zu erkennen: Glauben an Gott, den Schöpfer, der die Grundlage allen jüdischen und christlichen Glaubens ist. Dieser Glaube liegt allen jüdischen und christlichen Überzeugungen zugrunde, sowohl hinsichtlich des Gerichts (Gott ist der Schöpfer, daher übernimmt er die Verantwortung dafür, die Welt wieder ins Lot zu bringen) als auch hinsichtlich der **Auferstehung** (Gott liebt die physische Welt, die er erschaffen hat, und beabsichtigt daher, Menschen neu zu erschaffen, und zwar physisch noch herrlicher, als sie es momentan sind).

Das ist genug tiefe Theologie für den Augenblick, so können wir den Verfasser beinahe sagen hören, während er von einer Diskussion Abstand nimmt, die ansonsten sehr komplex geworden wäre. Lassen Sie uns nun einige Charaktere auf die Bühne bringen und schauen, was sie machen. Die ersten beiden, die er aus 1. Mose 4 und 5 aufruft, sind Abel, das erste Mordopfer, und Henoch, die erste Person (neben Elia), die direkt in den Himmel aufgenommen wurde, ohne den üblichen Tod zu erleben. Beide sind auf den ersten Blick allerdings rätselhaft.

Abel und sein Bruder Kain hatten laut 1. Mose 4,3-4 beide dem Herrn **Opfer** dargebracht. Doch während der Text erklärt, dass Abel einige der wertvollsten Lämmer mitbrachte, die er besaß, heißt es schlicht, dass Kain etwas vom Ertrag des Feldes mitbrachte. Als die Opfer also dargebracht wurden, entpuppte sich das von Abel als besser im Vergleich zu dem von Kain und Gott nahm Ersteres an – was Kains Zorn erregte und seinen Mord an Abel auslöste. Doch der Punkt hier lautet (das wird im Verlaufe des Kapitels deutlich), dass Gott Abel annahm und dass er dessen Glauben durch den Tod hindurch und auf der anderen Seite belohnen wird. Obwohl er tot ist, ist der Bericht von seinem Glauben immer noch ein kraftvolles Zeugnis für uns zu einer so viel späteren Zeit.

Henoch wurde in den jüdischen Schriften der letzten Jahrhunderte vor Jesus zu einer beliebten Gestalt und auch noch einige Zeit danach. Dass er auf seltsame Weise offenbar dem Tod entkommen war, schien ihm eine spezielle Aura und einen Zauber verliehen zu haben. Es wurden Bücher geschrieben, die angeblich von ihm stammten und in denen Ereignisse „prophezeit“ wurden, die viele Jahrhunderte nach ihm geschahen (mit anderen Worten: zur Zeit der tatsächlichen Verfasser). Doch der Hebräerbrief wendet sich von solchen Spekulationen ab und besteht einfach auf dem, was 1. Mose 5,24 über Henoch sagt (vielleicht verstärkt durch Weisheit 4,10): Er „gefiel Gott". Eine solche kraftvolle Aussage würde jedem Menschen zur Ehre gereichen, doch unser Autor verankert sie wiederum einfach in dem Punkt, auf dem er bestehen will: Ohne **Glauben** kann man Gott nicht im Entferntesten gefallen. Wir sagten es bereits: Man mag ein unbestimmtes Gefühl haben, dass es ein höchstes göttliches Wesen gibt; man mag sogar den Verdacht haben, dass dieses Wesen möchte, dass die Menschen nach ihm suchen. Doch wenn man keinen Glauben hat, wenn man nicht wirklich glaubt, dass Gott existiert und dass er tatsächlich will, dass die Menschen ihn suchen, und dass er sie großzügig belohnt, wenn sie es tun, kann man ihn auch nicht im Entferntesten anbeten.

Das bringt uns zur Hauptliste der Glaubenshelden und -heldinnen, die den Rest des Kapitels einnimmt. Wir werden jedoch bereits von dem Glauben herausgefordert, der auf die Schöpfung schaut und den Schöpfer feiert; der auf den Tod schaut und die Verheißung des neuen Lebens jenseits des Todes sieht; der Gott ins Angesicht schaut, ihm vertraut und auf dieses Vertrauen ein Leben aufbaut, das Gott ehrt und ihm gefällt.

Hebräer 11,7-12: Glaube und die Zukunft: Noah, Abraham, Sarah

7 Durch Glauben nahm Noah, als er gewarnt wurde im Blick auf Dinge, die man noch nicht sehen konnte, diese Warnung ernst und baute die Arche. So rettete er seine Familie. Er hat damit dem Rest der Welt das Urteil gesprochen und hat selbst den Status ererbt, gerecht zu sein, wie es dem Glauben entspricht.

8 Durch Glauben war Abraham gehorsam, als Gott ihn rief; er verließ den Ort, an dem er wohnte, um ein Erbe zu empfangen. Er ging
los, ohne zu wissen, wohin.
9 Durch Glauben blieb er als Fremder im verheißenen Land. Er lebte mit Jakob und Isaak, die Miterben dersel-

ben Verheißung waren, in Zelten, [10] *denn er schaute vorwärts auf die Stadt, die ein festes Fundament hat, deren Architekt und Baumeister Gott selbst ist.*

[11] *Durch Glauben empfing auch Sarah, die unfruchtbar war, die Kraft, ein Kind zu empfangen, auch wenn sie das Alter dafür längst hinter sich gelassen hatte. Sie hielt nämlich Gott, der diese Verheißung gegeben hatte, für vertrauenswürdig.* [12] *Auf diese Weise entstammt von einem Mann, der schon mehr oder weniger tot war, eine Familie, die so zahlreich ist wie die Sterne am Himmel, so unzählbar wie der Sand am Meeresstrand.*

„Der gestirnte Himmel über mir" war eine der beiden zentralen Tatsachen, auf die der große Philosoph Immanuel Kant sein Gottesverständnis gründete. (Die andere war „das moralische **Gesetz** in mir".) Seit den frühesten Zeiten, von denen wir Aufzeichnungen haben, haben Menschen den Nachthimmel bestaunt und über die Geheimnisse des Universums sinniert. Natürlich wurden erstaunlich unterschiedliche Schlussfolgerungen aus dem gezogen, was man sah. Viele ältere Denker stellten sich vor, der Nachthimmel sei ein Dom voller Löcher, durch welche das Licht hindurchstrahlen kann. Eine radikale Veränderung war nötig, um die vermeintlichen Löcher als einzelne und sehr unterschiedliche, eigenständige Lichtquellen anzusehen. Gerade letzte Woche noch erklärte ein Zeitungsartikel, dass die Milchstraße viel größer sei als bisher gedacht. Einige Astronomen schauen zum Himmel und denken an Gott, Unendlichkeit und Geheimnisse, die weit über unsere Vorstellungskraft hinausgehen. Andere sehen primitive Kräfte, die Energie und schwarze Löcher.

In der Bibel – in der Tat in Psalm 8, den der Hebräerbrief in Kapitel 2 ausgiebig benutzt hat – wird der Sternenhimmel manchmal als Sprungbrett für Erstaunen und Kontemplation verwendet. Am bekanntesten ist jedoch vielleicht die Verheißung in 1. Mose 15,5, die in 22,17 wiederholt wird und den Sternenhimmel mit der parallelen Verheißung aus 13,16 verbindet: Abrahams Familie wird so zahlreich sein wie die Sterne am Himmel oder wie Sandkörner am Meeresstrand. Mit andern Worten: Sie wird unzählbar sein. Die Bibel verbringt nicht viel Zeit mit dem Versuch, auf der Grundlage der außergewöhnlichen Welt, in der wir leben, Gottes Existenz zu beweisen, auch wenn sie zugesteht, dass die Schöpfung ein unausgesprochenes Zeugnis für ihren Schöpfer ablegt. Es ist viel wichtiger, die Verheißung zu hören, die dieser Schöpfer seinem Volk gegeben hat, eine Verheißung, die mit Illustrationen aus der Welt der Natur untermauert wird, in der das Wunder und die Kraft der Schöpfung gegenwärtig sind. Dieses Schöpfungswirken ist sozusagen die Bestätigung, dass dieser Gott in der Lage ist auszuführen, was er verheißen hat.

Der **Glaube** von Abraham und Sarah, der in diesem Abschnitt gefeiert wird, ist der Glaube, dass der Schöpfergott auch der **Bundesgott** ist; dass die konkreten Verheißungen, die er dieser einen Familie gegeben hat zu einem Zeitpunkt, als die Erfüllung der Verheißungen schlicht und einfach unmöglich erschien, von der Kraft untermauert waren, welche die Welt erschaffen hatte. Die Verse 1-6 stehen daher hinter den Versen 8-12 und füllen die Vorstellung vom Glauben, um den sich dieses ganze Kapitel dreht, mit Inhalt. Es geht nicht nur darum, dass Abraham und Sarah dachten, sie hätten ein seltsames Wesen zu ihnen sprechen gehört, und dass sie sich entschieden hatten, ihm zu glauben. Es geht vielmehr darum, dass der Gott, den sie kennenlernten, der Schöpfergott war, der absolut Vertrauenswürdige, derjenige, der **Leben** schenken konnte, wo es keines gab (Verse 11 und 12). Das wird im nächsten Abschnitt weiter entfaltet.

Wenn wir von den Versen über Sarah weiter zurückgehen, finden wir die Landverheißung an Abraham. Sarah war berufen zu glauben, dass Gott ihr ein Kind schenken würde, obwohl sie schon älter und unfruchtbar war. Genauso war Abraham berufen zu glauben, dass Gott ihm ein Heimatland schenken würde, obwohl er ein umherziehender Fremder war, ein Nomade ohne festen Wohnsitz. Und obwohl Abraham und Sarah tatsächlich einen Sohn bekamen, kamen sie selbst nie in den Besitz des von Gott verheißenen Landes. Sie hatten nur die

Höhle, die Abraham als Grabstätte kaufte. Ansonsten lebten sie von Gottes Verheißung.

Das ist natürlich das, was der Hebräerbrief seinen Lesern beibringen will. „Glaube" ist hier keine unbestimmte religiöse Lebenshaltung. Es geht nicht darum, schlicht an schwierige oder unmögliche Dinge um des Glaubens willen zu glauben, als sei schlichte Gutgläubigkeit ein Wert an sich. Der Glaube, der zur Debatte steht, so wird im Verlauf des Kapitels zunehmend deutlich, ist der Glaube, der die Verheißung Gottes hört und ihr glaubt – also der Glaube an das verlässliche **Wort** vom Schöpfer der Welt, der auch der Erlöser der Welt ist, und der Glaube, dass dieser Schöpfergott durch die seltsamen Geschicke der Familie Abrahams hindurch am Werk ist, um ... die kommende Stadt zu bauen.

Diese Stadt, die hier in Vers 10 erstmals erwähnt wird, taucht plötzlich als ein Hauptthema dieser verbleibenden Kapitel des Briefes auf. Sie ist hier und in Vers 16 der Brennpunkt der Landverheißung; in 12,22 ist sie das himmlische Jerusalem; in 13,14 ist sie die zukünftige Stadt im Gegensatz zu jeder anderen Stadt, der man hier auf Erden loyal sein mag, vielleicht insbesondere im Gegensatz zum irdischen Jerusalem. Worum genau geht es dem Verfasser?

Jerusalem war natürlich die Heilige Stadt, Davids alte Hauptstadt, das Zentrum des verheißenen Landes. Aber in einigen alten jüdischen Schriften, die mit dem Neuen Testament ungefähr zeitgenössisch sind, gab es Hinweise auf eine tiefere Wirklichkeit, auf die Glaubensüberzeugung, dass Gott ein „wahres" oder himmlisches Jerusalem eingerichtet hatte, das für den Tag bereitstand, an dem **Himmel** und Erde neu gemacht werden würden (oder wie sich dieser Brief ausdrückt: an dem Himmel und Erde „erschüttert" werden würden, damit das Unerschütterliche bleibt). Das wird in der großartigen Beschreibung des neuen Jerusalem in Offenbarung 21 und 22 aufgegriffen und ein Teil derselben Vorstellung wird hier vorausgesetzt.

Das Prinzip scheint dasselbe zu sein wie das, was wir im ersten Teil von Kapitel 9 sahen. Gott verhieß Abraham das Land und die krönende Herrlichkeit des Landes war Jerusalem, wo der Tempel gebaut werden würde. In vergleichbarer Weise hatten auch alle Verheißungen insgesamt ein erstes und ein endgültiges Stadium. Das erste Stadium war die gesamte Geschichte Israels von Abraham bis zum **Messias**; das zweite Stadium würde die Aufrichtung der endgültigen Stadt Gottes sein, das ultimative Meisterwerk des Schöpfers.

Die Betonung des Glaubens Abrahams und der Verweis auf die Verheißung mit den Sternen am Himmel führen uns wie gesagt zu 1. Mose 15 zurück. In Vers 6 jenes Kapitels finden wir den Vers, den Paulus durch seine Verwendung im Römer- und im Galaterbrief berühmt gemacht hat: „Abraham glaubte an Gott und das wurde ihm als Gerechtigkeit angerechnet." Paulus verbindet das mit Habakuk 2,4: „Der Gerechte wird aus Glauben leben", einen Vers, den der Hebräerbrief gerade zitiert hat (10,38). Wir sollten daher nicht überrascht sein, wenn der Hebräerbrief in diesem Abschnitt eine ganz ähnliche Sprache verwendet, auch wenn wir überrascht sein könnten, wenn wir feststellen, dass im Unterschied zu Paulus das Subjekt hier Noah ist (Vers 7).

Noah glaubte an Gottes Verheißung und Warnung vor dem, was in der Zukunft geschehen würde. Indem er etwas unternahm auf der Grundlage dessen, was Gott ihm gesagt hatte, zeigte er, dass er dieselbe Art Glauben hatte wie Abel oder Henoch einerseits sowie Abraham und Sarah andererseits. Damit setzte er den Rest der Welt ins Unrecht und wurde zum Erben des gerechten Status oder der gerechten Stellung, die zum Glauben gehört. Der Glaube ist nicht nur, so ergibt sich nun, die Gewissheit über unsichtbare Wirklichkeiten und das Rückgrat der Hoffnung, wie in Vers 1. Er ist nicht nur die Glaubensüberzeugung, dass Gott existiert und diejenigen belohnt, die ihn suchen, wie in Vers 6. Der Glaube ist auch das Merkmal, das Menschen bereits als Mitglieder des wahren Volkes Gottes kennzeichnet. Gerade weil dieser Glaube auch Hoffnung ist, ist noch nicht öffentlich sichtbar, dass sie solche Mitglieder und Erben der Verheißungen Gottes sind. Der Glaube macht es möglich, dass diese Stellung, diese

„Gerechtigkeit“ in der Gegenwart bestätigt wird. Der Hebräerbrief stimmt daher mehr oder weniger genau dem zu, was Paulus „Rechtfertigung aus Glauben“ nennt, eine der kraftvollsten, ermutigendsten und tröstlichsten Lehren des Neuen Testaments.

Hebräer 11,13-22: Ein Glaube, der über den Tod hinausschaut

13 *All diese Leute starben im Glauben. Sie hatten die Erfüllung der*
Verheißung nicht erlebt. Aus weiter Ferne aber haben sie sie gesehen
und begrüßt und bekannt, dass sie Fremde und Reisende in einem fer-
nen Land waren. 14 *Wer so redet, bringt damit zum Ausdruck, dass er*
nach seiner Heimat sucht. 15 *Hätten sie dabei an den Ort gedacht, von*
dem sie losgezogen sind, dann hätten sie jederzeit dorthin zurückkeh-
ren können. 16 *Ihre Sehnsucht richtete sich jedoch auf einen besseren*
Ort, einen himmlischen Ort. Deshalb schämt sich Gott nicht, „ihr
Gott“ genannt zu werden, weil er für sie eine Stadt vorbereitet hat.

17 *Durch den Glauben opferte Abraham Isaak, als er auf die Probe*
gestellt wurde. Ja, Abraham, der die Verheißung empfangen hatte, war
wirklich drauf und dran, seinen einzigen Sohn zu opfern, 18 *über den*
ihm gesagt worden war: „Nach Isaak soll dein Geschlecht genannt
werden.“ 19 *Er war überzeugt, dass Gott ihn sogar von den Toten wie-*
der auferwecken konnte; und er empfing ihn auch gewissermaßen von
dort zurück.

20 *Durch Glauben segnete Isaak Jakob und Esau im Hinblick auf*
das Kommende. 21 *Durch Glauben segnete Jakob sterbend die bei-*
den Söhne Josephs und „betete an, auf seinen Stab gestützt“. 22 *Durch*
Glauben sprach Joseph über den Auszug der Kinder Israels, als es
mit ihm zu Ende ging, und erteilte Anweisungen im Blick auf seine
eigenen Gebeine.

„Papa, gehst du bitte mal etwas voraus?"

Sie gingen an einem Samstagmorgen ins Stadtzentrum. Warum würde eine 14-jährige Tochter ihren Vater bitten, etwas vorauszugehen und nicht neben ihr, wie er es früher getan hatte?

Er gehorchte, ohne Einsprüche zu erheben. (Das ist immer am besten.) Sie gingen weiter, in einigem Abstand zueinander. Nach ein paar Minuten holte sie ihn wieder ein und schloss sich ihm wieder an. Dann kam es heraus: Einige Leute, die sie von der Schule kannte, waren auf der anderen Straßenseite auf sie zugekommen. Diese Leute sollten nicht denken, dass sie etwas so Langweiliges und Altmodisches, etwas so unerträglich Uncooles machen und neben einem Mann in den mittleren Jahren in die Stadt gehen würde, und sei er auch ihr Vater. Später machte sie das großzügig wieder gut. Doch für einen Moment hatte sie sich geschämt, für sein Kind gehalten zu werden. Ich erinnere mich, etwas Ähnliches erlebt zu haben, als unser Auto beim Schulfest die einzige Rostbeule auf dem ganzen Parkplatz war und unser Sohn einen Witz darüber reißen musste, um die Scham erträglich zu machen, dass er Eltern hatte, die sich kein schickes neues Auto leisten konnten wie alle anderen.

Oft ist die Sachlage natürlich genau umgekehrt. Vielmals sind es die Eltern, die meinen, sie müssten vor Scham sterben, wenn ihre Freunde sie zu Hause besuchen und im Wohnzimmer auf einen halb angezogenen Teenager treffen, der in einem Sessel hängt, laute Musik hört und Cola trinkt. Oftmals zitiert die Schule auch Eltern zum Gespräch und treibt ihnen die Schamesröte ins Gesicht mit Geschichten von dem, was ihre Sprösslinge so angestellt haben. Dann braucht man großen Mut und auch Liebe, um zu dem Kind zu stehen und sich nicht zu schämen, als „seine" Eltern bekannt zu sein.

All dies macht es umso auffälliger, dass der Hebräerbrief in Vers 16 erklärt, dass sich Gott nicht schämt, „ihr Gott" genannt zu werden. Wer sind „sie"? Antwort: Abraham, Sarah und die anderen, die ihre Reise fortgesetzt, nach Gottes Verheißung gesucht, ihre Erfüllung aber zu ihren Lebzeiten nie erlebt hatten. Von der Vorstellung, dass

Gott irgendwie auf besondere Weise mit seinem erwählten Volk verbunden ist, nämlich in einem innigen **Bund**, sprach Jeremia in der Passage vom „neuen Bund", die in Hebräer 8,8-12 zitiert wurde, wobei der Fokus hier insbesondere auf 8,10 liegt, auf dem Zitat aus Jeremia 31,33: „Ich werde *ihr* Gott sein und sie werden mein Volk sein." Gott schämt sich nicht dafür, mit seiner seltsamen kleinen nomadischen Familie in Verbindung gebracht zu werden, in ihrer Gesellschaft gesehen zu werden und als „ihr Gott" bekannt zu sein. Er liebt sie; er hat sie berufen; sie glauben an ihn. Sie vertrauen ihm. Sie nehmen ihn beim Wort, leben von seiner Verheißung, vertrauen ihm selbst über den Tod hinaus.

Der Hebräerbrief macht also dieselbe Art von Schachzug in Bezug auf den **Glauben** der Erzväter und -mütter wie er ihn vorher in Bezug auf die großen Schriftauslegungen gemacht hat. Als er Psalm 95, Psalm 110 und Jeremia 31 behandelte, stellte er heraus, dass das Alte Testament über sich hinaus weist. Wenn man zu den Heiligen Schriften des Judentums zurückgeht, argumentiert der Hebräerbrief, wird man feststellen, dass sie auf etwas Zukünftiges verweisen, etwas, von dem das Judentum jener Zeit wusste, dass es nicht in ihm selbst steckte. Im vorliegenden Textabschnitt zeigt der Brief nun, dass die Patriarchen nicht nur auf der Suche nach einem Heimatland gewesen sein müssen, sondern nach etwas Zukünftigem, das über das gegenwärtige Leben hinausgeht. Sie waren nicht zufrieden mit dem Gedanken, dass ihre Nachkommen das Land erben würden. Sie suchten nach einem Erbe, an dem sie auch selbst Anteil haben würden.

Und der Punkt ist, dass Gott ihnen ein solches Erbe bereitet hat. Wir bemerkten im vorhergehenden Textabschnitt, dass der Verfasser die Vorstellung von der „Stadt Gottes" eingeführt hatte, vom ultimativen Wohnort, im Vergleich zu dem die Landverheißung nur ein Hinweisschild ist. Doch was ist diese Stadt und wo ist sie zu finden?

An dieser Stelle waren viele Leser mit der Aussage zufrieden, die Stadt sei im **Himmel** und dies sei ein Ausdruck für den Ort, an den Gottes Leute in einem einzigen einfachen Schritt nach dem Tod gehen würden. Der Hebräerbrief sagt nicht viel zu seiner Sicht von der Bestimmung des Gottesvolks nach dem Tod. Er spricht beispielsweise nicht genau aus, was Paulus klarstellt, nämlich dass die endgültige **Auferstehung** ein zukünftiges Stadium nach dem „**Leben** nach dem Tod" ist, eine neue Verkörperung nach einer Zeit ohne Körper (außer für die, die bei der Wiederkunft des Herrn noch leben). Er macht auch nicht klar, worauf die Offenbarung mit ihrem Bild vom „himmlischen Jerusalem" besteht, nämlich dass diese neue Stadt zum Schluss vom Himmel zur Erde kommen wird, und zwar als Teil des Gesamtprojektes Gottes, das in der Neuschöpfung und damit in der Wiedervereinigung des gesamten Kosmos besteht. Doch die Betonung der Auferstehung, die in den Versen 17 und 18 beginnt, in Vers 35 weitergeht und den Schlüsselpassagen hinzugefügt ist, die wir gegen Ende von Kapitel 12 untersuchen werden, lassen mich dem Gedanken zugeneigt sein, dass der Verfasser ähnliche Vorstellungen im Sinn hat. Er macht zumindest klar, dass bis zum Kommen des **Messias** keiner der Männer und Frauen des Glaubens aus den vergangenen Zeiten „vollkommen gemacht" werden konnte, dass bis dahin also ihre Hoffnungen noch nicht zur Erfüllung gekommen waren. Sogar nach dem Tod waren sie noch im Wartestand. Nachdem sie die Hoffnung aus so großer Ferne bereits begrüßt hatten, waren sie damit zufrieden, dem Tod ins Gesicht zu sehen und weiterhin zu glauben. Kein Wunder, dass Gott sich nicht schämt, „ihr Gott" genannt zu werden. Sie nehmen ihn ernst als Schöpfer, als Lebensspender, als denjenigen, der die Toten auferwecken kann und wird.

Das erklärt, warum der Autor in den Versen 17-19 als Teil der Geschichte Abrahams mit dem berühmten Kapitel fortfährt (1. Mose 22), in dem Abraham mit der Bitte auf die Probe gestellt wird, Isaak zu **opfern**, den Sohn, von dem die Verheißung gesprochen hatte (1. Mose 21,12, zitiert in Vers 18). Diese Story war für verschiedene jüdische Denker wichtig, die die geheimnisvolle Herausforderung untersuchten, die Gott Abraham stellte – ein Test, ob Abraham zu mehr oder weniger blindem Gehorsam bereit wäre.

Nur schon ein kurzer Gedanke daran, was dieser Vorfall für Abraham beinhaltete, ganz zu schweigen von Isaak und ohne Sarah zu Hause zu vergessen, offenbart das erstaunliche Glaubensniveau, das Gott verlangte. Und obwohl die geplante Opferung in letzter Sekunde abgebrochen wurde, als Gott erkannte, dass Abraham wirklich glaubte und wirklich gehorsam war, bekam Abraham Isaak in gewisser Weise von den Toten zurück, sagt der Autor. Abraham hatte vom Herzen und vom Verstand her Isaak bereits Gott überlassen; nun gewann er ihn erneut zurück. Diese Deutung der Geschichte wird dann mit der kurzen Erwähnung von Jakob und Joseph angereichert. Auch sie schauten über ihren Tod hinaus auf eine zukünftige Erfüllung, die nicht nur darin bestand, dass ihre Nachkommen das Land erben würden, sondern dass auch sie selbst in Gottes letztendlichen Absichten eine Rolle spielen würden.

Das Bild vom Glauben wird somit nach und nach aus verschiedenen Blickwinkeln angereichert, während das Kapitel der Geschichte von den Anfängen Israels folgt. Das bleibt auch für uns eine beständige Herausforderung, die wir das Kapitel heute lesen. Werden wir Gott weiterhin in Bezug auf seine Verheißungen vertrauen, auch wenn es wenig Anzeichen gibt, dass sie sich zu unseren eigenen Lebzeiten erfüllen werden? Haben wir das Wesen der „himmlischen Stadt" durchdacht und wirklich begriffen – eine Stadt, die uns verheißen ist und im Vergleich zu der alle irdischen Städte bestenfalls weit entfernte Hinweisschilder sind?

Hebräer 11,23-31: Glaube und Zukunft: Mose und der Exodus

23 *Durch Glauben wurde Mose nach seiner Geburt drei Monate von*
seinen Eltern versteckt gehalten. Sie sahen, dass das Kind schön ist,
und hatten keine Angst vor den Befehlen des Königs. 24 *Durch Glau-*

ben lehnte es Mose ab, Sohn der Tochter Pharaos genannt zu werden, als er erwachsen wurde [25] *und litt lieber zusammen mit Gottes Volk als die kurzlebigen Freuden der Sünde zu genießen.* [26] *In seinen Augen war es mehr wert, Schande für den Messias zu tragen, als alle Schätze Ägyptens. Er richtete seinen Blick vorwärts auf die Belohnung.*

[27] *Durch Glauben verließ er Ägypten, ohne den Zorn des Pharao zu fürchten. Er hatte den Unsichtbaren immer vor Augen.* [28] *Durch Glauben hielt er das Passahfest und die Besprengung mit Blut, sodass der Verderber der Erstgeborenen sie nicht antasten konnte.* [29] *Durch Glauben durchquerten sie das Rote Meer, als ob sie über trockenen Boden liefen, während die Ägypter ertranken, als sie dasselbe versuchten.* [30] *Durch Glauben fielen die Mauern Jerichos in sich zusammen, nachdem sie sie sieben Tage lang umkreist hatten.* [31] *Durch Glauben wurde die Prostituierte Rahab nicht mit den anderen zusammen vernichtet, die nicht glaubten. Sie hatte die Kundschafter friedlich willkommen geheißen.*

Der junge Mann kam aus einer sehr wohlhabenden Familie. Sein Vater war in der Stadt sehr angesehen. Jeder erwartete, dass der Sohn denselben beruflichen Werdegang einschlagen und wie der Vater Reichtum und hohes Ansehen gewinnen würde.

Der Sohn wollte damit aber nichts zu tun haben. Er war voller Leidenschaft für Gott und Liebe für die Armen – in den Augen anderer hatte er eine Art religiösen Wahn. Jedenfalls ließ er alles hinter sich, legte im wörtlichen Sinne seine elegante Kleidung ab und ging nackt von seinem Vater weg, der ihm schwere Vorwürfe machte. Dann zog er einfache Kleidung an und widmete sein Leben dem Gebet und der Predigt.

Der Mann ist natürlich Franz von Assisi, dessen Berufung viele andere inspirierte, es ihm gleichzutun. Innerhalb von zehn Jahren wurde seine Bewegung erstaunlicherweise nicht nur ein „Orden“, sondern wurde auch in verschiedene Provinzen eingeteilt. Franziskus starb innerhalb von zwanzig Jahren nach seiner ursprünglichen Berufung, alles zu verlassen und Jesus zu folgen. Zu dem Zeitpunkt gab es bereits Ableger seines Ordens in den meisten Ländern Europas.

Das Bild vom reichen jungen Mann, der sich entscheidet, das Leben eines sorglosen Reichen aufzugeben und sich Gott in den Dienst zu stellen – nicht zuletzt in der Fürsorge für die Armen und Unterdrückten – erinnert stark an die Geschichte von Mose, insbesondere wie sie in diesem Text nacherzählt wird. Die ersten Kapitel des 2. Buchs Mose berichten, dass Mose geboren wurde, als die Kinder Israels in Ägypten versklavt waren. Seine Eltern retteten ihn vor dem Erlass des Pharaos, demzufolge alle männlichen israelitischen Kinder getötet werden sollten. Das allein war bereits ein Akt des **Glaubens**: dem mächtigen heidnischen König zu trotzen in der Hoffnung, dem Volk Gottes eine Zukunft zu sichern. Dann kommt der Moment, den vielleicht sogar Franziskus selbst als Vorlage genommen haben könnte: Als Adoptivsohn der Tochter des Pharao wuchs Mose am königlichen Hof auf, aber er wusste offensichtlich, woher er stammte, da er sein privilegiertes Leben aufgab und sich daranmachte, die Israeliten von ihren unterdrückerischen Aufsehern zu befreien. Zunächst packte er das auf die falsche Weise an (siehe 2. Mose 2,11-15), aber letztlich wurde ihm von Gott eine Führungsrolle gegeben, in der er den Pharao konfrontierte. Der Hebräerbrief versteht das interessanterweise im Sinne einer impliziten Loyalität gegenüber dem **Messias** (Vers 26): Gottes langfristigen Plänen entsprechend schaute Mose auf den Moment voraus, in dem der wahre König kommen würde, derjenige, durch den Israel und die Welt letztlich von aller Sklaverei befreit werden würde. Mose handelte daher wie Abraham und all die anderen aufgrund der Art von Glauben, den der Hebräerbrief in diesem ganzen Kapitel hervorhebt: der Glaube an Gott, der in die Zukunft schaut und weiß, dass Gott etwas geplant hat, das besser ist als alles, was wir selbst bewerkstelligen können.

Damit kommen wir in der großartigen Gründungsgeschichte Israels zu dem gewaltigen Moment des **Exodus**. Ägypten war von den Plagen verwüstet worden und erlaubte den Israeliten endlich, das Land zu verlassen. Das war wiederum ein großartiger Akt des Glaubens von Mose. Der Pharao war wütend, die Armee verfolgte sie, aber der unsichtbare Gott (wir erinnern uns an Vers 1) stand Mose vor Augen. Im Glauben führte er das Volk in die Freiheit.

Die Nacht, in der sie das Land verließen, war die Nacht des Passah. Der Todesengel, der hier als „Verderber der Erstgeborenen" bezeichnet wird, tötete die erstgeborenen Kinder der Ägypter, während er an den Häusern der Israeliten vorüberging[1]. Der Hebräerbrief hatte bereits früher die Aufmerksamkeit auf die Art und Weise gelenkt, auf die das Besprengen mit Blut sowohl unter dem alten als auch unter dem neuen **Bund** Erlösung symbolisierte und bewirkte (9,13-22). Jetzt blickt der Autor über das ausgeklügelte Opfersystem hinweg auf den ursprünglichen Erlösungsmoment, als den Israeliten befohlen worden war, das Blut des Passahlammes als ein Zeichen auf die Türrahmen ihrer Häuser aufzutragen. Auch das war ein Glaubensakt, ein Akt des Glaubens an Gott, den Erlöser und an seine verheißene Zukunft. Und als das Volk dann die ägyptische Armee hinter sich und das Rote Meer vor sich hatte, vertraute Mose Gott ebenfalls und Gott führte sie auf trockenem Boden durch das Meer, während er die Verfolger in den zurückströmenden Wassermassen zurückließ.

Der Hebräerbrief hat bereits ausführlich (in Kapitel 3 und 4) von der Zeit gesprochen, in der die Israeliten in der Wüste umherwanderten. Sie verbrachten 40 Jahre damit herauszufinden, wie geduldig Gott trotz ihrer Dummheit und Rebellion sein konnte. Jetzt geht die Geschichte schnell über jenen langen, staubigen Marsch hinweg und kommt direkt zum Eintritt ins verheißene Land. Josua und seine Gefolgsmänner umkreisten die Stadt Jericho, marschierten siebenmal um sie herum und am siebten Tag nochmals siebenmal. Dabei handelte es sich natürlich nicht um einen normalen militärischen Angriff. Jericho hätte normalen Angriffsformen widerstanden. Es handelte sich

1 Im Englischen heißt das Passah „Passover", was wörtlich mit „vorübergehen" oder „übergehen" übersetzt werden kann.

um einen Akt des Glaubens, um ein dramatisiertes Gebet mit der Bitte, Gott möge handeln; und das tat er dann auch. Im Verlaufe der Aktion wurde eine Familie aus der Stadt gerettet, und zwar die Familie der Prostituierten Rahab, die den israelitischen Spionen Unterschlupf gewährt hatte, als diese gekommen waren, um die Aktion vorzubereiten. Sie hatte ihnen erzählt, dass die Furcht vor dem Gott Israels alle Einwohner der Gegend erfasst hatte (Josua 2,9-13). Ihr Glaube (sie wird interessanterweise im Stammbaum Jesu in Matthäus 1,5 erwähnt) macht sie erwähnenswert, eine im Vergleich zu den besser bekannten Führungsgestalten Israels eher außergewöhnliche Heldin.

Der lange Katalog ist fast zu Ende und ab jetzt beschleunigt sich die Geschwindigkeit. Doch bevor wir uns da hineinziehen lassen, sollten wir innehalten und nachdenken. Der Verfasser des Hebräerbriefes ist entschlossen, seine Leser fest in der langen Geschichte zu verankern, deren Erben sie sind. Sie müssen sich das Familienalbum anschauen, um sich daran zu erinnern, woher sie gekommen sind. Sie müssen den Glauben durchdenken, den ihre Vorfahren hatten, und sie müssen erkennen, auf welche Weise die langfristigen Pläne Gottes – die angesichts von Unmöglichkeiten, Gefahren und sogar des Todes in Ehren gehalten und im Glauben festgehalten wurden – in den Ereignissen um Jesus letztendlich erfüllt wurden und in dem neuen **Leben**, das sie als Ergebnis des Wirkens Jesu nun führen. Wie viel mehr müssen wir heute lernen, nicht nur die Geschichte von Israel zu erzählen, sondern die Geschichte von Jesus und von seinen ersten Nachfolgern. Wir müssen diese Geschichten sorgfältig und mit Dankbarkeit erzählen, damit unser Glaube und unsere Hoffnung aus dieser Quelle gespeist werden mögen.

Hebräer 11,32-40: Glaube und die Zukunft: Die große Menge

32 Was kann ich noch weiter sagen? Ich habe zu wenig Zeit, um auch noch über Gideon, Barak, Simson, Jeftah, David, Samuel und die Propheten zu schreiben. 33 Durch den Glauben überwanden sie Königreiche, richteten Gerechtigkeit auf, empfingen Verheißungen, verschlossen den Löwen das Maul, 34 löschten die Macht des Feuers aus, entkamen dem Schwert, waren stark, obwohl sie doch schwach waren, wurden mächtig in der Schlacht und schlugen fremde Heere in die Flucht. 35 Frauen erhielten ihre Verstorbenen zurück durch Auferstehung. Andere erlitten Folter und verzichteten auf Freilassung, um eine bessere Auferstehung zu erlangen. 36 Andere haben schmerzhaften Spott erfahren, wurden ausgepeitscht und sogar in Ketten und ins Gefängnis gelegt. 37 Sie wurden gesteinigt, zersägt, mit dem Schwert getötet, liefen in Schafs- und Ziegenfellen umher, sie waren bettelarm, wurden verfolgt und misshandelt – 38 die Welt war ihrer nicht würdig! – sie zogen in Wüsten und Gebirgen umher, lebten in Höhlen und Erdlöchern.

39 Alle diese Menschen empfingen von Gott ein gutes Zeugnis durch ihren Glauben; die Erfüllung der Verheißung haben sie aber nicht erlebt. 40 Gott hatte etwas Besseres für uns vorgesehen, sodass sie die Vollkommenheit nicht ohne uns erreichen.

Man sagt, Teresa von Avila, die spanische Mystikerin des 16. Jahrhunderts, hätte Gott mit ihren eigenen Leiden konfrontiert und die Antwort erhalten: „So behandele ich meine Freunde."

„Dann solltest du dich nicht wundern, wenn du nur wenige hast", erwiderte sie scharf.

Das Leiden des Volkes Gottes – ein berühmter Buchtitel lautet: *Wenn guten Menschen Böses widerfährt* – ist seit Langem eines der größten Probleme des Judentums und des Christentums. Religionen, die die Welt als endlosen Kreislauf ansehen, als Schicksalsrad, wobei jedes Leben der Lohn oder die Strafe für das Gute und Schlechte ist, das man in einem früheren Leben getan hat, haben dieses Problem nicht. Jedes Leben versucht, das Gleichgewicht wiederherzustellen, das die früheren Leben durcheinandergebracht haben. Im Hinduismus und Buddhismus (nur als zwei Beispiele) wird dieser Ansatz von der Überzeugung verstärkt, dass der physische Leib und die äußeren Lebensumstände größtenteils irrelevant sind, Teil einer Fantasiewelt, die die wahre Person gar nicht berühren kann, die tief im Inneren zu finden ist. Manchmal sagen Menschen ähnliche Dinge, um eine christliche Haltung auszudrücken; aber tatsächlich unterscheidet sich die christliche (und jüdische) Sicht vom Körper, von physischen Dingen und vom Leiden erheblich davon.

Die Hauptformen der jüdischen und christlichen Theologie betonen immer das Gutsein der körperlichen Welt, sowohl der physischen Welt im Allgemeinen als auch des menschlichen Körpers im Besonderen. Das Böse existiert und es ist real und mächtig. Aber es ist im jüdisch-christlichen Denken ein Parasit, der eine im Wesentlichen gute Welt missbraucht. Das hebt das Problem nur noch stärker hervor. Warum gibt es nicht nur Leid in der Welt, sondern Leid – oft schreckliches, erbittertes und schockierendes Leid –, das Menschen trifft, die Gott lieben und ihm vertrauen? Einige der größten Denker der letzten zweihundert Jahre haben sich aus verschiedenen religiösen, theologischen und philosophischen Blickwinkeln intensiv mit diesem Rätsel beschäftigt. Das Erdbeben von Lissabon im Jahre 1755 war ein starker Antrieb für diese Frage im 18. Jahrhundert. Der jüdische Holocaust der 1940er-Jahre brachte diese Frage auf neue und schreckliche Weise wieder zurück auf die Agenda.

Da der vorliegende Abschnitt einen langen Katalog von Menschen vorlegt, die vor schrecklichen Situationen standen und die in vielen Fällen bis an den Rand des Todes oder darüber hinaus verfolgt wurden, werden alle diese Fragen hier ganz akut aufgeworfen. Warum sollte dies so sein? Was läuft schief? Wenn Gott im Leben von Gideon,

Barak, Simson und all den anderen am Werk war, im Leben derjenigen, die gesteinigt und zersägt wurden etc. – warum mussten sie all das durchmachen, wenn sie doch von Gott berufen worden waren und er mit ihnen war?

Zunächst ist es wichtig zu sagen, dass es nie eine umfassende oder letztlich „korrekte" Antwort auf die „Warum"-Frage in solchen Umständen geben wird. Wenn man die Situation in jedem Fall analysieren und das „Warum" erklären könnte, würde es so aussehen, als ob die Dinge gar nicht so schlimm wären; aber es gehört eben zur Sachlage, dass die Dinge für die betroffenen Menschen schlimm waren, sehr schlimm sogar. Man kann den Stachel von Folter und Mord nicht ziehen, indem man diese Dinge erhaben auf einer Skala höherer unsichtbarer Absichten verortet.

Doch nachdem wir das gesagt haben, kommen wir zu dem Punkt, den der Autor hier macht, insbesondere an dieser Stelle auf seiner langen Liste von Helden und Heldinnen des **Glaubens**. Er zieht nun einen Schluss aus all ihren Erfahrungen, der dem Schluss ähnelt, den er immer wieder aus dem Alten Testament gezogen hat. Die Tatsache, dass sie solche Dinge erlitten und dass sie zeigten, dass die Welt ihrer nicht würdig war, war sowohl ein Zeichen dafür, dass sie glaubten, dass Gott eine neue Welt erschaffen würde, in der alles besser sein würde, als auch dafür, dass dieser Glaube tatsächlich wahr war. Sie waren nicht im Einklang mit ihrer Zeit, weil sie im Glauben an Gottes zukünftige Welt lebten, während die Gesellschaft um sie herum so lebte, als sei die gegenwärtige Welt alles, was es gab oder je geben würde; und Gott gab ihnen die Kraft, anders zu leben, womit die Wahrheit ihrer Behauptung erwiesen wurde. Sie waren mit ihrem eigenen Leben und Leiden lebende Hoffnungslichter, die auf die Tatsache hinwiesen, dass der Gott, der die Welt erschaffen hatte, beabsichtigte, die Welt neu zu machen, und dass sie die Vorhut jenes großartigen Momentes waren.

Wie bei den Einrichtungsgegenständen des Tempels in 9,5 würden wir auch hier gerne wissen, was der Autor wohl über Gideon, Barak und den Rest gesagt hätte. Es wäre auch faszinierend zu wissen, welche Leute er in den Versen 33 und 34 im Sinn hatte. Einige können wir herleiten (Daniel mit seinen Löwen und die drei jungen Männer im brennenden Feuerofen sind die offensichtlichsten Fälle), während in anderen Fällen die Kategorien etwas unscharf sind und auf mehrere Kandidaten zutreffen könnten. Auch die Liste in den Versen 35-38 mit denjenigen, die mit Brutalität behandelt wurden, gibt uns einige Hinweise. Elia und Elisa gaben jeweils verstorbene Kinder ihren Müttern zurück und in den späteren Makkabäerbüchern finden wir eine ganze Familie mit sieben Brüdern und ihrer Mutter, die zu Tode gefoltert wurden und in ihren Qualen erklärten, dass Gott sie danach körperlich auferwecken würde. Bezüglich des Restes der Liste können wir nicht so einfach festmachen, wer gemeint ist, doch das ist nicht der Punkt. Der Schlüsselhinweis kommt in Vers 38: *Die Welt war ihrer nicht würdig*. Die Welt schaute zweifellos zu und sah einige vermeintlich sehr seltsame Leute, die anscheinend eine extreme Form von Askese auslebten, einen gegenkulturellen Lebensstil. Aus Gottes Sicht waren diese Leute der Anfang der neuen Welt.

Ihr Glaube leuchtet umso heller, wenn wir erkennen, dass sie in ihrem Leben durchhielten, ohne das eigentliche Ende der Geschichte zu erleben. Sie bekamen in der Tat nicht das, was verheißen war, denn das wurde erst im **Messias** Jesus wahr und in der Gemeinschaft, die sich um ihn herum bildete. „Gott gab uns etwas Besseres" – hier haben wir wieder das Wort „besser", ein ausgesprochenes Lieblingswort des Hebräerbriefs – und das Ergebnis ist, dass die früheren Gläubigen nicht „ohne uns" zur „Vollkommenheit" (ein anderes großes Wort des Hebräerbriefs) gelangen. Mit anderen Worten: Die Gemeinschaft, die gleich beschrieben werden wird, die Gemeinschaft derjenigen, die Jesus nachfolgen, bildet den wahren Anfang, nicht bloß das Ankündigungszeichen, der Welt, die Gott zu erschaffen beabsichtigt; der Welt, die kommen wird; der Welt, in der Gerechtigkeit und das Recht triumphieren werden. Wenn wir auf die großartige Menschenmenge zurückblicken, die so viel durchgemacht hat, während sie sich auf die

Wirklichkeit freute, die wir jetzt genießen – ist das nicht ein Tadel für uns, dass wir unsere Privilegien so locker nehmen und so wenig tun, um deutlich zu machen, dass wir die Gemeinschaft sind, in der das endlich wahr wird, was unsere Vorfahren im **Glauben** erhofften?

Hebräer 12,1-3: Aufsehen auf Jesus

1 Und was ist jetzt mit uns? Wir haben so eine großartige Wolke von Zeugen um uns herum! Dies ist unsere Aufgabe: Wir müssen allen überflüssigen Ballast ablegen, auch die Sünde, die uns so schnell gefangen nimmt. Wir sollen geduldig das Rennen laufen, das vor uns
liegt. 2 Wir sollen vorwärts blicken, auf Jesus. Er ist es, der den Weg für den Glauben gebahnt hat, und er hat ihn auch vollendet.

Er wusste um die Freude, die auf ihn wartet. Dafür ertrug er das Kreuz und ließ sich von der Schande nicht abschrecken, die damit verbunden ist. Jetzt hat er seinen Platz zur rechten Seite von Gottes
Thron eingenommen. 3 Er hat so viel Widerstand von Sündern ertragen. Werdet euch dessen bewusst; dann werdet ihr nicht so schnell ermüden und ausgelaugt sein.

Ich war auf einer Schule, die auf ihre Aktivitäten an der frischen Luft stolz war. Sie befand sich in den Yorkshire Dales im Nordwesten Englands und ihre geografische Lage gab Anlass zu verschiedenen Feiern. Der jährliche Höhepunkt war ein 10-Meilen-Cross-Country-Lauf durch steiles, schwieriges Gelände. Oft nahmen 80 oder 100 Jungen an diesem Lauf teil. Die meisten von uns hatten nicht die Absicht zu gewinnen – das überließen wir den ernsthaften, trainierten Läufern. Wir wollten nur in einer vernünftigen Zeit ankommen, und so kämpften wir uns durch den Schlamm und die Heidelandschaft, bis wir wieder am Ziel in der Kleinstadt ankamen, in der sich die Schule befand.

Wenn ich mich recht entsinne, wurde ich in dem Jahr, in dem ich mitlief, ungefähr fünfunddreißigster; respektabel, aber nur Mittelmaß. Doch ich erinnere mich noch sehr genau an den letzten Abschnitt, ungefähr die letzte halbe Meile. In den vorausgegangenen Wochen hatte ich für den Lauf trainiert und war den Kurs mehrfach abgelaufen. Ich war mit dem letzten Stück der Strecke ziemlich gut vertraut: endlich zurück, nah am Ziel, kurz vor dem Ausruhen, einem Bad und einem heißen Getränk. Doch diesmal war es völlig anders. Ich wusste natürlich, dass Zuschauer dabei sein würden, doch ich war nicht auf die Hunderte von Jungen, Eltern und Leuten aus der Gegend vorbereitet, die gekommen waren, um zuzusehen, wie wir schmutzüberzogen, aber größtenteils glücklich von anderthalb Stunden harter Arbeit zurückkamen. Sie jubelten, schwenkten Fahnen, klatschten, feuerten uns an und beglückwünschten uns. Das ging immer so weiter, die Straße in die Stadt hinein, und es nahm noch zu, als wir in die Stadtmitte kamen. Als ich zusammen mit einem Freund um die letzte Kurve bog, gab es einen ganz besonders lauten Jubel bis zur Ziellinie. All diese Leute! Wo waren die alle hergekommen? Und dieser Lärm! Ich fühlte mich wie eine echte Berühmtheit, wenn auch nur für zwei Minuten.

Mehrere Aspekte dieses Abschnitts, der einen Höhepunkt des Briefes bildet, bedienen sich des Bildes von der christlichen Pilgerreise als eines Langstreckenlaufes und der erste Aspekt ist ganz offenkundig die „große Wolke von Zeugen“, die uns umgibt. Diejenigen, die uns vorausgegangen sind, von Abel und Abraham bis zu den namenlosen Helden und Heldinnen am Ende von Kapitel 11, sind nicht einfach verschwunden. Sie stehen an der Ziellinie, spornen uns an, umgeben uns mit Ermutigung und Enthusiasmus. Sie wünschen sich für uns, dass wir dasselbe tun wie sie: das Rennen auf gute Art zu beenden. Der Unterschied besteht natürlich darin, dass die Läufer bei einem Wettrennen gegeneinander antreten. Auf der Reise des Gottesvolks ist für jeden Läufer das Wichtigste, dass auch alle anderen sicher am Ziel ankommen.

Was müssen wir tun, damit wir den Lauf effektiv und erfolgreich absolvieren? Der Autor baut das Bild aus der Leichtathletik aus und schlägt drei Dinge vor.

Erstens: Wir müssen alles schwere Gewicht loswerden, das uns verlangsamt. Leichtathleten trainieren manchmal mit schweren Gewichten auf dem Rücken, um Kraft und Energie für das eigentliche Rennen anzusammeln, das sie dann natürlich ohne zusätzliche Gewichte laufen. Viel zu viele Christen versuchen jedoch, den Lauf der christlichen Pilgerreise zu absolvieren, während sie alle möglichen Gepäckstücke mit sich herumtragen – Sorgen um triviale Dinge; den Ehrgeiz, das **Evangelium** für eigenes Vorankommen zu benutzen; Missgunst gegenüber anderen Menschen; die geheime Gier körperlicher Begierden etc. Es ist natürlich möglich, dass uns die eine oder andere Sünde in die Quere kommen und unsere Freiheit einschränken kann; obwohl einige Übersetzungen hier davon sprechen, dass uns die Sünde „eng anhaftet“, bedeutet das Wort doch eigentlich „blockieren“ oder „beschränken“. Der Autor scheint die Gefahr vor Augen zu haben, der ein Leichtathlet begegnen könnte, wenn seine Bahn nicht völlig frei ist – wenn jemand eine Hürde in den Weg stellt oder eine Bank oder einen anderen Gegenstand auf dem Weg der Läufer stehen lässt. So kann es auch mit der Sünde sein, wenn Christen sie in ihrem Leben oder in ihrer Gemeinschaft tolerieren. Sie steht im Wege, kann uns zu Fall bringen, kann unsere Chancen ernsthaft in Gefahr bringen, den Lauf zu beenden.

Der zweite Punkt lautet, dass dieser Lauf, wie der 10-Meilen-Lauf an meiner Schule, ein Langstreckenlauf ist und dass man daher Geduld braucht. Es gibt immer einige Läufer, die eigentlich einen kurzen Sprint vorziehen. Manche werden zu Beginn eines 10-Meilen-Laufs zu schnell laufen und dann nach zwei oder drei Meilen erschöpft sein. Traurig, aber wahr: Viele von uns werden auch solche Christen kennen, Leute, die zu Beginn begeistert und bereitwillig sind, aber außer Puste geraten, wenn sie gerade erwachsen geworden sind. Wenn sie dann die mittleren Jahre erreichen oder noch älter werden, haben sie alle Energie für ein aktives christliches Leben verloren oder versuchen verzweifelt, den Elan eines jugendlichen **Glaubens** wiederzugewinnen, der dann aber nicht mehr zu ihnen passt. Mir sind Leute lieber, die etwas langsamer beginnen, aber nach vielen Jahren immer noch da sind und geduldig Meile um Meile laufen.

Der dritte Punkt lautet: Behaltet euer Ziel im Auge (wenigstens in eurer Vorstellung, wenn ihr noch zu weit weg seid, um es zu sehen). Konzentriert euch auf die Ziellinie und auf den, der im Zentrum der Wolke von Zeugen steht und dort wartet, um euch persönlich zu begrüßen. Jesus hat seinen Lauf vor uns vollendet. Er bahnte uns sogar den Weg, machte den Lauf möglich und hat ihn erfolgreich beendet. Unsere Aufgabe besteht darin, seinen Fußstapfen zu folgen. Er hat es über die Ziellinie geschafft. Seine Ermutigung und der Gedanke, dass er uns am Ende willkommen heißt und gratuliert, sind die Kernmotivation für uns, in Hoffnung, Glaube und Geduld weiterzumachen.

Der Rest des Abschnitts lädt uns ein, darüber nachzusinnen, was genau Jesus auf seiner eigenen geduldigen Reise eigentlich durchgemacht hat – und zu erkennen, dass wir es im Vergleich dazu größtenteils nicht so schwer gehabt haben. Er behielt die Freude im Auge, die auf ihn wartete – die Freude, den Willen des Vaters zu tun, seine Rettungspläne zu erfüllen –, und er erduldete die unsägliche Folter der Kreuzigung, ein entwürdigender und abscheulicher wie auch entsetzlicher und qualvoller Tod. Als Folge davon hat er jetzt die ehrenhafte Schlüsselposition zur Rechten Gottes inne, was der Autor bereits in den früheren Kapiteln des Briefes gefeiert hatte. Der Hebräerbrief ist sich sehr bewusst, dass die Leser in der Gefahr stehen, angesichts all dessen, was ihnen begegnet, zu ermüden – tägliche Bedrohungen, Verfolgung, Einschüchterungen und Spott von ihren Zeitgenossen, ihren Nachbarn und vielleicht von ihren früheren Freunden. Es ist wie eine lange, schwere Strecke einen steilen, schlammigen Hügel hinauf, mitten in einem Langstreckenlauf. Man muss weiterlaufen; man muss sich ständig an den erinnern, der den Weg ursprünglich gebahnt hat; man muss daran denken, wie viel schlimmer es für ihn war. Dadurch wird man davor bewahrt, völlig ausgelaugt zu werden. Es ist wie so oft im christlichen Leben: Man kann im Glauben und mit Geduld weitermachen, wenn man sich an die *Wahrheit erinnert*, nicht wenn man versucht, diese oder jene Gefühle heraufzubeschwören.

Hebräer 12,4-11: Wenn Christen leiden, diszipliniert Gott sie

4 Ihr habt gegen die Sünde gekämpft. Dieser Widerstand hat euch aber noch kein Blut gekostet. 5 Vielleicht habt ihr das mahnende Wort vergessen, das sich an euch als Gottes Kinder richtet:

„Meine Kinder, nehmt es nicht auf die leichte Schulter, wenn Gott euch zurechtweist.

Werdet auch seines Tadels nicht überdrüssig;
6 der Herr erzieht nämlich alle, die er liebt,
und züchtigt jedes Kind, das er willkommen heißt."

7 Ihr müsst es geduldig hinnehmen, wenn ihr [c]diszipliniert werdet. Gott behandelt euch als seine Söhne und Töchter. Welches Kind wird nicht von seinen Eltern diszipliniert? 8 Falls ihr nicht diszipliniert würdet (und wir haben alle eine gute Portion davon abbekommen!), wärt ihr ja gar keine rechtmäßigen Kinder. 9 Schließlich hatten wir alle irdische Eltern, die uns diszipliniert haben, und wir haben sie respektiert. Sollten wir uns da nicht viel lieber dem Vater der Geister unterordnen und leben? 10 Unsere irdischen Eltern haben uns für eine kurze Zeit Disziplin beigebracht, so gut sie es konnten; wenn er uns jedoch diszipliniert, ist es nur zu unserem Besten. Es dient dazu, dass wir an seiner Heiligkeit Anteil bekommen. 11 Wenn man mittendrin steckt, macht es

---

c 12.7 Anm. d. Übers.: Das englische Verb „to discipline", das Wright hier benutzt, hat keine wirkliche deutsche Entsprechung. Es beschreibt eine strenge, zielorientierte Erziehung. Unser Wort „Züchtigung" hat einen deutlich negativeren Beigeschmack. Darum haben wir uns hier für das Wort „disziplinieren" entschieden.

keinen Spaß, diszipliniert zu werden. Es macht uns nur traurig. Später aber bringt eine solche Disziplinierung Frucht hervor: Allen, die darin geübt sind, bringt sie die friedvolle Frucht der Gerechtigkeit.

Disziplinierung hat heutzutage in der westlichen Gesellschaft einen schweren Stand. Die Gefahren physischer Gewalt auf jeder Ebene sind uns mittlerweile sehr bewusst. Was passiert, wenn ein Kind aufwächst und nichts anderes kennt, als dass die Macht demjenigen gehört, der am härtesten zuschlagen und am meisten verletzen kann? Es kann leicht passieren, dass solche Kinder diese Erfahrung in ihr eigenes Leben übertragen, indem sie sich entschließen, der härteste Kerl der Gang zu werden, derjenige, der die Macht bekommt, indem er der Gewalttätigste ist. Ebenso möglich ist auch eine andere Entwicklung: Kinder werden zu Leuten, die zu bestechen oder betrügen versuchen, um das Gesetz des Dschungels zu umgehen. Wir haben damit so negative Erfahrungen gemacht, dass viele Menschen heute meinen, dass es falsch ist, Kinder überhaupt zu disziplinieren, insbesondere mit körperlichen Strafen.

Gleichzeitig ist uns zu unserem Schrecken bewusst, nicht zuletzt in den Großstädten der westlichen Welt, was für eine Gefahr (für sich selbst und andere) Kinder sind, die nie gelernt haben, Grenzen zu akzeptieren, die nie die Bedeutung eines „Nein“ verstanden haben, dem auch angemessene Konsequenzen folgten. Verzogene Kinder auf der einen Seite, vernachlässigte Kinder auf der anderen – beide sind für alle anderen eine Gefahr und ein Ärgernis. Es ist unwahrscheinlich, dass sie als glückliche, ausgewogene Persönlichkeiten aufwachsen, die in der Lage sind, ein normales erwachsenes Leben zu führen. Irgendeine Form von Disziplinierung als ein Aspekt echter Liebe und Fürsorge ist unverzichtbar.

Das ist der Schlüssel: *als ein Aspekt echter Liebe und Fürsorge*. Die Frage, welche Art von Disziplinierung in einem liebevollen Zuhause angemessen ist, wird von Person zu Person, von Familie zu Familie und von Kultur zu Kultur variieren. Doch wenn Eltern ihrem Kind keine Erziehung zukommen lassen, keine Disziplinierung, keine Kontrollen und Korrekturen, fangen wir uns an zu fragen, ob sie entweder selbst ein Problem haben (vielleicht sind sie zu sehr damit beschäftigt, nach Geld oder Genuss zu streben) oder ob die Beziehung zu dem Kind irgendwie doch anders ist, als wir dachten. Wenn wir einen fahrlässigen Vater sehen, denken wir vielleicht, es ist möglicherweise gar nicht sein eigenes Kind und deshalb macht er sich keine Mühe, es so zu disziplinieren, wie er es tun sollte ...

Das ist der Punkt von Vers 8. Wenn wir wirklich Gottes Kinder sind – und „Gottes Söhne und Töchter“ zu sein ist einer der zentralen Dreh- und Angelpunkte des biblischen Bildes vom Gottesvolk –, dann sollten wir erwarten, dass Gott uns behandeln wird, wie es weise Eltern tun: Er wird uns mit angemessener Disziplinierung großziehen. Der Autor verfolgt die Wurzeln dieser Vorstellung bis in das Buch der Sprüche zurück. Er zitiert in Vers 5 aus Sprüche 3,11-12. Er hätte mehrere andere Passagen aus jenem Buch auswählen können oder ähnliche aus den Psalmen, z. B. Psalm 94,12-13. Schon in der frühen Geschichte Israels gab es also diese Interpretation, warum Gottes Volk leiden musste: Die Schwierigkeiten, die sie erlebten, sollten zur Disziplinierung dienen. Sie wurden zugelassen, damit Israel in **Glaube**, Hoffnung und Gehorsam wächst. Einige der Propheten waren der Ansicht, dass Gott bösen Menschen nicht nur erlaubte, Israel zu plagen, sondern dass die Schwierigkeiten direkt von Gott geschickt worden waren. So listet beispielsweise Amos alle Dinge auf, die **JHWH** tat, um Israel zu ihm zurückzubringen (Amos 4,6-11): Hungersnot, Dürre, Mehltau, Pest, Unglück. Das funktionierte nicht und der Prophet warnt Israel, dass Gott noch drastischere Maßnahmen ergreifen würde. Ganz ähnlich lauteten die verschiedenen Interpretationen, mit der die Propheten das **Exil** in Babylon erklärten.

Es mag ein Schock für viele Christen sein, wenn sie entdecken, dass ihnen ein Leben bevorsteht, in dem sich Gott, gerade weil er uns als Söhne und Töchter behandelt, weigert, uns zu verwöhnen oder zu ignorieren; sich weigert, uns auf ewig mit Rebellion oder Torheit, Sünde oder Dummheit davonkommen zu lassen. Er hat so seine Methoden, mit denen er seine Kinder darauf aufmerksam macht, dass sie entweder innehalten und noch mal nachdenken oder umkehren und in die entgegengesetzte Richtung gehen oder auf die Knie gehen und bereuen sollten. Ich hatte mal einen Freund, der fest entschlossen war, sich nicht als Pastor ordinieren zu lassen, sondern Wirtschaftsprüfer zu werden. Kurz darauf wurde er von einer seltsamen Krankheit getroffen, die ihn zwang, eine Woche im Bett zu bleiben. Danach hatte sich nicht nur sein Denken, sondern auch sein Herz und die Richtung seines Lebens geändert. Bei einem anderen Freund war es folgendermaßen: Er hatte eine Dummheit begangen, und zwar in dem vollen Wissen, dass es falsch war. Am nächsten Tag stand er vor einem kurzfristigen Desaster, das seine Tat so genau widerspiegelte, dass er sich nicht nur zurechtgewiesen fühlte, sondern auch voller Bewunderung für Gottes zielgerichtete Disziplinierung war. Manche Menschen mögen von dem Gedanken schockiert sein, dass Gott sich mit derartigen Belanglosigkeiten abgibt. Alles, was ich dazu sagen kann, ist, dass ich lieber in den Händen eines Vaters bin als in denen eines distanzierten, gesichtslosen und achtlosen Bürokraten.

Die Wahrheit von Vers 11 ist dazu da, dass wir an ihr festhalten, wenn wir schwere Zeiten durchmachen. Im normalen menschlichen Leben gibt es viele Schmerzen; Schmerzen, die natürlich vom Schmerzensmann geteilt wurden, der sich vollständig mit uns identifizierte – ein Punkt, den der Hebräerbrief bereits mit Nachdruck klargemacht hat (5,7-10). Man kann sogar als Christ all diese Dinge sinnlos finden und sich darüber aufregen, so als ob alles schiefgelaufen sei. Nun ja, manchmal laufen Dinge schief und wir dürfen nicht den Fehler machen, Gott für alles die Schuld zu geben („Warum tust du mir das an?"), als ob es da draußen – oder gar „hier drinnen" im eigenen nur teilweise erlösten Herzen – keine bösen Mächte gäbe, die immer noch die Kraft haben, Chaos anzurichten. Doch wenn wir unsere Pläne vereitelt sehen, wenn wir enttäuscht sind, auf Widerstand stoßen oder verunglimpft werden oder gar physischem Missbrauch und Gewalt ausgesetzt sind, kann es immer wieder auch geschehen, dass wir im **Glauben** die sanfte und weise Stimme des Vaters hören können, der uns drängt, ihm enger verbunden zu bleiben, ihm vollständiger zu vertrauen, ihn tiefer zu lieben. Vers 11 weist darauf hin, dass Leiden der Spaten sein kann, der tief in den Boden unseres Lebens eindringt, sodass die Pflanze der friedlichen Gerechtigkeit – ein entschiedenes Leben als Volk des neuen **Bundes** Gottes – ihre Wurzeln tief in der Liebe Gottes hat.

Hebräer 12,12-17: Seid auf der Hut vor Gefahren!

12 Hört also auf, die Hände faul baumeln zu lassen, und stärkt eure lahmenden Knie! 13 Macht die Wege für eure Füße gerade. Wenn ihr gelähmt seid, stellt sicher, dass ihr geheilt werdet, statt eure Gelenke noch mehr auszurenken. 14 Streckt euch nach Frieden mit jedermann aus und auch nach der Heiligkeit, die notwendig ist, damit ihr den Herrn sehen könnt. 15 Achtet sehr darauf, dass es niemandem an Gottes Gnade fehlt. Lasst nicht zu, dass „eine Wurzel der Bitterkeit aufwächst und Ärger verursacht" und auf diese Art viele Leute verunreinigt. 16 Keiner darf so unmoralisch oder weltlich gesinnt sein wie Esau: Er hat sein Geburtsrecht für eine einzige Mahlzeit verkauft! 17 Ihr wisst ja sicher, dass er zurückgewiesen wurde, als er später den Segen ererben wollte. Es gab keinen Weg mehr, seine eigene oder Isaaks Einstellung zu ändern, auch wenn er es mit bitteren Tränen versucht hat.

„Ich hatte einen kompletten Aussetzer."

Der Politiker stand beschämt vor der Presse. Man hatte ihn dabei erwischt, wie er in einem verrufenen Stadtviertel nach sexuellen Dienstleistungen gesucht hatte. Er lag charakterlich am Boden, sein Ruf war ruiniert. Er würde jetzt nicht mehr die Führungsstelle bekommen, auf die er versessen war. Es gab kein Zurück. Seine einzige Entschuldigung lautete, dass er für einen Moment einen Aussetzer hatte. Wenn man das ernst nahm (viele bezweifelten es damals allerdings), dann schien es, als habe er in jener Nacht eine katastrophal falsche Entscheidung getroffen, die er nun bitter bereute. Der Charakter und der Ruf eines Menschen sind wie ein Baum: Das Wachstum dauert Jahre, aber sie können in Minuten gefällt oder wie Zunder verbrannt werden.

Manche Politiker feiern nach öffentlicher Schmach zwar ein Comeback, aber in meinem Land kommen sie danach selten sehr weit, wenn sie es versuchen. Doch der Punkt dieses Textabschnitts und die scharfe Warnung darin lautet, dass es tatsächlich möglich ist, Dinge zu tun, die unseren Charakter plötzlich wie ein Kartenhaus in sich zusammenfallen lassen. Wir entdecken dann, dass es kein Zurück gibt. Das klassische Beispiel, das uns hier präsentiert wird, ist das von Esau, dem älteren Zwillingsbruder von Jakob. Seine Geschichte wird in 1. Mose 27 erzählt, und wir müssen uns erinnern, worum es darin geht, wenn wir verstehen wollen, was der Hebräerbrief hier sagt.

Auch Jakob steht am Ende nicht gerade mit einer sauberen Weste da. Im Fokus der Geschichte steht jedoch die Dummheit von Esau. Er war unterwegs auf der Jagd, und als er zurückkam, bereitete Jakob gerade Essen zu. Esau starb förmlich vor Hunger. Jakob weigerte sich, ihm zu essen zu geben, es sei denn, Esau gäbe ihm das Erstgeburtsrecht, also den Hauptanteil am Erbe ihres Vaters Isaak. Es scheint, als hätte Esau sein Geburtsrecht mit Vergnügen für das Essen eingetauscht. Kurzfristige Bedürfnisbefriedigung, langfristiges Elend.

So nimmt die Geschichte ihren Lauf: Jakob trickst Isaak aus, indem er vortäuscht, Esau zu sein. Daraufhin gibt Isaak Jakob seinen vollen Segen. Esau kommt später dazu und bittet ebenfalls um den Segen, wird aber abgewiesen: Isaak hat Jakob zum Gesamterben eingesetzt und kann davon nicht mehr abrücken. Esau weint, aber es ist alles vergeblich. Er hat selbst einen Eid geschworen und wird nun gezwungen (wenn auch durch einen Trick), ihn zu halten. Es gab kein Zurück, keinen Raum für einen Gesinnungswandel, keine Möglichkeit, Isaaks

Haltung zu ändern. In Vers 17 sagt der Text wörtlich: „Er fand keinen Ort der **Umkehr.**" Das Wort für „Umkehr" bedeutet „Gesinnungswandel" oder „Herzensveränderung", und sobald wir uns in die Geschichte hineindenken, erkennen wir: Obwohl damit wahrscheinlich auf Esaus eigenes Verlangen nach einem Gesinnungswandel verwiesen wird, könnte sich das auch auf seinen Versuch beziehen, das zu ändern, was Isaak gedacht und getan hatte.

Das ist jedoch schlicht nicht möglich. Ich hörte einmal von einem Mann, der seine Arbeitgeber betrogen hatte. Die Arbeitgeber machten daraus keinen öffentlichen Skandal, sondern boten ihm einen Deal an: Wenn er mit der sofortigen Beendigung seines Arbeitsverhältnisses einverstanden wäre, würde er seinen guten Ruf bewahren. Der Mann lehnte das ab, woraufhin er entlassen und die Angelegenheit öffentlich wurde. Kurz danach versuchte er mithilfe einflussreicher Freunde, Druck auf die Arbeitgeber auszuüben, um seinen Ruf wiederherzustellen. Sie sollten mindestens indirekt sagen, er hätte nichts falsch gemacht. Es überrascht nicht, dass das nun die Arbeitgeber ablehnten. Er hatte eine Entscheidung gefällt. Entscheidungen haben Folgen. Es gab kein Zurück. Das ist die Situation, in der Esau sich befand.

Welche Situation in der damaligen und heutigen Kirche hat der Hebräerbrief als Entsprechung vor Augen? Vom Beginn von Vers 15 an sieht es so aus, als sei sich der Autor bewusst, dass in jeder Kirche, in jeder christlichen Gemeinschaft einige Leute sein könnten, viele oder wenige, die Mitläufer sind. Sie genießen es, dabei zu sein; sie mögen die Gesellschaft von Christen; sie fühlen sich sicher und geborgen. Sie haben aber selbst keine Beziehung zu Gott. Sie haben seine Gnade nicht gesucht und gefunden – jene liebevolle Barmherzigkeit, die bis zu den Wurzeln ihres Seins reicht und ihr Wesen im Kern verwandelt. Niemandem, so sagt der Autor, sollte „es an Gottes Gnade fehlen". Andere Mitglieder der Gemeinschaft müssen an dieser Stelle aufpassen, aufeinander achtgeben und sicherstellen, dass die Gnade alle erreicht.

Denn wenn Menschen Gottes Liebe nicht selbst erleben und dieser Zustand anhält, könnte die Warnung von 5. Mose 29,17 wahr werden. Dort wird davor gewarnt, dass es selbst unter Gottes Leuten eine „Wurzel" geben kann, die „Gift und Wermut hervorbringt". Manchmal kann mitten in einer vermeintlich heilen und lebendigen Kirche oder Gemeinschaft Unzufriedenheit aufkommen. Das kann in Form von Meinungsverschiedenheiten in Fragen der Lehre oder Ethik geschehen. Diese Meinungsverschiedenheiten können durchaus echt sein, aber oft sind sie nur ein Vorwand für persönliche Differenzen. Das Anzeichen dafür ist immer das Gefühl von Bitterkeit, das mit der Meinungsverschiedenheit einhergeht. Eine Meinungsverschiedenheit zwischen weisen, betenden Christen kann ohne Bitterkeit ausgetragen werden; wo diese beunruhigende und vergiftende Bitterkeit sich jedoch bemerkbar macht, sollten wir erkennen, was vor sich geht. Wenn Menschen äußerlich Teil der Gemeinschaft sind, aber innerlich für Gottes Liebe und Führung nicht vollständig offen sind, sind sie in der Lage, Dinge zu sagen und zu tun, die ihrem eigenen Ruf und dem der Gemeinschaft schaden. Wie Esau können sie einen Moment lang einen Aussetzer haben, der eine neue Lage entstehen lässt, und es gibt kein Zurück.

Diese Warnung steht daher neben denen von 6,4-8 und 10,26-31: Wenn man wieder zu weltlichen Denk- und Lebensweisen zurückkehrt, nachdem man zumindest einige Segnungen des neuen **Lebens** erlebt hat, dann kann das einen festgefahrenen und unveränderlichen Zustand des Herzens und Denkens zur Folge haben. Laut 6,4 ist es unmöglich, solche Menschen wieder zur Umkehr zu bewegen; das scheint auch 12,17 zu sagen. Wir sollten vorsichtig sein mit der Schlussfolgerung, dass jemand, der wirklich von seinen Sünden umkehren und mit Gott ins Reine kommen will, zurückgewiesen wird; aber wir sollten ebenso vorsichtig mit der Vorstellung sein, dass jemand, der christliche Gemeinschaft genießt, dann aber mit der damit einhergehenden moralischen Verantwortung Schindluder treibt, in der Lage sein wird, jederzeit in die Gemeinschaft zurückzukehren, wenn ihm oder ihr danach ist. Entscheidungen und Handlungen haben Folgen.

Die ersten Verse dieses Texts bitten daher die Leser eindringlich, ihr Leben in Ordnung zu bringen, also die Art von Menschen zu werden, von denen in Jesaja 35 die Rede ist, in einer der großartigen prophetischen Texte. „Stärkt die müden Hände und macht fest die wankenden Knie", sagt der Prophet (35,3). Gott tut etwas Neues in eurer Mitte – man lese dazu das ganze Kapitel Jesaja 35 – und ihr müsst euch erheben und den Auftrag vorantreiben. Geistliche Faulheit (und die beinhaltet oft auch körperliche Faulheit) hat keinen Platz. Wenn etwas erlahmt, soll ihr nicht mit den Achseln zucken und sagen: „Tja, da kann man wohl nichts machen." Sorgt dafür, dass ihr Heilung erlebt.

Streckt euch vor allem nach Frieden und Heiligkeit aus (Vers 14). Frieden mit allen Menschen ist ein schönes Ideal, aber dieser Autor weiß wie Paulus in Römer 12,18, dass es diesen Frieden nicht immer gibt. Wir müssen nach diesem Frieden *streben*, ihm nachjagen, alles in unserer Macht Stehende tun, um ihn herzustellen. Und wie steht es mit der Heiligkeit? Nun, sie ist dem Hebräerbrief zufolge das, was verlangt wird, wenn man in der Gegenwart des heiligen Gottes stehen will. Lassen Sie sich von niemandem etwas anderes erzählen. Und verspielen Sie das alles nicht durch einen kurzen Aussetzer.

Hebräer 12,18-24: Vom Berg Sinai zum Berg Zion

18 *Ihr seid ja schließlich nicht zu etwas gekommen, das man anfas-*
sen könnte – ein loderndes Feuer, Dunkelheit, Finsternis und Sturm-
wind, 19 *Trompetenschall und eine Stimme, bei der die Zuhörer da-*
rum bettelten, sie nicht mehr hören zu müssen. 20 *(Sie konnten den*
Befehl: „Auch wenn ein Tier den Berg berührt, muss es sterben" nicht
ertragen.) 21 *Der Anblick war so furchteinflößend, dass sogar Mose*
bekannte: „Ich bebe vor Furcht."

22 *Nein, ihr seid zum Berg Zion gekommen – zur Stadt des lebendi-*
gen Gottes, zum himmlischen Jerusalem. Ihr seid dorthin gekommen,

wo Abertausende von Engeln für ein gewaltiges Fest versammelt sind;
[23] *zur Versammlung der Erstgeborenen, deren Namen im Himmel aufgeschrieben sind. Ihr seid zu Gott, dem Richter über alles, gekommen, zu den Geistern der Gerechten, die vollkommen gemacht wurden,* [24] *und zu Jesus, dem Mittler des neuen Bundes, und zum Blut der Besprengung, das deutlicher spricht als Abels Blut.*

Als wir nach London zogen, gaben wir jedem unserer Kinder einen Stadtplan und einen kleinen Führer zu den Hauptattraktionen.

Wie es vorauszusehen war, begeisterte sich jedes Kind für andere Dinge, die die Stadt zu bieten hatte. Einem Kind fielen die großen Konzert- und Opernhäuser auf. Das nächste fand heraus, wo die Kunstgalerien waren. Das dritte merkte sich sofort die Haupteinkaufsstraßen. Und das vierte fand heraus, dass wir auf halber Strecke zwischen den beiden größten Cricketspielfeldern Londons wohnen würden ...

Die meisten Großstädte haben so vieles in so vielen Stadtteilen zu bieten, dass es einen zunächst ziemlich verwirrt, wenn man gerade ankommt und herausfinden muss, was man machen will und wohin man dazu gehen muss. Ich habe noch nicht mal die großen Sehenswürdigkeiten erwähnt – Buckingham Palace, Big Ben, den Tower of London, die herrlichen Parks und Gärten und so weiter. London hat natürlich auch seine dunkleren Seiten: Armut und Obdachlosigkeit, Gewalt und Arbeitslosigkeit, Laster und Drogen und Elend und Schmutz. Es liegt mir fern, irgendwelche direkten Parallelen zwischen London und dem neuen Jerusalem zu ziehen.

Doch eine Parallele besteht zumindest in folgendem Maße: Die Stadt, die uns verheißen ist (siehe 11,10.16), die Stadt, deren Bürger wir diesem Abschnitt zufolge *bereits sind*, ist so voller aufregender und einladender Eigenschaften, dass es uns verwirren und überwältigen sollte. Der Autor listet in den Versen 22-24 eine Sache nach der anderen auf und wir werden uns diese Dinge gleich detaillierter ansehen

Doch die Hauptsache, die in diesem Abschnitt bemerkenswert ist,

ist der diametrale Gegensatz zwischen dieser Stadt, die er Berg Zion nennt, und dem anderen Berg, der eine wichtige Schlüsselrolle in der biblischen Erzählung spielt, also der Berg Sinai. Der Autor erwähnt das Wort Sinai in den Versen 18-21 überhaupt nicht, aber es ist offensichtlich, dass er genau daran denkt. Dadurch wird der Gegensatz umso kraftvoller, wenn er in Vers 22 sagt: „Ihr seid zum – Berg Zion gekommen!" Zion war der zentrale Teil von Jerusalem, den David erobert und zunächst zur königlichen Stadt und dann zur Stätte des großen Tempels gemacht hatte. Somit erreicht nun das große Thema des früheren Teils des Hebräerbriefes in diesem Abschnitt seinen Höhepunkt: das Thema des wahren himmlischen Tempels, in den Jesus um unseretwillen eingetreten ist und in den wir nun aufgrund dessen eingeladen sind, was Jesus getan hat: Die neue Stadt *ist* der neue Tempel, der Ort, an dem Gott in Herrlichkeit wohnt und sein Volk einlädt, an seinem Leben teilzuhaben.

Das ist aber natürlich nicht das einzige Thema des Briefes, das seinen Höhepunkt in diesem Abschnitt findet. Wir sahen ganz am Anfang, dass der Hebräerbrief einen deutlichen Gegensatz zwischen dem **Gesetz** und dem **Evangelium** aufbaut, zwischen Mose und Jesus. Dabei ging es nicht darum, dass das Gesetz etwas Schlechtes war, das nun glücklicherweise abgeschafft werden konnte, oder dass Mose als irrelevanter oder schlechter Lehrer abgelehnt werden musste. Es ging darum, dass der neue **Bund**, der in und durch Jesus geschlossen worden war, in jeder Hinsicht „besser" war (Vers 24 ist ein weiteres Beispiel für dieses Thema). Der neue Bund bringt das, was dem alten die ganze Zeit über vorgeschwebt hatte.

Im Alten Testament erreichte die Geschichte, die mit Abraham, Mose und dem Berg Sinai begann, ihren herrlichen Abschluss mit dem Eintritt ins verheißene Land, der Einrichtung der Monarchie und letztlich mit dem Bau des Tempels auf dem Berg Zion. Der Hebräerbrief sagt: Jetzt betrachtet diese ganze Geschichte und seht sie als Äquivalent des Berges Sinai an; es ist die komplette Geschichte des alten Bundes. Ihr aber müsst in das verheißene Land kommen (Kapitel 3 und 4); ihr müsst vom Dienst des wahren Hohepriesters profitieren (Kapitel 5, 6 und 7); ihr müsst erkennen, dass ihr euch im neuen **Bund** befindet, in dem das endgültige **Opfer** bereits gebracht wurde, durch das ihr euch der tatsächlichen Gegenwart Gottes nähern könnt (Kapitel 8, 9 und 10).

Der Hebräerbrief malt dieses Bild in kühnen, fast grellen Farben. Der Berg Sinai war eine furchterregende Stätte, er brannte wie ein Vulkan, war dunkel und wolkenverhangen und von starken Winden umtost. Noch schlimmer: Ein Trompetenstoß und eine Stimme gingen aus ihm hervor – und was für eine Stimme! Laut 2. Mose 19, wo dieses Bild detailliert dargestellt wird, konnte man die Stimme vom **Himmel** am Fuße des Berges hören. Das erschreckte die Leute noch mehr und warnte sie (das ist der Punkt von Vers 20), dass niemand, nicht mal ein Tier, dem Berg nahe kommen sollte – so heilig war er. Im Zentrum des Gegensatzes zwischen dem Berg Sinai und dem Berg Zion steht tatsächlich ein Gegensatz zwischen einer Heiligkeit, die furchterregend und unnahbar ist, und einer Heiligkeit, die einladend, reinigend und heiligend ist.

An genau dieser Stelle sollten wir jedoch aufpassen und nicht einen ziemlich häufigen Fehler machen. Die Leute stellen sich oft vor, der Gegensatz zwischen Sinai und Zion oder, wenn man so will, zwischen Gesetz und Evangelium bestehe darin, dass es im mosaischen Bund um eine exklusive Heiligkeit ging und im neuen Bund um eine Inklusivität geht, die einfach alle Menschen einbezieht, so wie sie sind. Der vorherige Abschnitt (Vers 12-17) und eigentlich der ganze Rest des Briefs zeigt jedoch, wie irreführend diese Art von „Inklusivität" wäre. Beim Berg Zion und bei dem lebendigen Gott, der auf ihm wohnt, geht es nicht darum, dass Heiligkeit keine Rolle spielt, sondern dass ein neuer Weg gefunden und zugänglich gemacht wurde, auf dem die Heiligkeit endlich erreicht worden ist, die unter dem mosaischen Gesetz nicht erlangt werden konnte. Fast jedes Merkmal der himmlischen Stadt, das in den Versen 22-24 beschrieben wird, betont die Tatsache, dass diejenigen, die in der Stadt wohnen, nicht solche sind, denen einfach gesagt wurde, sie sollen kommen, wie sie sind, sondern diejenigen, in denen die verschwenderische Gnade Gottes eine derartige Reinigung und Verwandlung bewirkt hat, dass sie nun rechtmäßig in die Heilige Stadt gehören, wenn auch aufgrund reiner Gnade.

Wir erkennen das, wenn wir uns die Einzelheiten ansehen. Die Engel sind zahlreich in der Stadt versammelt (Vers 22), aber nun nicht, um das Gesetz zu geben wie in Kapitel 1 und 2, sondern um eine Tatsache zu feiern: Was das Gesetz nicht tun konnte, ist durch den **Sohn Gottes** bewerkstelligt worden. Die „Erstgeborenen" – mit 11,28 im Hinterkopf sollten wir sie als diejenigen verstehen, „die durch das vergossene Blut erlöst sind" – sind dort bereits versammelt und warten auf diejenigen von uns, die kommen, um Anteil an ihrem Leben und an dem Privileg zu haben, dass ihre Namen in Gottes himmlischem Verzeichnis stehen. Die Tatsache, dass Gott der „Richter über alles" genannt wird, ist hier nicht als furchterregende Sache gemeint. Die Psalmen sagen es immer wieder: Dass Gott der Richter aller Menschen ist, ist ein Grund zum Feiern. Im tiefsten Herzen möchte jeder, dass die Welt ins Lot gebracht wird. Wer das nicht will, von dem vermuten wir, dass er oder sie die Welt zum eigenen Vorteil ausbeuten, damit durchkommen und nicht zur Rechenschaft gezogen werden will.

Gleichermaßen gilt: Die Wendung „**Geister** der Gerechten, die vollkommen gemacht wurden" fasst den gesamten Gedankengang des Briefes zusammen: Es war die Absicht Gottes, Menschen zu jenem vollständigen Menschsein zu führen, zu jener „Perfektion" oder „Vollkommenheit", die eine Abrechnung mit der Sünde voraussetzt, eine Reinigung des Gewissens von Grund auf und eine fröhliche Übereinstimmung des ganzen Lebens mit Gottes Plan. Schließlich stoßen wir dann auf Jesus als krönende Herrlichkeit des neuen Jerusalem. Er ist derjenige, durch den der neue Bund geschlossen wurde, das Zeitalter der Sündenvergebung; und wir kommen zu dem Blut, das nicht nach Rache schreit wie das Blut Abels (1. Mose 4,10), sondern das die vollständige Vergebung und Reinigung bewirkt, die der Hebräerbrief bereits recht ausführlich in den Kapiteln 9 und 10 beschrieben hat. Es ist ein dramatisches, erhebendes, herrliches Bild.

Das Bemerkenswerteste daran ist jedoch laut Vers 22, dass diejenigen, die jetzt im **Glauben** und in der Hoffnung leben, in gewissem Sinne *bereits jetzt* in dieser himmlischen Stadt angekommen sind. Sie gehören bereits jetzt dorthin; im Gebet und in der Anbetung sind sie bereits jetzt vor Gottes Thron willkommen. Das führt zu der offensichtlichen Frage: Ist Ihr Gebetsleben und Ihre Anbetung, ob alleine oder in Gemeinschaft, von der Freude und Aufregung umgeben, die aus diesen Versen hervorsprudeln? Und wenn nicht: Warum nicht?

Hebräer 12,25-29: Das Reich Gottes ist unerschütterlich

[25] *Passt auf, dass ihr nicht den zurückweist, der spricht. Wenn nämlich die Leute nicht entkommen konnten, als sie denjenigen zurückwiesen, der ihnen irdische Warnungen zukommen ließ, wie viel schlimmer wird es uns ergehen, wenn wir uns von dem abwenden, der aus dem Himmel spricht!* [26] *Damals hat seine Stimme die Erde erschüttert. Jetzt aber hat er verheißen: „Noch einmal werde ich nicht nur die Erde, sondern auch den Himmel erschüttern."* [27] *Die Wendung „noch einmal" zeigt, dass alles, was erschüttert werden kann (das sind die geschaffenen Dinge), weggenommen wird, sodass dann nur noch das bleibt, was unerschütterlich ist.*

[28] *Schließlich werden wir ein Reich erben, das unerschütterlich ist! Das verlangt nach Dankbarkeit! So bringen wir Gott wahre Anbetung dar, die er gerne annimmt, mit Ehrerbietung und Furcht.* [29] *Schaut, unser Gott ist ein verzehrendes Feuer!*

Als ich das erste Mal in einem Hotel in Los Angeles übernachtete, staunte ich über die freundliche kleine Karte auf dem Tisch neben dem Fernseher. Ich bin an Hinweise auf den Feueralarm, den Wäschereidienst und den Zimmerservice gewöhnt, aber diese Karte war ungewöhnlich. Sie hatte den Titel: „Was machen Sie im Falle eines Erdbebens?“ Ich erinnere mich nur noch daran, dass ich mich unter den Tisch legen sollte, falls die Decke einstürzt. Das wird wohl nicht viel nützen, dachte ich, da ich im 23. Stock war. Glücklicherweise ging die Nacht ohne Beben oder Schwankungen vorüber und die eigentlich interessante Frage – ob für jemanden meiner Größe überhaupt genug Platz unter dem Tischchen war – blieb unbeantwortet.

Ein echtes Erdbeben ist natürlich neben einem Feuer und einer Flut eines der furchtbarsten Ereignisse, die wir erleben können. Im normalen Leben nehmen wir die Stabilität der Erde, der Straßen sowie der Wände und Dächer unserer Häuser meistens einfach als gegeben hin. Ein Erdbeben stellt für die Menschen nicht nur eine plötzliche und ernste Gefahr dar, sondern bedeutet auch den tiefen Schock der Erkenntnis, dass die Grundfeste der Welt ganz wörtlich verstanden nicht so sicher sind, wie wir dachten. In einem der früheren Abschnitte habe ich das Erdbeben von Lissabon im Jahre 1755 erwähnt. Dieses Erdbeben war eine Herausforderung im Blick auf eine weitere Dimension: Die Menschen waren daran gewöhnt, die Welt als einen grundsätzlich stabilen, guten Ort anzusehen, an dem sich Gott um das Wohlergehen der Menschen kümmerte. Plötzlich war all das infrage gestellt. Eine Flut von Büchern, Gedichten und philosophischen Denkanstößen brach hervor, die sich mit dem befasste, was man dann „das natürliche Böse“ nannte.

Im vorliegenden Abschnitt besteht das eigentlich Beunruhigende darin, dass die Verheißung, dass die Erde und auch der **Himmel** erschüttert wird, direkt von Gott kommt, und zwar als Teil seines Planes, seine Schöpfung am Kragen zu packen und sie endlich zu dem zu machen, was er immer für sie geplant hatte. Der Abschnitt schaut noch einmal auf die Donnerstimme zurück, die vom Berg Sinai erschallte und die Erde erschüttern und beben ließ. Trotz des Gegensatzes zwischen 18-21 und 22-24 – oder gerade wegen dieses Gegensatzes? – entdecken wir jetzt, dass die bebende Erde am Sinai in den Verheißungen des neuen **Bundes** nicht mit einem ruhigen, glatten Übergang zu Gottes neuer Welt ersetzt wird, sondern mit etwas noch Stürmischerem: nicht nur mit einem Erdbeben, sondern zusätzlich mit einem Himmelsbeben. Auch Offenbarung 21 besteht darauf: Damit es den neuen Himmel und die neue Erde geben kann, müssen der gegenwärtige Himmel und die gegenwärtige Erde ihrer jeweils eigenen radikalen Veränderung unterzogen werden und die ist fast wie ein Tod und eine neue Geburt.

Der Hebräerbrief verwendet ein anderes Bild für diesen Übergang, aber das Endergebnis ist dasselbe. Himmel und Erde müssen gleichermaßen derartig „erschüttert" werden, dass alles Vergängliche, Vorübergehende, Vorläufige und Zweitrangige verschwindet. Dann wird das, was der neuen Schöpfung entspricht und auf Jesus sowie seiner **Auferstehung** gründet, umso heller erstrahlen. Diese neue Schöpfung wird natürlich alle umfassen, die zum neuen Bund gehören – und durch sie auch die neue Welt, die Gott immer verheißen hatte. Das hat uns Hebräer 11 und 12 die ganze Zeit über gesagt.

Diese atemberaubende Verheißung der neuen Welt Gottes ist für die Leser nicht nur eine Überraschung, sondern auch eine Warnung. Wenn schon die Menschen, die sich weigerten, auf Mose zu hören, in ernste Schwierigkeiten gerieten, was wird denn passieren, wenn die Menschen jetzt sich weigern, auf denjenigen zu hören, der so viel größer ist als Mose? Das schlägt den Bogen zurück zum Ausgangspunkt in 2,1-4 und weist darauf hin, dass der Autor nun seinen großen Gedankengang beendet und dabei die einzelnen Argumentationsstränge zusammenbringt.

Vor den abschließenden Anweisungen des 13. Kapitels will er uns mit diesem Rückbezug auf 2,1-4 ein zentrales Thema mit auf den Weg geben. Dieses Thema ist das wahre Bild von Gott und von uns in Beziehung zu ihm (Verse 28-29). Der Autor hält nichts von dem sentimentalen Bild von einem Gott, der als nachsichtiger Vater verstanden wird, der immer da ist, um zu trösten, und der niemals viel Aufhebens macht. Der wahre Gott ist nicht zahm noch verwöhnt er seine Kinder. Er ist wie ein Feuer: Die Heiligkeit Gottes, betont durch die Rituale im Tempel, wird nicht von der Tatsache unterhöhlt, dass sein Volk im neuen **Bund** auf eine neue Weise in seine Gegenwart eingeladen ist. Wer so denkt, macht einen radikalen Fehler. Gott hat ja nicht aufgehört, heilig zu sein. Gott hat sich nicht im Mindesten verändert. Vielmehr hat Jesus einen neuen und lebendigen Weg durch den „Vorhang" direkt bis hinauf zu Gott gebahnt. Nur wenn wir uns an Gottes Heiligkeit erinnern, bringen wir der Bedeutung dessen, was Jesus vollbracht hat, wahre Wertschätzung entgegen. Es ist schon bemerkenswert: Dort, wo Denker über Gott gesprochen haben, ohne seine alles verzehrende Heiligkeit zu betonen, wurde die Bedeutung des Kreuzes proportional herabgestuft. Im Einklang mit dem Rest des Neuen Testaments feiert der Hebräerbrief das, was Jesus in seinem Opfertod vollbracht hat, gerade weil seine Sicht von Gott sich nicht von dem zentralen jüdischen Glauben abgewandt hat, den wir im Alten Testament finden. Gott ist derselbe; oder um es umgekehrt auszudrücken: Es ist derselbe Gott, der jetzt in Jesus seinen Rettungsplan zu einem triumphalen Abschluss gebracht hat – ein Plan, der im Alten Testament schon dargelegt wurde.

Die angemessene Antwort ist daher Dankbarkeit und Anbetung. Neulich sprach ich mit einem Freund, der mit der Frage der angemessenen christlichen Haltung gegenüber dem rang, was wir „die angenehmen Dinge des Lebens" nennen – Essen und Trinken, Geld und Besitz. Im vollen Wissen, dass diese Dinge zu ernsten Versuchungen werden können, wenn wir um ihrer selbst willen nach ihnen streben, hatte er sich oft dazu gedrängt gefühlt, diesen Dingen zu entsagen, alles Interesse an ihnen und alle Ansprüche daran beiseitezuschieben und den Weg der Askese zu beschreiten. Inzwischen war er zu einem anderen Schluss gekommen. Er sei nun der Auffassung, ohne sie auf götzendienerische Weise anstreben zu wollen, dass die angemessene Antwort auf materielle Güter Dankbarkeit sei. Indem wir Gott für das danken, was wir haben, bewahren wir uns die angemessene Sicht auf die Dinge dieser Welt. Auf diese Weise werden sie sich nie in Götzen verwandeln und wir vermeiden den Fehler zu denken: Als Gott die Welt erschuf, erschuf er Schund, den wir ignorieren oder verspotten können.

Wenn das für die gegenwärtige Welt mit all ihren Mehrdeutigkeiten gilt, um wie viel mehr sollten wir dann dankbar sein für die kommende Welt, die Welt, die uns als unser wahres Erbe verheißen ist! Echte Dankbarkeit sowohl für die gegenwärtige als auch für die kommende Welt ist die tiefste und wahrhaftigste Form der Anbetung. Sie erreicht Bereiche, die das gesamte Opfersystem nie erreichen konnte. Wenn Sie sich vor dem lebendigen Gott beugen und ihm vom Grund Ihres Herzens für alles danken, was er getan hat und tun wird, ist das so, als seien Sie ein **Priester** im Tempel, der das reinste, makelloseste **Opfer** darbringt – nur noch viel intensiver. Das ist das Privileg der Nachfolger Jesu, des **Messias.** Das ist das **Leben,** zu dem uns unser feuriger Gott jetzt ruft. Der Autor war sehr darauf bedacht, dass seine Leser diese eindringliche Ermahnung sehr genau hörten. Zweitausend Jahre später müssen wir sie ganz genauso hören wie sie.

Hebräer 13,1-8: Wie Gottes Leute leben – ganz praktisch

1 Bleibt fest in der Liebe zu den Brüdern und Schwestern. 2 Vergesst
nicht, Gastfreundschaft zu üben; einige haben so, ohne es zu wis-
sen, schon Engel zu Gast gehabt. 3 Denkt an die Leute im Gefängnis,
als wärt ihr mit ihnen dort. Wenn ihr an Menschen denkt, die durch
schwierige Zeiten gehen, vergesst nicht, dass auch ihr in einem zer-
brechlichen Körper lebt.

4 Jedermann soll die Ehe ehren; das Ehebett soll nicht verunreinigt
werden. Gott wird jene richten, die herumhuren oder Ehebruch be-
gehen.

5 Achtet darauf, dass ihr frei bleibt von der Liebe zum Geld; seid zu-
frieden mit dem, was ihr habt. Schließlich sagte er selbst: „Ich werde
euch niemals je verlassen oder im Stich lassen." 6 Deshalb können
wir in fröhlicher Zuversicht leben und sagen: „Der Herr hilft mir; ich
werde mich nicht fürchten. Was kann mir irgendjemand antun?"
7 Denkt an eure Leiter, die euch Gottes Wort gebracht haben. Ach-
tet sorgfältig darauf, wie ihr Leben zu einem fruchtbaren Ende ge-
kommen ist, und nehmt euch ihren Glauben zum Vorbild. 8 Der Mes-
sias Jesus ist gestern derselbe wie heute und für immer.

Sex, Macht, Geld, Leiden. Die morgige Zeitung wird voll davon sein. Das lässt sich verkaufen. Das hält die Welt am Laufen – meinen jedenfalls manche Leute. Währenddessen können Sie die Zeitung von vorne bis hinten durchsehen und danach suchen, ob Jesus erwähnt wird. Vielleicht gibt es ein oder zwei Andeutungen (vielleicht ahmt jemand die Beatles nach und behauptet, er sei berühmter als Jesus!). Jesus wird allerdings nicht die angeblich so wichtigen Belanglosigkeiten dominieren, die uns täglich und wöchentlich unter die Nase gerieben werden.

Doch hier im abschließenden Kapitel eines der großartigsten Dokumente der frühen Christenheit finden wir Sex, Macht, Geld, Leiden – und Jesus! Und nicht nur das: Er ist derjenige, der allem anderen Sinn verleiht. Er ist derselbe „gestern, heute und für immer". Der Autor möchte, dass wir erkennen: Wenn unser **Glaube** fest in Jesus verankert ist, muss uns keine der Kräfte etwas anhaben, die Menschen aus der Bahn werfen und in die Zeitung bringen.

Was genau meint der Autor, wenn er auf diese Weise über Jesus spricht? Und wie kann uns dieser Glaube durch die bewegte See steuern?

Im gesamten Brief ging es um die Art und Weise, auf die Gott sein Volk seit der Frühzeit des alten **Bundes** bis hin zur Erfüllung in Jesus führte und leitete und wie er jetzt sein Volk führt seit der Frühzeit des neuen Bundes, in der seine ersten Leser lebten, bis zu ihrer eigenen Erfüllung in der „kommenden Stadt". Gestern – mit anderen

Worten: in der Zeit des alten Bundes – war Jesus derselbe: Mose, so sagt unser Autor, trug „Schande für den **Messias**“ (11,26). Er ist und war der Ewige, der Mensch wurde, derjenige, durch den die Welten erschaffen wurden (1,2-3; 1,10-12). Wir sollten auch nicht für einen Moment denken, dass es in gewissem Sinne eine andere Offenbarung war (oder eine Offenbarung eines anderen Gottes), als Jesus erschien; eine Offenbarung, die sich von der unterschied, die die Israeliten all die Jahre gekannt hatten. Es war eine frische Offenbarung desselben Gottes – so, als hätte man eine persönliche leibhaftige Begegnung mit jemandem, den man bisher nur durch Briefe und gelegentliche Telefonate kannte.

Jesus ist derselbe „heute“. Der Autor hat das „Heute“ bereits betont, besonders in den Kapiteln 3 und 4, in denen er Psalm 95 ausgelegt hat. Die **Botschaft** des **Evangeliums** ist nicht nur für morgen; Sie können sie nicht aufschieben und meinen, es würde leichter, wenn Sie eine bestimmte Aufgabe erledigt, gewisse Entscheidungen getroffen, etwas mehr Geld verdient und sich im Leben eingerichtet haben. Die Herausforderung Jesu gilt heute, in diesem Moment, für die aktuelle Entscheidung, für die aktuelle Schwierigkeit.

Und Jesus wird „immer“ derselbe sein. Er ist der Mittler des neuen Bundes, derjenige, dessen persönliche Gegenwart das zentrale und wichtigste Merkmal des neuen Jerusalem ist (12,24). Der, den wir gegenwärtig im Glauben kennen, ist der, den wir in der erfüllten Welt in Person kennenlernen werden, in der neuen Welt, die hervortreten wird, nachdem die gegenwärtige Welt nach der Verheißung Gottes „erschüttert“ worden ist (12,26-28). In diesem ganzen Buch ging es um Jesus und Vers 8 fasst den Kern in einem kurzen, prägnanten Sinnspruch zusammen, der es wert ist, auswendig gelernt oder an die Wand gehängt zu werden.

Wenn unsere Vorstellungen von Jesus richtig sind, klären sich nach und nach auch die riesigen Themen der anderen Verse. Erstens: Im praktischen Leben der christlichen Gemeinschaft müssen Großzügigkeit und Liebe die Hauptmerkmale sein – natürlich die Liebe, die Gottes eigene sich selbst hingebende Liebe widerspiegelt. Die Familienmitglieder (mit anderen Worten: die christlichen Brüder und Schwestern) müssen sich stets auf praktische Weise umeinander kümmern. Gegenseitige Zuneigung ist unverzichtbar; finanzielle Hilfe für die Bedürftigen ist unverzichtbar; das Wort, das in Vers 1 verwendet wird, umfasst beides. Und die Gastfreundschaft, die für die frühchristliche Gemeinschaft so charakteristisch war, muss ausgelebt werden, wo immer das möglich ist. Sie steht unter einer faszinierenden Verheißung: Wer seine Haustür öffnet, weiß nie, wann ein Engel eintreten wird. Abraham ist das in 1. Mose 18 passiert; es kann auch Ihnen passieren.

Der Autor wendet sich dann der dunkleren Seite der frühchristlichen Erfahrung zu. Das Gefängnis gehörte von Anfang an zum christlichen Leben. Diejenigen, die gegenwärtig ihre Freiheit genießen, müssen regelmäßig an diejenigen denken, die im Gefängnis sind, für sie beten und Wege finden, ihnen zu helfen. Das bezieht sich im vorliegenden Kontext vermutlich auf Menschen, die aufgrund ihres Glaubens im Gefängnis sind. Das Wirken zugunsten von verfolgten Christen bleibt auch heute eine unverzichtbare Aufgabe. Doch der Autor hätte mit Sicherheit nicht den weiteren Dienst an Häftlingen in der modernen Welt ausgeschlossen – einer Welt, in der das Wegsperren von Menschen viel öfter als übliche Strafe angewandt wird als in der Antike. Damals wurden Menschen sowohl für schwere als auch für nicht so schwere Verbrechen oft hingerichtet, sie mussten eine Strafe zahlen oder wurden verbannt.

Dann kommen zwei Faustregeln zu den zeitlosen Sturmzentren Sex und Geld. Die Ehe ist zu respektieren und von allen zu ehren und niemand soll versuchen, in die sexuelle Einheit zwischen Ehemann und Ehefrau einzudringen. Die heidnische Welt des ersten Jahrhunderts war genauso promiskuitiv wie die westliche Welt des 21. Jahrhunderts und Christen sind heute genauso wie damals aufgerufen, sich an diesem Punkt abzuheben und zutiefst gegenkulturell zu sein. Der Autor warnt davor, dass Gott diejenigen richten wird, die seine Absichten mit dem Geschenk der Sexualität missachten und sie als Spielzeug gebrauchen statt als das tiefe, reiche, erfüllende Band zwischen einem Ehemann und einer Ehefrau, als das sie gedacht war. Dieses Gericht wird nicht unbedingt nur auf das kommende **Leben** beschränkt sein. Tausende von Romanen, Theaterstücken und Gedichten bezeugen die allzu häufige Erfahrung, dass diejenigen, die sich und andere entwürdigen, indem sie dem Sex außerhalb des angemessenen Kontextes frönen, das bitter bereuen und dauerhafte emotionale Narben davontragen.

Dasselbe gilt für das Geld, das Menschen zunächst versklavt und sie dann auslacht, wenn es nicht das Glück liefert, das es verspricht. Natürlich macht auch Armut als solche nicht glücklich; wir sollten da keine romantischen Vorstellungen pflegen. Wir sollten jedoch vor der *Liebe* zum Geld auf der Hut sein. Wenn Sie etwas oder jemanden lieben, bringen Sie dafür Opfer. Wenn Sie merken, dass Sie etwas anderes in Ihrem Leben opfern, nur damit Sie dem Ruf des Geldes folgen können, sollten Sie das als Warnsignal ansehen.

Die zweite Hälfte von Vers 5, die heitere Feier von Vers 6 und der Ratschlag in Vers 7, an die zu denken, die Führungspersönlichkeiten im Glauben sind, untermauern diesen nüchternen und praktischen Rat. Diejenigen, die Gott vertrauen, dass er immer bei ihnen sein wird, dass er ihnen immer helfen und sie in und unter allen Umständen verteidigen wird, werden mit viel geringerer Wahrscheinlichkeit den Versuchungen sexueller Unmoral oder der Liebe zum Geld nachgeben – beides Dinge, die oft Menschen angreifen, die persönlich unsicher sind. Der zuversichtliche Glaube von Vers 6 ist kein anderer als der Glaube, der im gesamten Brief gefeiert und zu dem ermutigt wurde. Dies ist der Glaube, der die frühchristlichen Führungspersönlichkeiten auszeichnete und der sowohl von den antiken als auch von den modernen Lesern heute nachgeahmt werden muss (Vers 7).

Hebräer 13,9-16: Sucht die neue Stadt außerhalb der alten!

*9 Lasst euch nicht von irgendwelchen eigenartigen Lehren mitreißen.
Das Herz muss durch Gnade gekräftigt werden, nicht durch Regeln
darüber, was man essen darf. Diese bringen denen, die sie befolgen,
keinen Nutzen.*

*10 Wir haben einen Altar, von welchem jene, die in der Stiftshütte
dienen, nicht essen dürfen. 11 Die Körper jener Tiere, deren Blut als
Sündopfer ins Heiligtum gebracht wird, werden nämlich außerhalb
des Lagers verbrannt. 12 Darum hat auch Jesus außerhalb des Lagers
gelitten, um die Leute durch sein Blut zu heiligen. 13 Lasst uns also zu
ihm hinausgehen, außerhalb des Lagers, und seine Schmach auf uns
nehmen. 14 Ihr wisst ja, dass wir hier keine Stadt haben, die bestehen
bleibt; wir erwarten aber diejenige, die kommen wird.*

*15 Dies ist also unser Beitrag: Durch ihn bringen wir Gott ein un-
aufhörliches Dankopfer – damit ist gemeint: Mit dem Mund bekennen
wir seinen Namen und sehen Frucht davon. 16 Hört nicht damit auf,
Gutes zu tun und lebt wirkliche „Gemeinschaft“. Gott erfreut sich
sehr an dieser Art von Opfern!*

Ich habe bereits erwähnt, dass ich das Tagebuch eines Geistlichen gelesen habe, der von 1940–1945 ein Kriegsgefangener war. Die Lektüre war sowohl faszinierend als auch frustrierend. Faszinierend als Bericht aus erster Hand über das Leben, das diese Leute ertragen mussten. Frustrierend, weil die Deutschen es natürlich nicht zuließen, dass die Gefangenen Sachen in ihre Tagebücher schrieben, die subversiv sein konnten. Jeder Brief, der in ein Lager gelangte oder es verließ, musste von Zensoren durchgesehen werden. Genauso wurden alle Tagebücher – und viele Gefangene schrieben eines – regelmäßig überprüft und konfisziert oder zerstört, wenn sie irgendetwas sagten, das sich zu deutlich auf die Kriegsentwicklung bezog. Das galt besonders für die letzten beiden Kriegsjahre, als die Alliierten in Europa einmarschierten und die Kriegsgefangenen sehnsüchtig auf Nachrichten, Gerüchte und alles warteten, was ihnen signalisieren könnte, wann sie befreit werden würden.

Das führte dazu, dass ziemlich viele Hinweise auf aktuelle Ereignisse in einer Art Codesprache verfasst wurden – und die konnte ich nicht immer knacken. Der Schreiber verwies indirekt auf Bombenangriffe der Alliierten. Er deutete Dinge an, die er über den Verlauf des Krieges wusste und die andere Gefangene sofort verstanden haben werden, die ich jedoch ohne Hilfe nicht ergründen konnte. Er verwies auch ganz besonders auf Gefangene, die aus dem Lager zu fliehen versuchten. An einer Stelle begriff ich, dass ein Hinweis auf Füchse und Hühner nichts mit einem Bauernhof zu tun hatte, sondern mit Gefangenen, denen die Flucht gelungen war und die nun, so hoffte er, den „Füchsen" entkommen würden – den Wachen oder Soldaten, die sie womöglich wieder einfingen oder töteten. Er hoffte, sie würden heil nach Hause kommen.

Der vorliegende Text ist nicht ganz so indirekt; um ihn aber zu verstehen, müssen wir uns in die Lage versetzen, auf die er verweist, und dabei zusehen, wie er zunehmend mehr Sinn ergibt. An dieser Stelle könnten wir durchaus recht nah an der tatsächlichen historischen Lage der Leser dran sein. Sie werden eindringlich gebeten, „eigenartige Lehren" zu meiden, in denen es um Speisevorschriften geht. Sie werden ermutigt, sich keine Sorgen angesichts der Vorwürfe zu machen, welche die Nachfolger Jesu immer wieder treffen werden. Sie werden daran erinnert, dass die Stadt, die zählt, nicht die gegenwärtige ist, sondern die zukünftige. Es wird ihnen noch einmal etwas über die „wahren **Opfer**" gesagt, die sie darbringen sollen, im Unterschied zu den regelmäßigen Tieropfern. Mit anderen Worten: Sie werden eingeladen, das gegenwärtige Jerusalem dem zukünftigen gegenüberzustellen (12,22-24) und die Schlussfolgerung zu ziehen: Ihr gehört zum Letzteren, nicht zum Ersteren.

Das beweist als solches nicht, dass die ersten Leser Judenchristen waren, die in Jerusalem wohnten. Vielleicht waren sie Synagogenmitglieder, die sich selbst als „kleines Jerusalem" ansahen und irgendwo in Palästina oder in der weiteren heidnischen Welt wohnten. Aber die Erwähnung des Altars und der Opfer beinhaltet, dass sie sich von der Stadt und vom Tempel distanzieren mussten, in dem die Opfer dargebracht wurden; und im Judentum gab es nur einen einzigen derartigen Ort.

Es ist daher also recht wahrscheinlich, dass dieser etwas indirekte kleine Abschnitt genau auf diese Weise verfasst wurde, weil sowohl der Autor als auch die Leser wussten, dass sich in und um Jerusalem eine zunehmend angespannte Lage über den Nachfolgern Jesu zusammenbraute. Sie mussten ermutigt werden, die Folgen ihres **Glaubens** zu durchdenken. Sie mussten bereit sein, den klaren Bruch zu vollziehen, der durchaus nötig werden konnte. Man kann nicht mit Sicherheit sagen, ob dies alles nun tatsächlich auf die Zeit hinweist, als die Juden in Palästina den Aufstand gegen Rom probten, also zwischen 66 und 70 n. Chr., oder ob das nicht der Fall ist. Es mag viele Krisen gegeben haben, in denen Judenchristen in den Verdacht gerieten, Verräter der nationalistischen Sache zu sein. Mit Sicherheit würde jener große Krieg, der mit der Zerstörung Jerusalems und des Tempels endete, sehr gut passen.

Was der Autor zu sagen hat, steckt voller Ironie. Er warnt in Vers 9 vor „eigenartigen Lehren" – und verweist damit auf jüdische Speisevorschriften! Seine Leser sollten die jüdischen Vorschriften zu dem, was man essen und wie man es zubereiten durfte – und das waren und sind zentrale Dinge für die Praxis des Mainstream-Judentums! – irgendwie auf dieselbe Weise betrachten, auf welche die meisten Juden die Art von Lehre betrachteten, die „seltsam" war, mit anderen Worten: die von außen aus der heidnischen Welt kam! Vorschriften dieser Art, so schärft er ihnen ein, helfen euch nicht. Ihr braucht Gnade im Herzen, kein spezielles Essen im Magen. Um zu erkennen, wie umstritten das gewesen sein wird, muss man nur einen flüchtigen Blick auf Markus 7 oder Galater 2 werfen.

In den Versen 10-14 vergleicht er Jesus dann noch einmal mit den Opfertieren des Sündopfers. Diesmal besteht der Zweck des Vergleichs nicht in der Hervorhebung dessen, was sein eigenes Opfer vollbracht hat – das wurde bereits ausführlich in Kapitel 9 und 10 gesagt. Der Zweck besteht darin, eine Parallele zu ziehen zwischen Jesus, der außerhalb der Stadt getötet wurde, und den Tieren, deren Körper außerhalb des Lagers zu verbrennen waren. (Es ist tatsächlich möglich, dass einer der Gründe, warum der Autor im gesamten Brief von der Stiftshütte in der Wüste gesprochen hat und nicht vom Jerusalemer Tempel, in der Vermeidung besteht, diese zentrale Institution des Judentums direkt zu erwähnen, also das Gebäude und das System, das Jesus zufolge unter Gottes Gericht stand.) Der Punkt, den er hier macht, lautet: Jesu Nachfolger sollten die Stadt mit ihrem Tempel ruhig verlassen, auch wenn ihre jüdischen Geschwister sie als Verräter ansehen und Schande über sie bringen würden.

Sie sollten sich außerdem nicht als Menschen ansehen, die vom üblichen Zugang zu Gott und von den feierlichen Mahlzeiten abgeschnitten sind, die im Tempel stattfanden. Im Gegenteil. Sie „haben einen Altar", an dem sie essen können (Vers 10). Das muss ein Verweis auf das himmlische Heiligtum sein, das früher im Brief erläutert wurde. In diesem Heiligtum wird ihnen nicht nur Zugang zu den äußeren Höfen gewährt wie im Jerusalemer Tempel, sondern zum Allerheiligsten, da sie selbst durch das Blut Jesu geheiligt worden sind (Vers 12). Im Ergebnis sind sie tatsächlich privilegierter als die Jerusalemer Priesterschaft („die in der Stiftshütte dienen" – anscheinend wiederum ein Hinweis in codierter Sprache). Vers 10 besteht darauf, dass diejenigen, welche die Privilegien des neuen **Bundes** nicht nutzen, die durch Jesus bereitstehen, nicht zu diesem endgültigen „Altar" zugelassen werden. Gott hat den neuen Bund geschlossen und für diejenigen, die seine Segnungen zurückweisen, bleiben keine Verheißungen mehr übrig.

All dies ergibt wieder einmal Sinn, weil die gegenwärtige Stadt unter dem Gericht steht. Es zählt die Stadt, die verheißen ist, die Stadt, die noch kommen wird. Wie in Galater 4,25-26 befindet sich das gegenwärtige Jerusalem (das wiederum nicht ausdrücklich erwähnt wird) in einer Art Sklaverei und sieht der Verdammnis entgegen. Diejenigen, die zu Jesus gehören, beanspruchen Teilhabe an dem Jerusalem, das noch kommen wird (wie in Kapitel 11 und 12).

Das Ergebnis all dieser Dinge ist wiederum die glückliche und ungehemmte Anbetung (Verse 15-16). Sie, nicht die endlosen toten Tiere, ist das „Opfer", das Gott wirklich will. Gott will Menschen, die den Namen Jesu aussprechen – im Gebet, in der Anbetung und im Zeugnis, auch wenn sie das viel kostet. Ihr Zeugnis wird Frucht bringen. Und das gemeinsame Leben der christlichen Gemeinde, das Leben einer großherzigen Gemeinschaft, ist in diesem Sinne selbst ein „Opfer", ein Akt der Anbetung. Gott freut sich darüber. Gestatten Sie sich niemals folgenden Gedankengang: Weil ich mir Gottes Wohlwollen ja durch nichts verdienen kann, was ich tun könnte, wird sich Gott auch an nichts freuen, was ich in seinem Namen zu tun versuche. Gerade weil Liebe nicht verdient oder erarbeitet werden kann, freut sie sich immer, wenn sie Liebe als Antwort bekommt. Der letzte Abschnitt des Briefes wird darauf bestehen: Auch das ist in jedem Fall das Werk seiner Gnade.

Hebräer 13,17-25: Der Gott des Friedens sei mit euch!

17 Gehorcht euren Leitern und ordnet euch ihnen unter. Sie wachen über eurem Leben; dafür werden sie einmal Rechenschaft ablegen müssen. Setzt alles daran, dass sie dies mit Freuden tun können, nicht als Last. Das wäre nicht gut für euch.

18 Betet für uns! Unser Gewissen ist rein; darüber haben wir Gewissheit. Wir ringen darum, uns in allem angemessen zu verhalten.
19 Ich bitte euch inständig, dies zu tun, damit ich euch bald wieder geschenkt werde.

20 Der Gott des Friedens, der unseren Herrn Jesus, den großen Hir-

ten der Schafe, durch das Blut des ewigen Bundes von den Toten her-
aufgeführt hat, 21 *möge euch vollständig machen in jedem guten Werk,*
sodass ihr seinen Willen tun könnt. Möge er in euch durch den Mes-
sias Jesus das bewirken, was in seinen Augen angenehm ist! Ihm sei
die Ehre für immer und ewig! Amen!

22 *Ich bitte euch inständig, meine liebe Familie: Haltet an diesem*
Wort der Ermahnung fest. Schließlich habe ich euch nur kurz ge-
schrieben. 23 *Ihr sollt wissen, dass unser Bruder Timotheus freigelas-*
sen worden ist. Wenn er bald kommt, kann ich euch und ihn zur glei-
chen Zeit treffen.

24 *Grüßt all eure Leiter und Gottes ganzes Volk. Alle aus Italien las-*
sen euch grüßen. 25 *Gnade sei mit euch allen.*

Ich plauderte mit einem Freund, der vor Kurzem Bischof geworden war. Er war und ist ein wundervoller Mann, gelehrt, weise, kontaktfreudig, voller Ideen, Hingabe, Liebe und Güte. Man sollte meinen, jede Kirche wäre froh, ihn als Leiter zu haben.

„Wie geht es dir nun in deiner neuen Aufgabe?“, fragte ich ihn.

„Der Versuch, ein Leiter dieser Kirche zu sein“, erwiderte er, „ist wie der Versuch, mit einer Katze spazieren zu gehen.“

Nun gibt es sicher seltene Katzen, die gerne auf einen Spaziergang mitgenommen werden. Manchmal sagen wir, sie meinten, sie seien Hunde. Aber größtenteils reagieren sie eher ungnädig auf jeglichen Versuch, sie zu diesem oder jenem zu „ermuntern“. Sie schauen dann meistens etwas beleidigt und machen das Gegenteil. Nur zu oft hat es den Anschein, als verhielten sich Christen genauso. Die gegenwärtige Stimmung der westlichen Gesellschaft, in der jede Autorität unter Verdacht zu stehen scheint und alle Macht die Menschen angeblich korrumpiert, gibt den Leuten eine zusätzliche Entschuldigung, ihr eigenes Ding durchzuziehen, anstatt sich in irgendeiner Weise dem unterzuordnen, was irgendjemand anderer sagt.

Dennoch gibt es in Gottes Kirche angemessene Verantwortungsstrukturen; denn in vielen Passagen stellen wir fest, dass Gott sein

Volk als Schafe ansieht, die Hirten brauchen. Natürlich ist Jesus selbst der wahre Hirte, was der Hebräerbrief in Vers 20 sagen wird; aber wir sollten nicht vergessen, dass Jesus in Johannes 21 Petrus beruft, als Hirte über seine Herde zu handeln, und Jesus hat seitdem nicht aufgehört, Hirten zu berufen.

Der Punkt besteht natürlich darin, dass Hirten dazu da sind, sich um die Schafe zu kümmern, nicht um sie wie ein Diktator zu „beherrschen“ oder sie für ihren eigenen Vorteil zu benutzen, wie es so viele Politiker sogar in der angeblich freien und demokratischen Welt tun. Wenn die Hirten ihre Aufgabe im Sinne des Erfinders ausüben, ist es im besten Interesse der Schafe, dorthin zu gehen, wohin sie geführt werden. Das ist nicht „Bevormundung“ (der heute übliche Vorwurf); es ist schlicht vernünftig. Jeder Christ, jede Gemeinde muss erkennen, dass Gott tatsächlich Leute beruft, um die Herde zu führen, zu lehren, anzuleiten und zu warnen, und dass es für alle Beteiligten besser ist, wenn diese Aufgabe mit Freude ausgeführt werden kann.

Die Verse 18 und 19 sowie 22 und 23 geben wieder einmal kleine Hinweise auf die Lage sowohl des Autors als auch seiner Leser. Vers 19, der ähnlich klingt wie das, was Paulus in Philemon 22 sagt, könnte darauf hinweisen, dass der Autor selbst im Gefängnis ist, auch wenn bisher nichts im Brief das hat vermuten lassen. Vielleicht ist er einfach nur in schwierige Tätigkeiten involviert, die ihn davon abhalten, im Moment zu den Empfängern zu kommen. Die plötzliche Erwähnung von Timotheus in Vers 23 und von seiner „Entlassung“ verbindet diesen Brief mit der Welt von Paulus, aber das hilft uns leider nicht viel weiter mit der Identifizierung des Autors oder Herkunftsortes. Die Erwähnung derjenigen „aus Italien“ in Vers 24 muss nicht unbedingt heißen, dass der Autor bei der Abfassung in Italien war; es könnte ganz einfach darauf hinweisen, dass es dort, wo auch immer er war, eine kleine Gemeinschaft gab, die aus Italien gekommen war – und die vielleicht aus solchen bestand, die wie die Leute in **Apostel**geschichte 18,2 von Claudius aus Rom vertrieben worden waren. „Italien“ anstelle von „Rom“ zu sagen könnte ebenfalls ein Hinweis auf eine gewisse Vorsicht sein. Wir mögen lächeln, wenn wir lesen, dass der Brief eine „ziemlich kurze“ Ermahnung ist (Vers 22), und uns fragen, wie ein langer Brief ausgesehen hätte. Wenn wir den Brief jedoch mit einigen philosophischen Abhandlungen vergleichen, die in den ersten zwei- oder dreihundert Jahren unserer Zeitrechnung verfasst worden sind, ist er tatsächlich kurz und der Autor hat an zwei oder drei Stellen Andeutungen gemacht, dass er noch viel mehr hätte sagen können.

Der krönende Abschluss des letzten Abschnitts ist der großartige Segen in den Versen 20 und 21, der in vielen Kirchen immer noch regelmäßig gesprochen wird, besonders in der Osterzeit. Der Autor hat bisher noch nicht viel zu der **Auferstehung** Jesu gesagt, auch wenn er sie durchgängig vorausgesetzt hat. Er hat sich entschieden, sich einerseits mehr auf seinen Opfertod zu konzentrieren und andererseits darauf, dass er zu unseren Gunsten ins himmlische Heiligtum gegangen ist. Doch beides ergibt nur den im Brief erläuterten Sinn, weil Jesus von den Toten auferweckt worden ist – darauf besteht das gesamte Neue Testament auf jeder Seite. In dieser Zusammenfassung der Gedankengänge des ganzen Briefes wird die Auferstehung nun endlich ausdrücklich erwähnt.

Gott „führte Jesus herauf“, zurück aus der Welt der Toten. Damit zeigte er, dass Jesus tatsächlich „der große Hirte der Schafe“ war. Sein Blut, vergossen am Kreuz, ist zum Opferblut geworden, das den neuen **Bund** einläutet, das ultimative Band zwischen Gott und seinem Volk, die Übereinkunft zwischen ihnen, welche „das **kommende Zeitalter**“ anbrechen lässt, nach dem sich Israel gesehnt hatte. Das ist die wahre Bedeutung des Wortes „ewig“: nicht bloß „etwas geht endlos weiter“ (was manchmal etwas langweilig klingt), sondern „in Beziehung zu Gottes neuem Zeitalter“, in dem es neue Aufgaben geben wird, neue Möglichkeiten, neue kreative Herausforderungen.

Wir müssen auch nicht auf das „Leben nach dem Tod“ warten, damit diese Dinge beginnen können. Gott will diese Dinge zumindest schon mal auf vorläufige Weise durch sein Volk in der Gegenwart bewerkstelligen. Daher fährt dieser Segen mit dem Gebet fort, Gott möge „in euch durch den Messias Jesus das bewirken, was in seinen Augen angenehm ist!“ (Vers 21). Wenn Menschen sich vorbereiten, eine große Aufgabe auszuführen, werden sie dafür trainiert und ausgerüstet – sei es ein Anwalt, der sich auf die Arbeit im Gerichtssaal vorbereitet; ein Installateur, der alle nötigen Werkzeuge braucht; oder, wie mein Freund, ein Bischof, der sich vorbereitet, Verantwortung für einen Teil der Kirche Gottes zu übernehmen. Der Hebräerbrief betet darum, dass alle Christen, zu welcher Aufgabe auch immer sie berufen werden, von Gott vollständig dafür ausgerüstet werden, nicht nur äußerlich, sondern auch innerlich, damit sie „ausführen“ oder bewerkstelligen, was auch immer angenehm in seinen Augen sein wird.

Hier stehen wir im Zentrum des Geheimnisses des christlichen Lebens, der christlichen Leiterschaft und des christlichen Wirkens für das **Reich Gottes**. Aus dem gesamten Brief geht ziemlich klar hervor, dass die Beteiligung an diesem Wirken Anstrengung, Entschlossenheit und Geduld verlangt. Die Tatsache, dass Gott in uns am Werk ist, in Einzelpersonen und in Gemeinschaften, nimmt davon nichts weg. Doch während wir uns auf dieses Wirken vorbereiten, es konkret vollziehen und Gott nach getaner Arbeit dafür danken, dürfen wir nie vergessen, dass dieses Wirken letztlich etwas ist, das er auf geheimnisvolle Weise in und durch uns tut.

Wie bei Jesus selbst könnte es auch bei uns sein, dass wir große Kämpfe durchstehen müssen, während wir lernen, was all dies praktisch heißt (5,7-9). Wenn Gott tatsächlich „durch Jesus“ in uns am Werk ist, sollten wir sogar erwarten, dass dem so sein wird. Also haben wir umso mehr Grund, ihm „für immer und ewig die Ehre zu geben“. Er ist derjenige, der den Weg bereitet hat, der es uns möglich macht, schon jetzt in Gottes Gegenwart einzutreten, und der auf uns wartet, um uns in der Stadt willkommen zu heißen, die kommen wird. Er ist auch derjenige, durch den wir befähigt werden, zu tun und zu sein, wozu wir berufen sind, und die Folgen mit Freuden zu tragen. All das können wir nur aufgrund seines Todes, seiner Auferstehung, seiner Himmelfahrt und der Gabe seines **Geistes**.

All dies und noch mehr wird in dem abschließenden Gruß zusammengefasst: Gnade sei mit euch!

Glossar

Abendmahl/Eucharistie

Das Mahl, mit dem die ersten Christen die Aufforderung befolgten, die Jesus beim letzten Abendmahl gab: „Tut dies zu meinem Gedächtnis“ (Lukas 22,19; 1. Korinther 11,23-26). Das Wort „Eucharistie“ stammt vom griechischen Wort für „Danksagung“; der Begriff bedeutet grundsätzlich „das Mahl der Danksagung“. Er blickt auf die vielen Gelegenheiten zurück, als Jesus Brot nahm, für das Brot dankte, es brach und es an Menschen weitergab (z.B. Lukas 24,30; Johannes 6,11). Andere frühe Wendungen für dasselbe Mahl sind „das Herrenmahl“ (1. Korinther 11,20) und „das Brechen des Brotes“ (Apostelgeschichte 2,42). Später wurde es „die Messe“ genannt (vom lateinischen Wort „missa“ am Ende des Gottesdienstes, das „Aussendung“ bedeutet) sowie „heilige Gemeinschaft“ (Paulus spricht davon, „Anteil“ am oder „Gemeinschaft“ mit dem Leib und Blut Christi zu haben). – Spätere theologische Kontroversen über die genaue Bedeutung der verschiedenen Handlungen und Elemente des Mahles sollten seine Zentralstellung im frühchristlichen Leben und seine fortdauernde entscheidende heutige Bedeutung nicht verdunkeln.

Apostel, Jünger, die Zwölf

„Apostel“ bedeutet: „jemand, der gesandt ist“. Das Wort konnte einen Botschafter oder einen offiziellen Delegierten bezeichnen. Im Neuen Testament wird das Wort manchmal spezifisch in Bezug auf den inneren Kreis der Zwölf um Jesus benutzt; doch Paulus sieht nicht nur sich selbst, sondern etliche andere außerhalb des Zwölferkreises als „Apostel“ an, wobei das Kriterium für den Apostelstatus darin besteht, ob jemand den auferstandenen Jesus persönlich gesehen hat. Jesus selbst symbolisiert mit seiner Auswahl von zwölf engen Mitarbeitern seine Absicht, Gottes Volk, Israel, zu erneuern (Israel bestand nach eigener Ansicht traditionell aus zwölf Stämmen). Nach dem Tod von Judas Iskariot (einer aus dem Kreis der Zwölf; Matthäus 27,5) wurde per Losentscheid Matthias an seiner Stelle gewählt, um die symbolische Zwölfzahl aufrechtzuerhalten (Apostelgeschichte 1,18). Während Jesu Lebzeiten wurden die Zwölf und viele andere, die ihm folgten, als seine „Jünger“ angesehen, was „Schüler“ oder „Lehrling“ bedeutet.

Auferstehung

Fast im gesamten biblischen Denken ist der Körper des Menschen von Bedeutung; er ist nicht bloß das verzichtbare Gefängnis der Seele. In Zeiten, in denen Israel um die Güte und Gerechtigkeit JHWHs, des Schöpfergottes, rang, fand man letztendlich zu der Überzeugung, dass er die Toten auferwecken müsse (Jesaja 26,19; Daniel 12,2-3) – ein Vorschlag, der klaren Widerspruch durch das klassische heidnische Denken erfuhr. Die ersehnte Rückkehr aus dem Exil wurde auch in dem Bild von JHWH thematisiert, der verdorrte Knochen zu neuem Leben erweckt (Hesekiel 37,1-14). Diese Vorstellungen wurden in der Zeit des zweiten Tempels weiterentwickelt, nicht zuletzt in Zeiten des Martyriums (z.B. 2. Makkabäer 7). Auferstehung war nicht bloß „Leben nach dem Tod", sondern ein neu verkörpertes Leben nach dem „Leben nach dem Tod"; die gegenwärtig Toten wurden entweder als „Schlafende" bezeichnet oder als „Seelen", „Engel" oder „Geister" angesehen, die auf ihre erneute Verkörperung warteten.

Die frühchristliche Überzeugung, dass Jesus von den Toten auferweckt worden war, meinte damit nicht, dass er „in den Himmel gekommen" oder dass er „erhöht worden" sei oder „göttlich" war; all das glaubten die frühen Christen auch; doch jede dieser Überzeugungen hätte ohne die Erwähnung der Auferstehung ausgedrückt werden können. Nur die körperliche Auferstehung Jesu erklärt den Aufstieg der frühen Kirche, insbesondere ihren Glauben daran, dass Jesus der Messias ist (seine Kreuzigung hatte das infrage gestellt). Die frühen Christen glaubten, dass auch sie selbst zum Zeitpunkt der Wiederkunft oder Parusie des Herrn zu einem neuen, verwandelten körperlichen Leben auferweckt werden würden (Philipper 3,20f.).

Beschneidung

Die Entfernung der Vorhaut. Die Beschneidung der Männer war ein wichtiges Identitätsmerkmal für Juden. Sie geschah auf das ursprünglich an Abraham gerichtete Gebot hin (1. Mose 17), das von Josua neu bekräftigt worden war (Josua 5,2-9). Andere Völker, z.B. die Ägypter, beschnitten ebenfalls ihre männlichen Kinder. Eine gedankliche Linie von 5. Mose (z.B. 30,6) über Jeremia (z.B. 31,33) bis zu den Schriftrollen vom Toten Meer und zum Neuen Testament (z.B. Römer 2,29) spricht davon, dass das, was Gott eigentlich ersehnt, die „Beschneidung des Herzens" sei. Durch diese wird ein Mensch innerlich zu dem, was ein männlicher Jude äußerlich ist, also zu einem Angehörigen des Volkes Gottes. In Zeiten jüdischer Assimilation versuchten einige Juden, die Spuren der Beschneidung zu entfernen (z.B. 1. Makkabäer 1,11-15).

Botschaft, siehe Gute Nachricht

Bund
Im Zentrum des jüdischen Glaubens steht die Überzeugung, dass der eine Gott, JHWH, der die ganze Welt erschaffen hat, Abraham und seine Familie berufen hat, damit er auf besondere Weise zu ihm gehöre. Die Verheißungen, die Gott Abraham und seiner Familie gab, und die Anforderungen, die als Resultat daraus ihnen auferlegt wurden, wurden entweder im Sinne einer Übereinkunft verstanden, die ein König mit einem unterworfenen Volk traf, oder im Sinne eines Eheschlusses zwischen Mann und Frau. Ein üblicher Begriff, mit dem diese Beziehung beschrieben wurde, war „Bund", was auf diese Weise sowohl Verheißung als auch Gesetz umfassen kann. Der Bund Gottes mit Israel wurde mehrfach erneuert: am Berg Sinai mit der Gabe der Tora; in 5. Mose vor dem Eintritt ins verheißene Land; und auf eine stärker fokussierte Weise bei David (z.B. Psalm 89). Jeremia 31 verhieß, dass Gott nach dem Gerichtshandeln des Exils mit seinem Volk einen „neuen Bund" schließen würde; er würde ihnen vergeben und sie enger an sich binden. – Jesus glaubte, dass diese Verheißung sich durch seine Reich-Gottes-Verkündigung und seinen Tod und seine Auferstehung erfüllte. Die frühen Christen entfalteten diese Vorstellung auf verschiedene Weise, da sie glaubten, dass die Verheißungen in Jesus endlich erfüllt worden waren.

Buße, siehe Umkehr

Christus, siehe Messias

Dämonen, siehe Satan

Davids Sohn, siehe Sohn Davids

Essener, siehe Schriftrollen vom Toten Meer

Eucharistie, siehe Abendmahl

Evangelium, siehe Gute Nachricht

Ewiges Leben, siehe Zeitalter, gegenwärtiges

Exil

Das 5. Buch Mose (29 – 30) spricht die Warnung aus: Wenn Israel JHWH ungehorsam sein würde, würde er sein Volk ins Exil schicken. Doch wenn sie umkehren würden, würde er sie in ihr Land zurückbringen. Als im Jahr 597 v.Chr. die Babylonier Jerusalem einnahmen und das Volk Israel ins Exil führten, interpretierten Propheten wie Jeremia dieses Ereignis als Erfüllung dieser Prophezeiung und machten weitere Vorhersagen darüber, wie lange das Exil dauern würde (laut Jeremia 25,12; 29,10 siebzig Jahre). Und tatsächlich begann die Rückkehr aus dem Exil für einige Menschen im späten sechsten Jahrhundert v.Chr. (Esra 1,1). Die nachexilische Zeit war jedoch weithin eine Enttäuschung, da das Volk nach wie vor an fremde Mächte versklavt war (Nehemia 9,36). Auf dem Höhepunkt der Verfolgung durch die Syrer sprach Daniel 9,2.24 davon, dass das „eigentliche“ Exil nicht 70 Jahre dauern würde, sondern 70 Jahrwochen, also 490 Jahre. Die Sehnsucht nach der eigentlichen „Rückkehr aus dem Exil“, nach der Zeit, in der die Prophetien von Jesaja, Jeremia etc. erfüllt und die Erlösung von der heidnischen Unterdrückung bewerkstelligt werden würden, charakterisierten nach wie vor viele jüdische Bewegungen, und diese Sehnsucht war ein Hauptthema in der Verkündigung Jesu und seiner Aufforderung zur Umkehr.

Exodus

Der Exodus (= Auszug) aus Ägypten fand dem gleichnamigen biblischen Buch zufolge (Exodus; 2. Mose) unter der Führung von Mose statt, nach langen Jahren, in denen die Israeliten dort versklavt gewesen waren. (Laut 1. Mose 15,13f. war diese Versklavung und dieser Auszug Teil der Bundesverheißungen Gottes an Abraham.) Der Exodus zeigte den Israeliten und dem Pharao, dem König von Ägypten, dass Israel Gottes besonderes Kind war (2. Mose 4,22). Sie wanderten dann vierzig Jahre lang durch die Wüste des Sinai, wobei Gott sie in einer Wolken- und einer Feuersäule führte. Zu Beginn dieser Zeit wurde ihnen am Berg Sinai die Tora (das Gesetz) gegeben. Nach dem Tod von Mose und unter der Führung von Josua überquerten sie den Jordan und zogen in das verheißene Land Kanaan ein, das sie schließlich eroberten.

Dieses Ereignis, dessen jährlich beim Passahfest und anderen jüdischen

Festen gedacht wurde, gab den Israeliten nicht nur eine kraftvolle Erinnerung daran, was sie zu einem Volk gemacht hatte. Es gab ihrem Glauben an JHWH auch eine bestimmte Gestalt und einen bestimmten Inhalt. JHWH war nicht nur der Schöpfer, sondern auch der Befreier, der Erlöser. In späteren Versklavungen, besonders im Exil, wartete Israel auf eine weitere Erlösung, die im Grunde ein neuer Exodus sein würde. – Wahrscheinlich beherrschte kein anderes Ereignis der Vergangenheit die Vorstellungswelt der Juden des ersten Jahrhunderts so stark wie der Exodus. Zu diesen Juden gehörten auch die ersten Christen, die im Anschluss an Jesu eigene Praxis weiterhin auf den Exodus zurückverwiesen, um ihren eigenen entscheidend wichtigen Ereignissen, insbesondere dem Tod und der Auferstehung Jesu, Bedeutung und Gestalt zu verleihen.

Gehenna, Hölle
Gehenna ist wörtlich verstanden das Tal von Hinnom an den südwestlichen Hängen Jerusalems. Seit uralter Zeit wurde das Tal als Müllhalde benutzt, in der ständig ein schwelendes Feuer brannte. Bereits zur Zeit Jesu benutzte man im Judentum das Wort als Bild für den Ort der Bestrafung nach dem Tod. Jesu eigener Gebrauch des Wortes vermischt die beiden Bedeutungen in seinen Warnungen, die er sowohl an Jerusalem richtete (wenn die Stadt nicht umkehren würde, würde sie zu einem schwelenden Müllhaufen werden) als auch an Menschen im Allgemeinen (damit sie im Gericht Gottes nicht verurteilt werden).

Geist, siehe Leben, Heiliger Geist

Gesetz, siehe Tora

Glaube
Der Begriff Glaube deckt im Neuen Testament einen großen Bereich des menschlichen Vertrauens und der Vertrauenswürdigkeit ab. Am einen Ende des Spektrums verschmilzt er mit der Liebe, am anderen Ende mit der Loyalität. Im jüdischen und christlichen Denken umfasst Glaube auch das Fürwahrhalten, die Akzeptanz gewisser Dinge als wahre Aussagen über Gott und über das, was er in der Welt getan hat (z.B. dass er Israel aus Ägypten befreit und herausgeführt oder Jesus von den Toten auferweckt hat). Für Jesus, so scheint es, bedeutet „Glaube“ oft: „anerkennen, dass Gott entscheidend am

Werk ist, um das Reich Gottes aufzurichten, und zwar durch Jesus". Für Paulus ist „Glaube" sowohl die konkrete Überzeugung, dass Jesus der Herr ist und dass Gott ihn von den Toten auferweckt hat (Römer 10,9), als auch die dankbare Liebe des Menschen als Antwort auf die souveräne göttliche Liebe (Galater 2,20). Dieser Glaube ist für Paulus das einzige Merkmal der Zugehörigkeit zum Volk Gottes in Christus, ein Merkmal, das dieses Volk auf eine Weise kennzeichnet, wie es die Thora und die von ihr vorgeschriebenen Werke niemals tun können.

Gleichnisse
Seit alttestamentlichen Zeiten benutzten Propheten oder andere Lehrer verschiedene Formen der Erzählung von Storys, um Israel aufzurütteln (z.B. 2. Samuel 12,1-7). Manchmal handelte es sich auch um Visionen mit Interpretationen (z.B. Daniel 7). Ähnliche Techniken wurden von den Rabbinern angewendet. Jesus adaptierte diese Traditionen auf seine eigene kreative Weise, um die Weltanschauung seiner Zeitgenossen aufzubrechen und sie einzuladen, stattdessen seine Vision vom Reich Gottes zu teilen. Seine Storys porträtierten dieses Gottesreich nicht nur als eine zeitlose Wahrheit, sondern als etwas, das geschah. Und sie versetzten seine Zuhörer in die Lage, in die Story einzutreten und sie sich zu eigen zu machen. Wie manche alttestamentliche Visionen haben auch einige Gleichnisse Jesu ihre eigenen Interpretationen (z.B. der Sämann in Markus 4); andere sind kaum verhüllte Nacherzählungen der prophetischen Story Israels (z.B. die bösen Weingärtner in Markus 12).

Gute Nachricht, Evangelium, Botschaft, Wort
„Gute Nachricht" oder „Evangelium" hatte für Juden im ersten Jahrhundert zwei Hauptbedeutungen. Zunächst bedeutete es die Nachricht von JHWHs lange erwartetem Sieg über das Böse und von der Rettung seines Volkes. Die Wurzeln dieser Vorstellung reichen zurück in das Buch des Propheten Jesaja. Zum Zweiten wurde das Wort in der römischen Welt benutzt, um die Nachricht von der Thronbesteigung oder Geburt des Kaisers zu bezeichnen. Da die Verkündigung des anbrechenden Reiches Gottes für Jesus und Paulus sowohl die Erfüllung der Prophetie als auch eine Herausforderung der gegenwärtigen Herrscher der Welt war, wurde das Wort „Evangelium" eine Art wichtiges Kürzel sowohl für die Botschaft, die Jesus selbst verkündigte, als auch für die apostolische Botschaft über Jesus. Paulus sah diese Botschaft als Träger der rettenden Kraft Gottes an (Römer 1,16; 1. Thessalonicher 2,13).

Die vier kanonischen „Evangelien“ erzählen die Story von Jesus auf eine Weise, dass beide Aspekte ans Licht gebracht werden (im Unterschied zu einigen anderen sogenannten „Evangelien“, die im zweiten und in späteren Jahrhunderten zirkulierten. Diese neigten dazu, die biblischen und jüdischen Wurzeln des Wirkens Jesu abzuschneiden und den Lesern eine private Spiritualität anstelle der Konfrontation der Herrscher der Welt einzuimpfen). Da diese schöpferische, Leben schenkende gute Nachricht bei Jesaja als Gottes eigenes kraftvolles Wort angesehen wird (40,8; 55,11), konnten die frühen Christen die Begriffe „Wort“ oder „Botschaft“ als weitere Kurzformel für die grundlegende christliche Verkündigung benutzen.

Heiden
Die Juden unterteilten die Welt in Juden und Nichtjuden. Das hebräische Wort für Nichtjuden, goyim, hat Anklänge sowohl an Familienidentität (d.h. nicht von jüdischer Abstammung) als auch an Anbetung (d.h. Anbetung von Götzen, nicht des wahren Gottes JHWH). Obwohl viele Juden gute Beziehungen zu Heiden aufbauten, nicht zuletzt in der jüdischen Diaspora (also in der Zerstreuung der Juden außerhalb von Palästina), gab es offiziell Tabus gegen den Kontakt, z.B. das Verbot der Mischehe. Im Neuen Testament vermittelt das griechische Wort ethne, „Nationen“, dieselbe Bedeutung wie goyim. Es gehörte zu Paulus' Gesamtprogramm, darauf zu bestehen, dass Heiden, die an Jesus glaubten, in der christlichen Gemeinschaft die vollen Rechte genossen wie Juden, die an Jesus glaubten, ohne dass sich die an Jesus glaubenden Heiden der Beschneidung unterziehen müssen.

Heiliger Geist
In 1. Mose 1,2 ist der Geist die Gegenwart und Kraft Gottes innerhalb der Schöpfung, ohne dass Gott mit der Schöpfung identifiziert wird. Derselbe Geist war bestimmten Menschen gegeben, besonders den Propheten, und befähigte sie, für Gott zu sprechen und zu handeln. Jesus wurde bei seiner Taufe durch Johannes in besonderer Weise mit dem Geist ausgerüstet, was in seinem bemerkenswerten öffentlichen Werdegang resultierte (Apostelgeschichte 10,38). Nach seiner Auferstehung wurden auch seine Nachfolger von demselben Geist erfüllt (Apostelgeschichte 2), der nun als der Geist Jesu identifiziert wurde: Der Schöpfergott handelte auf neue Weise, erneuerte die Welt und auch die Jesusnachfolger selbst. Der Geist befähigte sie, eine Heiligkeit auszuleben, die die Tora nicht hervorbringen konnte. Der Geist brachte „Früchte“

in ihrem Leben und gab ihnen „Gaben“, mit denen sie Gott, der Welt und der Kirche dienten, und er sicherte ihnen die zukünftige Auferstehung zu (Römer 8; Galater 4–5; 1. Korinther 12-14). Von ganz früher Zeit an (z.B. Galater 4,1-7) gehörte der Geist im Christentum zur neuen revolutionären Definition Gottes als „der, der den Sohn und den Geist des Sohnes sendet“.

Himmel

Der Himmel ist Gottes Dimension der geschöpflichen Ordnung (1. Mose 1,1; Psalm 115,16; Matthäus 6,9), während die „Erde“ die Welt aus Raum, Zeit und Materie ist, die wir kennen. „Himmel“ steht daher manchmal aus Ehrfurcht für „Gott“ (wie in der bei Matthäus regelmäßig auftauchenden Wendung „Himmelreich“ = Reich Gottes). Normalerweise dem Menschen verborgen, wird der Himmel gelegentlich offenbart oder enthüllt, sodass Menschen die Dimension Gottes hinter dem gewöhnlichen Leben sehen können (z.B. 2. Könige 6,17; Offenbarung 1,4-5). Himmel wird daher im Neuen Testament im Allgemeinen nicht als ein Ort verstanden, an den das Volk Gottes nach dem Tod gelangt; vielmehr kommt am Ende das neue Jerusalem vom Himmel zur Erde, sodass beide Dimensionen auf ewig vereint werden. „Ins Himmelreich eintreten“ heißt nicht, „nach dem Tod in den Himmel kommen“, sondern in der Gegenwart zu den Leuten gehören, die ihren irdischen Lebenskurs anhand der Maßstäbe und Absichten des Himmels steuern (vgl. das Gebet Jesu: „wie im Himmel, so auf Erden“; Matthäus 6,10) und die sich der Teilhabe am kommenden Zeitalter sicher sein dürfen.

Hohepriester, siehe Priester

Hölle, siehe Gehenna

JHWH

Der alte israelitische Name für Gott spätestens seit der Zeit des Exodus (2. Mose 6,2 f.). Vielleicht wurde der Name ursprünglich „Jahwe“ ausgesprochen, doch zu Jesu Zeiten galt er als zu heilig, um ihn überhaupt laut auszusprechen. Dies geschah nur einmal pro Jahr vom Hohepriester im Allerheiligsten im Tempel. Beim Lesen der biblischen Schriften sagten fromme Juden stattdessen Adonai, „Herr“. Dabei fügte man die Vokale von Adonai den Konsonanten von JHWH hinzu, was im Endeffekt zu der Mischform „Jehova“ führte. Das Wort JHWH wird vom Verb für „sein“ her gebildet. Es kombiniert die Bedeutung „Ich bin, der ich bin“ mit „Ich werde sein, der ich sein werde“ und vielleicht auch mit „Ich bin, weil ich bin“ und betont so die souveräne schöpferische Kraft JHWHs.

Johannes (der Täufer)
Johannes ist der Cousin Jesu mütterlicherseits; ein paar Monate vor ihm geboren. Sein Vater war ein Priester. Er wirkte als Prophet und taufte im Jordan. Damit brachte er erneut den Exodus aus Ägypten auf dramatische Weise auf die Bühne und bereitete die Leute auf Gottes kommendes Gericht vor, indem er sie zur Umkehr aufrief. Es könnte sein, dass er Kontakte zu den Essenern hatte, obwohl sich seine öffentliche Botschaft von der dieser Gruppierung unterschied. Jesu eigene Berufung wurde bei seiner Taufe durch Johannes auf entscheidende Weise bestätigt. Im Rahmen seiner Botschaft vom Reich Gottes kritisierte Johannes Herodes Antipas öffentlich dafür, die Ehefrau seines Bruders geheiratet zu haben. Herodes ließ ihn gefangen nehmen und auf Bitte seiner Frau hin enthaupten (Markus 6,14-29). Noch eine ganze Zeit lang existierten Johannesjünger als separate Gruppe, ohne mit dem Christentum zu verschmelzen (z.B. Apostelgeschichte 19,1-7).

Jünger, siehe Apostel

Leben, Seele, Geist
Die Menschen der Antike vertraten viele verschiedene Ansichten zur Frage, was den Menschen zu dem besonderen Geschöpf macht, das er ist. Manche, darunter viele Juden, glaubten, dass zum vollständigen Menschsein sowohl der Körper als auch ein inneres Selbst gehört. Andere, darunter viele, die von der Philosophie Platons (4. Jahrhundert v.Chr.) beeinflusst waren, glaubten, dass der wichtige Teil eines Menschen die „Seele“ sei (griechisch psyche), die im Tod glücklicherweise aus ihrem körperlichen Gefängnis befreit wurde. Verwirrend für uns ist die Tatsache, dass dasselbe Wort psyche im Neuen Testament oft innerhalb eines jüdischen Bezugsrahmens verwendet wird, wo es dann ganz klar „Leben“ oder „das wahre Selbst“ bedeutet, ohne einen Leib-Seele-Dualismus zu implizieren, der den Körper entwertet. Die Innerlichkeit der menschlichen Erfahrung und des Verstehens kann auch „Geist“ genannt werden. Siehe auch Heiliger Geist; Auferstehung.

Menschensohn

Auf Hebräisch oder Aramäisch bedeutet dieser Begriff schlicht „Sterblicher“ oder „Mensch“; im späteren Judentum wird er manchmal verwendet, um „ich“ oder „jemand wie ich“ zu sagen. Im Neuen Testament wird die Wendung oft mit Daniel 7,13 verbunden, wo „jemand wie ein Menschensohn“ auf den Wolken des Himmels zum „Hochbetagten“ gebracht wird, wo er nach einer Zeit der Leiden rehabilitiert wird und königliche Macht bekommt. Obwohl Daniel 7 dieses Szenario selbst als eine Verschlüsselung interpretiert, die „das Volk der Heiligen des Höchsten“ bezeichnet, verstand man im Judentum des ersten Jahrhunderts die Stelle als eine messianische Verheißung. Jesus entwickelte diese Vorstellung auf seine eigene Weise in bestimmten Schlüsselsprüchen weiter, die am besten als Verheißungen zu verstehen sind, dass Gott ihn nach seinem Leiden rehabilitieren und jene richten würde, die ihm widerstanden hatten (z.B. Markus 14,62). Jesus konnte so die Wendung als kryptische Selbstbezeichnung verwenden, die auf sein kommendes Leiden, seine Rehabilitierung und seine von Gott verliehene Autorität hinwies.

Messias

Das hebräische Wort bedeutet wörtlich „der Gesalbte“ und bezeichnet daher theoretisch entweder einen Propheten, Priester oder König. Auf Griechisch wird der Begriff mit Christos übersetzt; im frühen Christentum war „Christus“ ein Titel und wurde nur schrittweise zu einem alternativen Eigennamen für Jesus. Der Begriff „Messias“ ist praktisch auf die Vorstellung vom kommenden König beschränkt, der der wahre Erbe Davids sein würde, durch den JHWH Israel von seinen heidnischen Feinden befreien würde, eine Vorstellung, die im antiken Judentum verschiedene Formen annahm. Es gab nicht die eine singuläre Vorlage für die Erwartungen an einen Messias. Storys und Verheißungen aus den alttestamentlichen Schriften leisteten ihren Beitrag zu verschiedenen Idealvorstellungen und Bewegungen, die sich oft (a) auf einen entscheidenden militärischen Sieg über Israels Feinde und (b) auf den Wiederaufbau oder die Reinigung des Tempels fokussierten. Die Schriftrollen vom Toten Meer sprechen von zwei „Messiassen“, von einem priesterlichen und einem königlichen. Die universale frühchristliche Überzeugung, dass Jesus der Messias war, ist angesichts seiner Kreuzigung durch die Römer (die eigentlich als klares Zeichen verstanden worden sein musste, dass er nicht der Messias war) nur aufgrund der Überzeugung erklärbar, dass Gott ihn von den Toten auferweckt und damit die impliziten messianischen Ansprüche seines früheren Wirkens bestätigt hatte.

Mischna
Die wichtigste Kodifizierung des jüdischen Gesetzes (Tora) durch die Rabbiner, erstellt um 200 n. Chr. Die Mischna reduzierte die „mündliche Tora“ (die Auslegung der schriftlichen Tora), die zu Jesu Zeiten mit der „schriftlichen Tora“ parallel existierte, auf einen geschriebenen Text. Die Mischna ist wiederum die Grundlage der viel umfassenderen Sammlungen von Traditionen in den beiden Talmuden (um 400 n. Chr.).

Opfer
Wie alle Völker der Antike brachten die Israeliten ihrem Gott Opfer in Form von Tieren oder Feldfrüchten. Anders als andere besaßen sie einen sehr detaillierten schriftlichen Kodex (hauptsächlich in 3. Mose) zu der Frage, was und wie sie opfern sollten; diese Dinge wurden dann in der Mischna weiter entfaltet (rund 200 n. Chr.). Das Alte Testament bestimmt, dass Opfer ausschließlich im Jerusalemer Tempel dargebracht werden durften. Nachdem dieser im Jahre 70 n. Chr. zerstört worden war, hörten die Opfer auf und das Judentum entwickelte eine Vorstellung weiter, die bereits in einigen seiner Lehren angelegt war: die Vorstellung, Beten, Fasten und das Geben von Almosen seien alternative Formen des Opferns. Die frühen Christen benutzten die Sprache vom Opfern in Verbindung mit Dingen wie Heiligkeit, Evangelisation und Abendmahl/Eucharistie.

Pharisäer, Gesetzeslehrer, Rabbiner
Die Pharisäer waren eine inoffizielle, aber mächtige jüdische Interessensgruppe während eines Großteils des ersten Jahrhunderts vor und nach Christus. Sie wurden hauptsächlich von Laien geleitet, hatten aber auch einige Priester in ihren Reihen. Ihre Absicht bestand darin, Israel durch die intensivierte Einhaltung des jüdischen Gesetzes (Tora) zu reinigen. Dabei entwickelten sie ihre eigenen Traditionen über die genaue Bedeutung und Anwendung der Schrift, ihre eigenen Gebetsformen und andere Frömmigkeitsübungen und ihre eigenen Berechnungen im Blick auf die nationale Hoffnung. Zwar waren nicht alle Gesetzeslehrer Pharisäer, aber doch die meisten Pharisäer Gesetzeslehrer.

Sie erreichten eine Demokratisierung des Lebens Israels, da für sie das Studium und Praktizieren der Tora gleichbedeutend war wie der Gottesdienst im Tempel – auch wenn sie unerbittlich versuchten, ihre eigenen Regeln für die Tempelliturgie einer widerwilligen (und oft sadduzäischen) Priesterschaft aufzuzwingen. So waren sie in der Lage, das Jahr 70 n.Chr. zu überleben. Sie verschmolzen mit der frühen rabbinischen Bewegung, um neue Wege in die Zukunft zu entwickeln. Politisch standen sie für die angestammten Traditionen ein und standen an der Spitze verschiedener revolutionärer Bewegungen sowohl gegen die heidnische Vorherrschaft als auch gegen kompromissbereite jüdische Führer. Zu Jesu Lebzeiten gab es zwei eigenständige Schulen, die strengere von Schammai, die stärker der bewaffneten Revolution zuneigte, und die mildere Schule von Hillel, die bereit war, nach dem Motto zu handeln: leben und leben lassen.

In den Auseinandersetzungen, die Jesus mit den Pharisäern führte, geht es mindestens so sehr um Programm und Politik (Jesus stand in klarer Opposition gegen ihren separatistischen Nationalismus) wie um Details von Theologie und Frömmigkeit. Saulus von Tarsus war bis zu seiner Bekehrung ein leidenschaftlicher Pharisäer des rechten Flügels, vermutlich ein Anhänger Schammais.

Nach dem katastrophalen Krieg von 66 bis 70 n.Chr. setzten diese Schulen von Hillel und Schammai ihre erbitterten Debatten um die angemessene Politik fort. Im Anschluss an das weitere Desaster des Jahres 135 n.Chr. (der gescheiterte Bar-Kochba-Aufstand gegen Rom) wurden ihre Traditionen von den Rabbinern weitergeführt. Diese holten sich zwar Inspiration bei den früheren Pharisäern, aber sie entwickelten eine Torafrömmigkeit, in der an die Stelle der politischen Programme die persönliche Heiligkeit und Reinheit trat.

Priester, Hohepriester

Aaron, der ältere Bruder von Mose, wurde zu Israels erstem Hohepriester ernannt (2. Mose 28-29) und theoretisch waren danach seine Nachkommen die Priester Israels. Andere Mitglieder seines Stammes (Levi) waren „Leviten“, die andere liturgische Aufgaben ausführten, aber nicht Opfer darbrachten. Priester lebten im ganzen Land unter dem Volk und spielten vor Ort eine Rolle als Lehrer (3. Mose 10,11; Maleachi 2,7). Nach einem Rotationssystem gingen sie nach Jerusalem, um die Liturgie im Tempel auszuführen (z.B. Lukas 2,8).

David ernannte Zadok (dessen aaronitische Abstammung gelegentlich infrage gestellt wird) zum Hohepriester und seine Familie stellte danach die Hauptpriester in Jerusalem, wahrscheinlich die Vorfahren der Sadduzäer. Eine Erklärung der Ursprünge der Essener besagt, dass sie eine Gruppe von Dissidenten waren, die sich für die rechtmäßigen Hauptpriester hielten.

Rabbiner, siehe Pharisäer

Reich Gottes, Himmelreich
Der Begriff ist am besten zu verstehen als Königsherrschaft oder souveräne und rettende Herrschaft von JHWH, dem Gott Israels, wie sie in etlichen Psalmen (z.B. 99,1) und Prophetien (z.B. Daniel 6,26 f.) gefeiert wird. JHWH war der Schöpfergott. Wenn er schließlich in der Weise König werden würde, wie er es immer beabsichtigt hatte, dann würde das umfassen, dass die Welt ins Lot gebracht und insbesondere Israel von seinen Feinden gerettet werden würde. „Reich Gottes" und verschiedene äquivalente Wendungen (z.B. „Kein König außer Gott!") wurden ungefähr in der Zeit, in der Jesus lebte, zu revolutionären Slogans. Jesu eigene Verkündigung des Reiches Gottes definierte diese Erwartungen neu im Sinne seiner eigenen ganz anderen Pläne und seiner eigenen Berufung. Mit seiner Einladung, in das Reich Gottes „einzutreten", rief er die Menschen zur Loyalität ihm und seinem Programm gegenüber, das als Beginn der lange erwarteten rettenden Herrschaft Gottes verstanden wurde. Für Jesus kam das Reich Gottes nicht mit einem einzigen Schachzug, sondern schrittweise. Sein eigener öffentlicher Werdegang war ein solcher Schritt, sein Tod und seine Auferstehung ein weiterer und eine noch in der Zukunft liegende Vollendung wieder ein anderer Schritt. Man beachte, dass „Himmelreich" der von Matthäus bevorzugte Begriff für dieselbe Sache ist. Er folgt damit einer üblichen jüdischen Praxis, „Himmel" statt „Gott" zu sagen. Er verweist damit nicht auf einen Ort (den „Himmel"), sondern auf die Tatsache, dass Gott in und durch Jesus und sein Werk König wird. Paulus spricht davon, dass Jesus als Messias bereits im Besitz seines Reiches ist und darauf wartet, es letztendlich dem Vater zu übergeben (1. Korinther 15,23-28; vgl. Epheser 5,5).

Sabbat
Der jüdische Sabbat, der siebte Tag der Woche, war ein Tag der Erinnerung sowohl an die Schöpfung (1. Mose 2,3; 2. Mose 20,8-11) als auch an den Exodus (5. Mose 5,15). Wie die Beschneidung und die Speisegesetze war die

Sabbatheiligung eines der Identitätsmerkmale des Judentums inmitten der heidnischen Umwelt der Spätantike. Ein beträchtlicher Teil des jüdischen Gesetzeskodexes und der Verhaltensgewohnheiten rankt sich um das Thema der Sabbatheiligung.

Sadduzäer

Zur Zeit Jesu bildeten die Sadduzäer die Aristokratie des Judentums. Sie verfolgten ihre Ursprünge möglicherweise zurück bis auf die Familie von Zadok, den Hohepriester Davids. Sie waren in Jerusalem ansässig und umfassten den Großteil der führenden priesterlichen Familien. Sie hatten ihre eigenen Traditionen und versuchten, dem Druck der Pharisäer zu widerstehen, sich deren Traditionen anzupassen. Sie behaupteten, sich einzig auf den Pentateuch (die fünf Bücher Mose) zu stützen und lehnten jegliche Lehre über ein zukünftiges Leben, insbesondere über die Auferstehung und andere damit verbundene Vorstellungen, ab. Der Grund dafür lag vermutlich darin, dass derartige Überzeugungen eine Ermutigung für revolutionäre Bewegungen darstellten. Von den Sadduzäern sind keine Schriften erhalten, es sei denn, das apokryphe Buch Ben Sira (Jesus Sirach, Ecclesiasticus) stammt von ihnen. Die Sadduzäer überlebten die Zerstörung Jerusalems und des Tempels im Jahre 70 n.Chr. nicht.

Satan, „der Ankläger“, Dämonen

Die Bibel macht über die Identität der Gestalt, die als „Satan“ bekannt ist, nirgends präzise Aussagen. Das hebräische Wort bedeutet „der Ankläger“, und bisweilen scheint Satan ein Mitglied des himmlischen Rates JHWHs zu sein, mit der besonderen Verantwortung als Chefankläger (1. Chronik 21,1; Hiob 1–2; Sacharja 3,1f.). Die Gestalt wird jedoch verschiedentlich mit der Schlange im Garten Eden identifiziert (1. Mose 3,1-15) und mit dem rebellischen Morgenstern, der aus dem Himmel geworfen wurde (Jesaja 14,12-15). Von vielen Juden wurde sie als gewissermaßen persönliche Quelle des Bösen angesehen, das sowohl hinter der Bösartigkeit des Menschen als auch hinter der weltbeherrschenden Ungerechtigkeit steht und manchmal durch nur teilweise unabhängige „Dämonen“ wirkt. Zu Jesu Zeiten wurden verschiedene Wörter verwendet, um diese Gestalt zu bezeichnen, u.a. „Beelzebul/b“ (wörtlich „Herr der Fliegen“) und schlicht „der Böse“; Jesus warnte seine Nachfolger vor den Täuschungen, die diese Gestalt anrichten konnte. Jesu Gegner beschuldigten ihn, mit Satan im Bund zu sein. Die frühen Christen dagegen glaubten, dass Jesus Satan besiegt hat – sowohl in seinen eigenen Kämpfen mit der Versuchung (Matthäus 4; Lukas 4), in seinen Dämonenaustreibungen und in seinem Tod (1. Korinther 2,8; Kolosser 2,15). Daher ist der endgültige Sieg über diesen ultimativen Feind bereits sichergestellt (Offenbarung 20), obwohl der Kampf für Christen immer noch ein erbitterter sein kann (Epheser 6,10-20).

Schriftrollen vom Toten Meer
Eine Sammlung von Texten, einige davon in erstaunlich gutem Zustand, andere extrem fragmentarisch, die Ende der 1940er-Jahre in der Gegend von Qumran gefunden wurden (nahe der nordöstlichen Küste des Toten Meers). Mittlerweile sind fast alle Schriften herausgegeben, übersetzt und der Öffentlichkeit zugänglich. Diese Schriften bildeten die Bibliothek (oder einen Teil davon) einer strengen klösterlichen Gruppe, höchst wahrscheinlich von Essenern, die von der Mitte des 2. Jahrhunderts v. Chr. bis zum jüdisch-römischen Krieg (66–70 n. Chr.) bestand. Die Schriftrollen umfassen die frühesten erhaltenen Manuskripte der hebräischen und aramäischen biblischen Schriften sowie mehrere andere wichtige Dokumente mit Gemeinschaftsregeln, Bibelauslegung, Hymnen, Weisheitsschriften und weiterer Literatur. Sie erhellen sehr deutlich ein kleines Segment des Judentums zur Zeit Jesu und helfen uns zu verstehen, wie zumindest einige Juden damals dachten, beteten und die Bibel lasen. Trotz Versuchen, das Gegenteil zu beweisen, finden sich in den Schriftrollen keine Verweise auf Johannes den Täufer, Jesus, Paulus, Jakobus oder das frühe Christentum im Allgemeinen.

Seele, siehe Leben

Sohn Davids
Ein alternativer und selten verwendeter Titel für Messias. Die messianischen Verheißungen des Alten Testaments konzentrierten sich oft auf den Sohn Davids, z. B. 2. Samuel 7,12-16; Psalm 89,19-37. Josef, Marias Ehemann, wird von dem Engel in Matthäus 1,20 „Sohn Davids“ genannt.

Sohn Gottes
Ursprünglich ein Titel für Israel (2. Mose 4,22) und für den davidischen König (Psalm 2,7); wurde auch in Bezug auf alte Engelsgestalten verwendet (1. Mose 6,2). In neutestamentlicher Zeit wurde der Begriff bereits als ein messianischer Titel verwendet, z. B. in den Schriftrollen vom Toten Meer.

Dort und wenn die Evangelien den Titel in Bezug auf Jesus verwenden (z.B. Matthäus 16,16), bedeutet oder verstärkt er den Begriff „Messias“ ohne die spätere Bedeutung einer „göttlichen“ Dimension. Der Übergang zu einer umfassenderen Bedeutung (der, der Gott gleich war und von Gott gesandt wurde, um Mensch und Messias zu werden) ist allerdings bereits bei Paulus sichtbar, ohne dass dabei die Bedeutung „Messias“ verloren geht (z.B. Galater 4,4).

Taufe
Wörtlich das „Untertauchen“ von Menschen unter Wasser. Vor dem Hintergrund einer breiteren jüdischen Tradition von rituellen Waschungen und Bädern praktizierte Johannes der Täufer seine Berufung, Menschen im Jordan zu taufen. Diese Taufe war kein Ritual unter anderen, sondern ein einzigartiger Moment der Umkehr, durch die sich die Menschen auf das Reich Gottes vorbereiteten. Jesus selbst wurde von Johannes getauft. Dadurch identifizierte er sich mit dieser Erneuerungsbewegung und entwickelte sie auf seine eigene Weise weiter. Seine Nachfolger tauften wiederum andere Menschen. Nach seiner Auferstehung und der Sendung des Heiligen Geistes wurde die Taufe zum üblichen Zeichen und Eintrittsmodus in die Gemeinschaft der Jesusleute. Schon bei Paulus, also sehr früh, wurde die Taufe sowohl mit dem Exodus aus Ägypten (1. Korinther 10,2) als auch mit Jesu Tod und Auferstehung (Römer 6,2-11) in Beziehung gesetzt.

Tempel
Der Tempel in Jerusalem war von David (rund 1000 v.Chr.) geplant und von seinem Sohn Salomo als zentrales Heiligtum für ganz Israel gebaut worden. Nach Reformen unter Hiskia und Josia im 7. Jahrhundert v.Chr. wurde er 587 v.Chr. von den Babyloniern zerstört. Der Wiederaufbau durch aus dem Exil zurückgekehrte Israeliten begann im Jahre 538 v.Chr. und wurde im Jahr 515 vollendet, womit die „Zeit des zweiten Tempels“ begann. Judas Makkabäus reinigte den Tempel im Jahre 164 v.Chr., nachdem er von Antiochius Epiphanes entweiht worden war (167 v.Chr.). Herodes der Große begann im Jahre 19 v.Chr., den Tempel zu erneuern und zu verschönern; diese Arbeiten wurden im Jahre 63 n.Chr. vollendet. Der Tempel wurde von den Römern im Jahre 70 n.Chr. zerstört. Viele Juden glaubten, er sollte und würde wieder aufgebaut werden; einige glauben das heute noch. Der Tempel war nicht nur der Ort der Opfer; er wurde auch als einziger Wohnort JHWHs auf Erden angesehen, der Ort, an dem sich Himmel und Erde berührten.

Tora, Gesetz
Die „Tora“ besteht, wenn man sie eng definiert, aus den ersten fünf Büchern des Alten Testaments, den „fünf Büchern Mose“ oder dem „Pentateuch“. (Diese Bücher enthalten viele Gesetzestexte, aber auch viele narrative Texte.) Der Begriff kann auch in Bezug auf die gesamten alttestamentlichen Schriften benutzt werden, auch wenn das gesamte AT streng genommen aus dem „Gesetz, den Propheten und den Schriften“ besteht. Im weiter gefassten Sinne verweist der Begriff auf das gesamte sich entwickelnde Korpus der jüdischen Rechtstradition, und zwar in geschriebener wie in mündlicher Form; die mündliche Tora wurde zunächst um 200 n.Chr. in der Mischna kodifiziert; Weiterentwicklungen finden sich im babylonischen und im palästinischen Talmud, die um 400 n.Chr. kodifiziert wurden. In der Zeit, in der Jesus und Paulus lebten, hielten viele Juden die Tora so sehr für gottgegeben, dass sie in gewissem Sinne selbst göttliche Qualität annahm; einige (z.B. Ben Sira 24) identifizierten die Tora mit der Figur der „Weisheit“. Das Tun dessen, was in der Tora vorgeschrieben wird, galt nicht als Mittel, um Gottes Wohlwollen zu verdienen, sondern vielmehr als Ausdruck der Dankbarkeit und als Schlüsselmerkmal der jüdischen Identität.

Umkehr, Buße
Wörtlich meint das Wort Buße „sich umwenden, umdrehen, umkehren“. Es wird im Alten Testament und in der nachfolgenden jüdischen Literatur häufig benutzt und bezeichnet sowohl eine persönliche Abwendung von Sünde und Israels gemeinschaftliche Abwendung vom Götzendienst als auch die Rückkehr zu JHWH. Beide Bedeutungen verbinden den Begriff mit der Vorstellung von der „Rückkehr aus dem Exil“; wenn Israel im umfassenden Sinne „zurückkehren“ wollte, dann musste es zu JHWH „zurückkehren“. Dies steht im Zentrum des Aufrufs zur Umkehr sowohl bei Johannes dem Täufer als auch bei Jesus. In den paulinischen Schriften wird das Wort hauptsächlich in Bezug auf Heiden benutzt, die sich von ihren Götzen abwenden, um dem wahren Gott zu dienen; es wird auch im Blick auf in Sünde geratene Christen benutzt, die zu Jesus zurückkehren müssen.

Wort, siehe Gute Nachricht

„Wort“ (Logos)
Der Prolog des Johannesevangeliums (Joh 1,1-18) benutzt den Begriff „Wort“ (griechisch: „Logos“) in einem besonderen Sinn. Zugrunde liegt die bereits

im Alten Testament begegnende Bedeutung von Gottes Wort bei der Schöpfung und der Neuschöpung der Welt. Bei Johannes wird dieses schöpferische Wort Gottes auf Jesus bezogen. In ihm ist der Gott persönlich gegenwärtig, der doch der Welt immer als Schöpfer gegenübersteht. Er ist der Eine, durch den die Schöpfung vollbracht wurde. Er ist der Eine, durch den sie – jetzt! – geheilt und wiederhergestellt wird.

Wunder
Wie einige der alten Propheten, insbesondere Elia und Elisa, vollbrachte auch Jesus viele Taten von erstaunlicher Vollmacht, inbesondere Heilungen. Die Evangelien verweisen darauf mit den Begriffen „gewaltige Taten", „Zeichen", „Wundertaten" oder „Paradoxe". Unser Wort „Wunder" neigt zu der Unterstellung, Gott sei normalerweise „außerhalb" des geschlossenen Systems der Welt und würde manchmal „intervenieren". Daher wurden Wunder oft von Skeptikern aus Prinzip geleugnet. In der Bibel ist Gott jedoch immer gegenwärtig, wenn auch oft auf seltsame Weise, und „Machttaten" werden als spezielle Handlungen eines gegenwärtigen Gottes verstanden, im Gegensatz zu in die Welt eindringenden Handlungen eines abwesenden Gottes. Die „gewaltigen Werke", die Jesus selbst vollbrachte, werden im Anschluss an prophetische Texte insbesondere als Beleg für seine Messianität verstanden (z.B. Matthäus 11,2-6).

Zeitalter, gegenwärtiges und kommendes; ewiges Leben
Zur Zeit Jesu unterteilten viele jüdische Denker die Geschichte in zwei Perioden: „das gegenwärtige Zeitalter" und „das kommende Zeitalter". Letzteres wäre die Zeit, in der JHWH endlich entscheidend handeln würde, um das Böse zu richten, Israel zu retten und eine neue Welt der Gerechtigkeit und des Friedens zu erschaffen. Die frühen Christen glaubten: Obwohl die vollständigen Segnungen des kommenden Zeitalters immer noch in der Zukunft lagen, hatte es doch schon mit Jesus begonnen, insbesondere mit seinem Tod und seiner Auferstehung. Sie selbst waren durch den Glauben und die Taufe befähigt, bereits in das kommende Zeitalter einzutreten. „Ewiges Leben" meint nicht einfach „unendlich weitergehende Existenz", sondern „das Leben des kommenden Zeitalters".

Zwölf, die, siehe Apostel

N.T. Wright

Die komplette Auslegungsreihe *für heute*

Matthäus für heute, Band 1, 256 S., ISBN 978-3-7655-0611-6

Matthäus für heute, Band 2, 256 S., ISBN 978-3-7655-0612-3

Markus für heute, 304 S., ISBN 978-3-7655-0613-0

Lukas für heute, 384 S., ISBN 978-3-7655-0614-7

Johannes für heute, Band 1, 208 S., ISBN 978-3-7655-0615-4

Johannes für heute, Band 2, 224 S., ISBN 978-3-7655-0616-1

Apostelgeschichte für heute, Band 1, 272 S., ISBN 978-3-7655-0617-8

Apostelgeschichte für heute, Band 2, 352 S., ISBN 978-3-7655-0618-5

Paulus für heute – Römerbrief, Band 1, 224 S., ISBN 978-3-7655-0619-2

Paulus für heute – Römerbrief, Band 2, 176 S., ISBN 978-3-7655-0620-8

Paulus für heute – 1. Korintherbrief, 298 S., ISBN 978-3-7655-0621-5

Paulus für heute – 2. Korintherbrief, 192 S., ISBN 978-3-7655-0622-2

Paulus für heute – Der Galaterbrief und der 1. und 2. Thessalonicherbrief, 208 S., ISBN 978-3-7655-0623-9

Paulus für heute – Gefangenschaftsbriefe: Epheser, Philipper, Kolosser, Philemon, 256 S., ISBN 978-3-7655-0624-6

Paulus für heute – Die Pastoralbriefe: 1. und 2. Timotheus; Titus, 208 S., ISBN 978-3-7655-0625-3

Hebräerbrief für heute, 224 S., ISBN 978-3-7655-0626-0

Jakobus, Petrus, Johannes und Judas für heute, 254 S., ISBN 978-3-7655-0627-7

Offenbarung für heute, 256 S., ISBN 978-3-7655-0628-4